궁합
관상
손금

관상전문가
이남희 지음

보고사

책을 펴내며

나를 알면 상대도 읽을 수 있다!

얼굴과 손금에는 개인의 인생지도가 적나라하게 들어있다. 겉보기에 비슷하게 생긴 쌍둥이들조차도 서로 다른 삶을 살아가는 이유가 바로 타고난 인생 그림이 다르기 때문이다.
각자는 얼굴 생김만큼이나 독특한 개성을 가지고 있다.
사람은 생긴 대로 논다.
세상 모든 물체는 각 개체로 있으며 주변과 서로 공생하기도 하고 경쟁하며 균형을 이루어 살아간다.

나 하나만 잘났다고 해서 성공한 인생이 될 수 없다. 내가 있기 위해서는 주변의 에너지가 작용을 해야만 한다.
하늘 저 멀리 구름 속에 숨어서 인간을 감시하고 상벌을 내리는 게 신이 아니다.
작은 돌멩이 하나, 하찮게 생각되는 들풀 하나에도 신이 들어있는 것이다.
타인의 운명을 이야기하려면, 자연을 읽을 수 있어야 한다.

2012년 가을
산속에서 저자

차례

책을 펴내며 / 3

궁합

부부간에 이별을 예측할 수 있는 손금, 얼굴 상 ········· 10

남녀 체취와 궁합의 상관관계 ········· 18

남녀의 정액 교환과 궁합의 상관관계 ········· 21

궁합 상담 사례

아빠가 미워요 ········· 26

내가 유방암과 우울증에 걸린 건 남편 때문이에요 ········· 37

궁합에서 제일 중요한 것은
남녀의 잠자리, 섹스 문제가 아니라 주파수 맞추기다 ········· 47

나는 속알머리 없는 여자에요 ········· 58

얼굴이 잘생기면 관상도 좋은가요? ········· 67

싸우다 정들 부부 ··· 73

생년월일과 태어난 시,
음양오행으로만 따져 맞춘 궁합이 과연 잘 맞는가? ················ 78

주파수 궁합이란 무엇인가 ··· 86

관상

눈썹의 생김만 보고도 상대방의 성격을 알 수 있다 ················ 102

얼굴에서 최고의 명당 터, 인당 ··· 121

눈에는 모든 정보가 들어 있다 ··· 143

얼굴은 어떤 이치로 변하게 되는가 ······································· 163

얼굴의 중심, 코 ··· 170

찐빵처럼 생긴 사내 ·· 181

귀에는 심성과 가까운 장래의 운명이 들어 있다 ···················· 194

운명은 비켜갈 수 없는가 ·· 204

입과 치아에 의한 관상·· 212

치아에서 심성을 읽다·· 222

세 치 혀로 말하는 목소리를 유의하라·································· 227

어떻게 생긴 턱이 좋은가··· 229

성형수술을 하면 관상도 바뀌나요?···································· 235

머리와 이마의 생김에 대하여··· 240

새 며느리가 들어오면 볼(頰)의 생김을 먼저 봤었다····················· 243

광대뼈가 나오면 팔자가 드세다고?···································· 246

난 왜 부자가 안 될까요?·· 249

성공한 사람 중에 법령선 나쁜 사람은 없다···························· 264

이까짓 작은 점, 주름, 흉터가 인생까지 좌우한다고?···················· 269

인중이 짧으면 일찍 죽는다?··· 285

가까운 장래의 운기는 얼굴색으로 안다································ 291

손금

얼굴 관상만 좋다고 장땡이 아니다!! ················· 298

엘로드

엘로드에 대하여 ··································· 326

엘로드 상담사례 ··································· 331

엘로드 배우기 ····································· 343

'아카샤 레코드'로 운명을 읽는다 ················· 353

에필로그 / 358

궁합

부부간에 이별을 예측할 수 있는
손금, 얼굴 상

남녀 사이에 제아무리 성격과 배짱이 잘 맞아서 궁합이 좋다고 해도 얼굴과 손금에 이별 상이 새겨져 있으면 시기만 다를 뿐 언젠가는, 어떻게든 헤어지게 돼 있다.

각자의 얼굴관상과 손금에 나타나 있는 것은 당사자의 피할 수 없는 운명이다. 운명은 거역할 수 없다. 만일 운명을 따르지 않고 거부한다면 더 어려운 시련이 따른다. 운명에 순응할 줄도 알아야 한다.

점, 주름, 흉터로 보는 남녀 운명

인당에 생긴 세로주름

• 부부 사이에 이혼이나 사별을 했을 때 현침문이 생긴다. 그래서 이것을 두고 생, 사별 주름이라고 해석한다.

부부간에 심각한 갈등이 오랜 세월에 걸쳐 진행되고 있을 때 나타나는 주름이다. 결혼 생활하면서 정신적으로 상처를 많이 받고 충

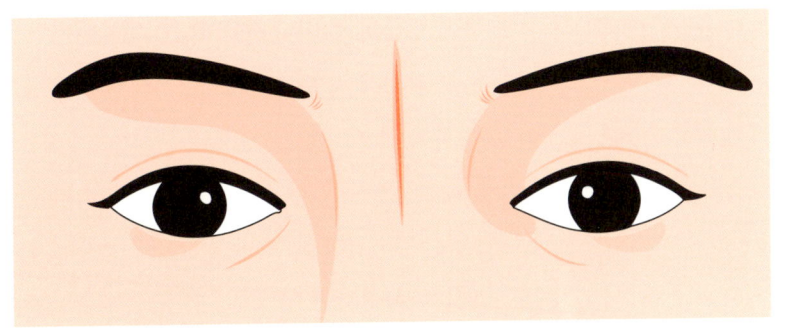
인당의 세로주름

격이 큰 쪽에서만 현침문이 나타나는 경우도 있다.
• 결혼 전에 오랫동안 사귄 애인이나 동거 등을 하다가 가슴 아픈 이별을 했을 때도 이런 주름이 생긴다. 결혼 후에 사귄 애인과의 아픈 이별도 해당된다. 현침문은 한번 생기면 수십 년의 세월이 흘러도 없어지지 않는다.

짧고 깊지 않기 때문에 주름이 있는지 모르고 있거나 하찮게 생각할는지 모르겠다. 그러나 그 의미는 좋은 뜻의 주름이 아니다.

세로주름은 현재나 미래에 생길 일들이 아니라 지나가 버린 과거의 발자취이다.

화장으로 감추던가, 성형으로 펴 주는 게 좋다.

인당에 생기는 주름 중 현침문과는 달리 깊고 뚜렷하게 보이는 주름이 있다. 이 세로주름이 생기는 원인은,
• 자신의 배짱과는 다른 일이 오랜 세월에 걸쳐 진행될 때 생긴다.
• 사고방식이 지나치게 고지식하고 완고한 사람에게 나타나기도 한다.
• 반성심도 있고 사려가 깊은 면도 있다.

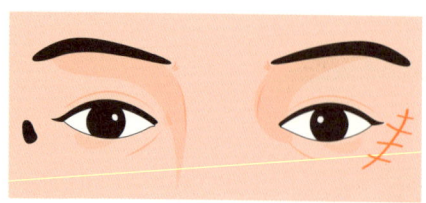

눈꼬리 부근에 점이나
흉터 혹은 세로주름

눈꼬리 부근에 점이나 흉터 혹은 세로주름

눈꼬리 부근에 점이나 흉터 혹은 세로주름이 있으면, 부부가 이별하는 상이다.

눈꼬리 부근을 '부부궁' 혹은 '처첩궁'이라 부를 정도로 남녀관계를 보는 곳이다. 이곳에 난 점은 빼는 게 좋겠고 흉터나 주름도 매우 좋지 않으니 성형으로 펴주든지 화장할 때 신경 써서 커버하는 게 좋겠다.

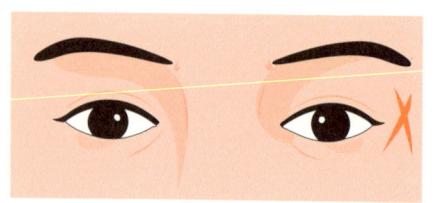

눈가에 X주름

눈가에 X주름

눈가에 X주름이 있으면 배우자를 잃는다.

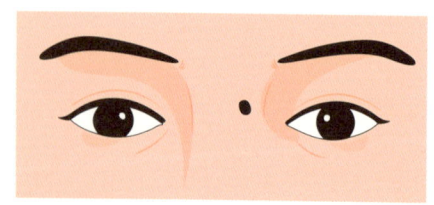

눈과 눈 사이의
점이나 흉터

눈과 눈 사이의 점이나 흉터

• 부부를 포함한 남녀 애정문제에 커다란 문제가 발생한다.

여성이 이 부위에 점이 있으면,

• 성욕이 강한 편이고 정조를 지키지 못하고 간통할 가능성도 있다.

• 결혼하지 않은 여성이라면 유부남과의 사랑에 빠질 수 있고 결혼한 상태라면 외간 남자와 불륜에 빠진다.

• 이 점이 눈머리에 가까울수록 연하의 남자를 사랑한다.

아래 속눈썹에 점

• 아래 속눈썹에 점이 있으면 불륜에 빠질 가능성이 있다.

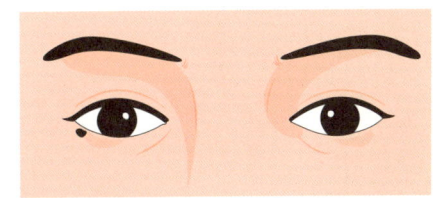

아래 속눈썹에 점

눈의 흰자위 안에 있는 점

• 남자는 총명하다는 뜻이 있고 여자는 이성에 의한 고통 가능성도 있다.

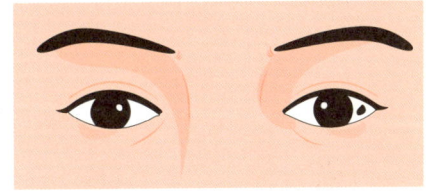

눈의 흰자위 안에 있는 점

누당 바깥의 점

• 시기심과 질투심이 많다.
• 이성과의 갈등을 일으키는 점이다.

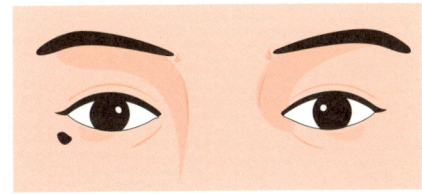

누당 바깥의 점

콧대 중앙의 세로주름

• 부부가 이별한다.
• 노년이 고독하다.

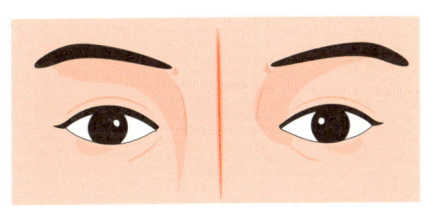

콧대 중앙의 세로주름

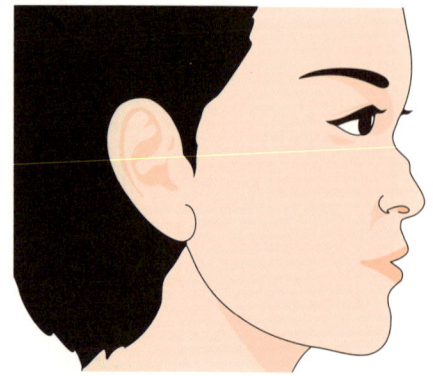
턱이진 코

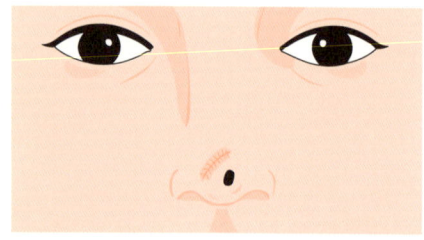
준두의 점이나 흉터

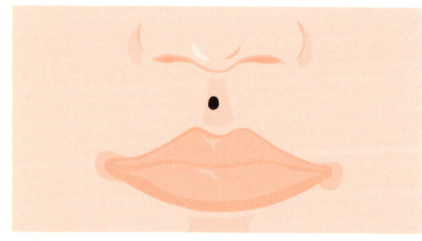
인중의 점

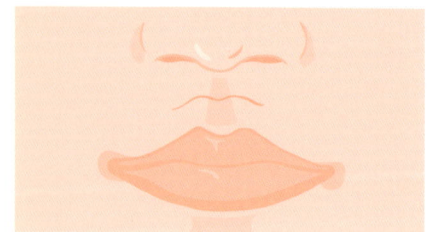
인중의 가로주름이나 흉터

턱이진 코

- 중년 무렵에 부부관계나 자신이 하는 일에 인생 중 가장 큰 고비가 닥칠 상이다.
- 자존심과 개성, 공격성과 일에 대한 추진력, 집념이 강하고 타협심이 없어 자기주장을 좀체 양보치 않는다.
- 남의 밑에서 일하기보다는 자기 일을 가지든가 사업가 상이다.
- 특히 여성은 남자 운이 그리 좋지 않고 자기 인생을 스스로 개척하며 살아갈 상이다.

준두에 점이나 흉터

- 준두에 점이 있으면 배우자 혹은 이성 관계에서 어려움이 생긴다.

인중의 점

- 이성 혹은 배우자 때문에 마음고생을 많이 하거나 부부 이별운이다.
- 성 기능 등 자궁에 장애가 생긴다.
- 다른 사람 아이를 입양하거나 양자를 둘 가능성이 있다.

인중의 가로주름이나 흉터

- 부부가 이별한다.

옆얼굴에 난 긴 세로주름

• 숨겨둔 자녀가 있다.
• 부부 사이에 불화가 잦다.
• 배우자와의 생, 사별한 주름.
• 두 번 결혼한다.

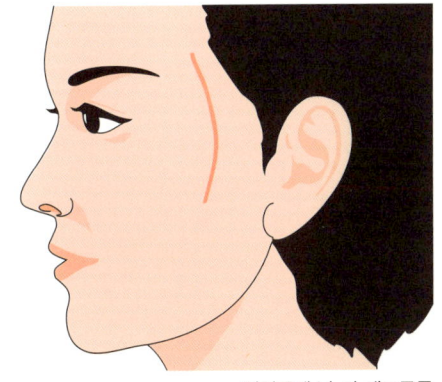

옆얼굴에 난 긴 세로주름

목의 정면에서 보이는 점

• 부부 사이가 나빠 헤어지는 점이다.
• 남편에게 점이 있으면 부인을 힘들게 하고 부인에게 점이 있으면 남편을 괴롭힌다.
• 갑작스런 사고를 주의해야 한다.
• 대인관계는 원만하지만 부부 사이는 나쁘다.

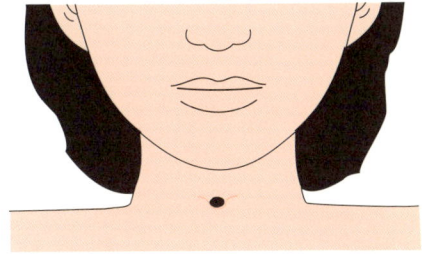

목의 정면에서 보이는 점

손바닥 점

• 손바닥의 점은 건강이나 남녀 애정 문제에 나쁜 영향을 끼친다.
• 여자는 남자에 의해 정신적 고통을 당하든가 이성관계가 매끄럽지 않다.

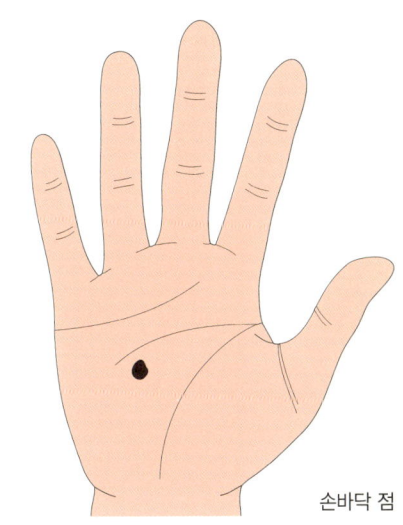

손바닥 점

손금으로 보는 남녀 운명

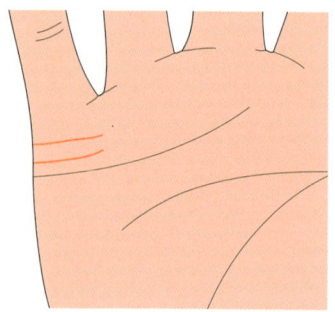
짧은 결혼선

짧은 결혼선

결혼선은 보통 다른 선보다 길고 뚜렷하다. 그런데 이 경우는 길고 뚜렷한 선이 아니라 짧고도 여러 가닥이다. 결혼을 못하거나 결혼을 하지 않고 독신으로 오랫동안 살아가는 손금이다.

뚜렷한 결혼선이 나란히 두 개 나 있으면

• 두 번 결혼하거나 깊이 사귈 애인이 생긴다.

결혼선 두 줄

감정선이 중간에서 끊어지면

• 초혼이 불리하다. 그러나 늦게 결혼하면 피할 수도 있다.

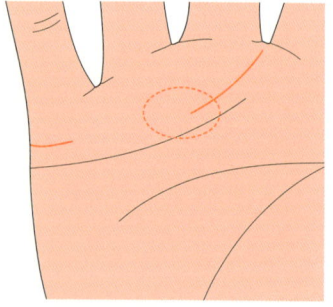
끊어진 감정선

두 개의 결혼선이 새 부리처럼 교차하면

• 기혼자는 부부 사이가 나빠 싸움이 잦고 불행한 결혼생활을 하는 손금이다. 미혼자라면 좀체 결혼할 기회가 생기지 않는다.

끝이 아래로 처져서 감정선에 붙은 결혼선

• 미혼인 사람이 이런 손금을 가지고 있으면, 잠재의식 속에 독신 성향이 강하게 자리 잡고 있어서 좀처럼 결혼을 못한다.

• 결혼한 사람이라면 애정이 식어 별거 또는 이혼한다.

• 아무리 이상적인 상대를 만나 결혼을 하고 배우자가 잘 대해주더라도 이런 손금을 가지고 있는 사람은 가정생활에 대해 적응을 못하고 끊임없이 불만을 터트리고 갈등을 일으키는 등 불행한 결혼생활을 하는 손금이다.

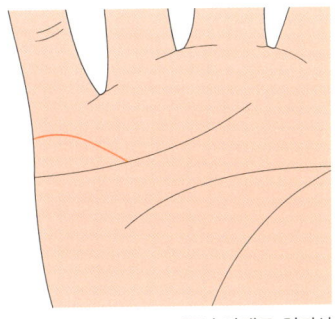

끝이 아래로 처져서
감정선에 붙은 결혼선

결혼선과 평행한 짧은 선이 있으면

• 불륜에 빠진다. 윗선은 결혼 후에 생긴 애인이고, 아래 선은 결혼 전 상대다.

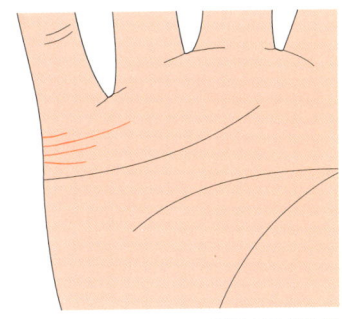

결혼선과 평행한
짧은 선이 있는 경우

끝이 나뭇가지 모양으로 갈라져 있는 결혼선

• 직업 등의 이유로 떨어져 살 수도 있다.

• 부부나 연인 사이에 권태기에 빠지거나 건강이 나빠진다.

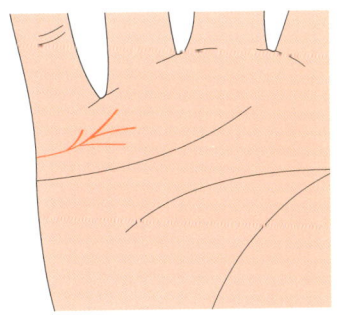

끝이 나뭇가지 모양으로
갈라져 있는 결혼선

남녀 체취와 궁합의 상관관계

계절을 알리는 꽃은 많다. 그 중, 산기슭 양지바른 곳이나 무덤가 같이 볕이 잘 드는 곳에서 고개를 숙이며 수줍게 피어나는 할미꽃이 있다.

할미꽃은 많이 보았겠지만 그 향기를 기억하는 사람은 의외로 많지 않다. 그것은 식물 전체 크기가 한 뼘 정도 밖에 안 될 정도로 낮은 탓에 땅바닥에 바짝 엎드려 코를 들이대서 향기를 일부러 맡지 않는 이상 그 오묘한 향을 확인할 방법이 없기 때문일 것이다.

추운 겨우내 안으로 움츠리며 저장했던 기운을 날씨가 따뜻해지면서 바깥으로 내뿜으며 자신의 존재를 알리는 것이니만큼 향기 또한 특별하다. 신선한 풀냄새 속에 숨겨져 있는 달콤한 향기를 맡을 때마다 지난겨울 추워진 마음은 꽃구름 속을 헤매게 만들면서 심장을 두근두근하게 한다.

보랏빛의 초롱으로 된 오동나무 꽃을 유심히 본 적 있는가? 꽃 자체만 봐서는 멋쩍게 생겼지만 향을 맡아보면 아련한 옛 시절의 추억이 뭉게뭉게 피어오르게 만든다. 오동나무 꽃은 향이 짙고 화려하다.

문득 그 꽃향기에서 여자들의 화장품 냄새를 떠올리곤 한다. 그에 비하면 찔레꽃 하얀 꽃잎 속에는 촌 새색시에게서나 풍길 법한 상큼하면서도 은은한 향기가 배어있다.

비슷한 시기에 피는 아카시아 꽃의 달콤한 꿀 향기는 또 어떤가. 그 향에 우혹된 아이들은 꽃을 따서 입 안 가득 넣어 맛을 보기도 한다.

꽃 중에 멋없고 예쁘지 않는 꽃으로는 밤꽃이 있다. 그러나 밤꽃 향이 사방에 휘날릴 때쯤이면 알 수 없는 들뜸에 코를 쿵쿵대다가 그것이 밤나무에서 풍기는 것이라는 걸 알고는 좀 더 가까이 코를 들이댄다.

비릿하면서도 달콤한 향을 맡는 순간 어디선가 맡아본 것 같은 낌새를 눈치채게 된다. 그렇다. 그것은 바로 남자의 정액 냄새와 흡사하다는 것을 알고 나서는 부끄러움과 함께 왠지 모를 친근함에 신기한 생각이 든다.

찔레꽃에는 봄이 녹아 있듯이 가을엔 역시 노란색 들국화에서 가을 향을 한껏 맡을 수 있다. 쌉싸름하면서도 진한 들국화 향에는 분명 가는 가을을 아쉬워 하는 미련이 남아있는 것이다.

궁합이라는 의미는 두 사람의 타고난 성격과 기질이 얼마나 죽이 척척 잘 맞느냐 아니냐, 성격상 배짱이 얼마나 잘 맞는지를 가늠하는 것을 말한다. 그러므로 당사자들의 인물이나 학식, 재산정도보다 훨씬 중요한 일이다.

또한 그것은 에너지의 파동과 깊은 연관이 있다. 각 개인의 성격을 따로 뜯어봤을 때는 나무랄 데 없이 완전하다고 생각되는 사람이 남녀가 마주 만났을 때는 끊임없이 갈등을 일으킨다면 그것은 바로 에너지의 파장 즉, 주파수가 맞지 않아서 일어나는 현상이다.

에너지의 파동이 잘 어우러진 짝은 다른 어떤 조건보다 결정적 역할을 한다. 또한 제아무리 미남 미녀가 만났더라도 서로간의 에너지 파동이 맞지 않는다면 평생을 두고 지지고 볶으며 죽지 못해 살아가는 짝들이 많다.

사람의 겉모습이나 드러난 조건만 보고 판단한다면 큰코다친다. 상대의 얼굴이 잘생겼다는 이유만 갖고는 두 사람의 궁합이 좋다고 판단할 수 없다.

궁합을 판단하는 기준에는 몇 가지가 있는데 그 중 상대의 몸에서 나는 냄새도 중요한 작용을 한다. 즉, 나에게 배어있는 나만의 체취와 상대 이성이 내는 체취가 만났을 때 서로 융합이 되서 불쾌감을 못 느낀다면 그 두 사람의 궁합은 좋다고 할 수 있다.

이 체취라는 것은 화장품 냄새나 담배 냄새, 술 냄새, 음식 냄새와는 별개이다.

외국의 어느 공중목욕탕에서는 다음과 같은 시도를 한 적이 있다고 한다. 남탕과 여탕이 같은 건물에 붙어있는데 한 달 간격으로 서로의 탕을 교체해준다는 것이다.

즉, 남탕이었던 곳을 여탕으로 만들고 여자만 드나들던 탕을 남자만 드나들게 바꾼 것이다.

그 후 놀랍게도 남탕에서 나오던 원인모를 퀴퀴한 냄새가 사라지는 것을 발견했고 또한 대청소를 하며 고심하던 여탕 특유의 냄새 또한 남탕으로 바꾼 뒤부터 없어져 버렸다는 것이다.

그것은 어쩌면 남녀의 체취가 중화된 탓이 아닐까 생각해 보았다.

남녀의 정액 교환과 궁합의 상관관계

　성경에 나오는 숫자 666이 악마의 숫자라는 생각을 하며 의식적으로 거부하는 사람들이 많을 것이다.
　성경에는 왜 짐승의 수를 사람의 수라고 했을까?
　기독교에서 원죄라는 말을 자주 쓴다. 성경학자들은 그를 두고 아담과 하와가 에덴동산에서 신의 뜻을 거역하고 무화과 열매를 따먹은 것이 원죄라고 해석한다.
　과일 따먹은 것이 무엇이 그리 중요하다고 그 작은 일 하나로 인간에게 생로병사의 무거운 굴레를 씌웠는가.
　아니, 자신이 창조한 인간이 과일을 따먹은 뒤 눈이 밝아지고 지혜가 생겼다면 기뻐해야 당연하지 않은가. 오히려 신은 그런 인간에게 가혹한 형벌을 내렸다. 과일 따먹은 문제 때문에 원죄를 내린 것이 아니지 않을까를 상상해 봤다.
　인간과 짐승의 이야기는 성경 곳곳에 등장한다. 또한 인간을 창조한 신은 인간과 짐승의 관계를 극도로 경계한 것 같다.
　아담과 하와가 짐승들과의 성교로 말미암은 신의 분노였지 않았을까? 그 때문에 창조주의 분노를 불러와서 에덴동산에서도 쫓겨났고, 짐승이 가진 생로병사의 굴레를 인간도 이어받은 것일 수 있다고 생각해 봤다.

물론 인간이 짐승과 교접한다고 해서 그것을 닮은 생명이 탄생하지는 않는다. 유전자 정보가 다르기 때문이다. 그러나 전해 내려오는 이야기들엔 반인반수의 괴물이 등장하는 전설을 우리는 많이 알고 있다. 그리스신화에 많이 등장하는 반인반수도 그렇고 이집트의 스핑크스도 몸통은 사자인데 머리는 인간이다. 중국의 조상이라는 반고도 동물과 교접을 해서 태어난 것으로 돼있고, 한국인의 조상인 단군 역시 곰이 사람으로 변해서 단군을 잉태했다. 이런 유의 설화는 세계에 곳곳에 남아있다.

다시 성경으로 돌아가 보자. 창세기 1장 6절에 보면 '하느님의 아들들이 지상의 딸들과 성교를 해서 '네피림'이라는 거인족이 태어났다.'고 기록돼 있다. 이것은 당시 인간 이외의 존재와도 교접이 성행했었다고 볼 수 있는 단초다.

그리고 레위기 20장 15~16절에는 '남자가 짐승과 교합하면 너희도 죽이고 그 짐승도 죽일 것이다.'라고 경고하고 있다.

남녀가 성교를 할 때, 여성은 남성의 정액을 자신의 몸 안으로 받아들인다. 그러면 남자는 정액을 배출만 할 뿐 여성으로부터 받는 것은 없다고 생각하기 쉽다. 남녀가 섹스를 하면 남자가 정액을 발사하며 일방적으로 준다고만 생각하고 있는 것이다. 그러나 뚜렷이 드러나지 않을 따름이지 남자 역시 성기를 통해 여성의 난자 애액을 받아들이고 있다는 사실이다.

여성의 성기는 무엇을 담을 수 있는 동굴모양을 하고 있는 데 반해 남자의 성기는 대롱처럼 뾰족해서 무엇을 받아들일 만하게 생기지 않았다.

남자의 성기는 여러 기능이 있다고 알려져 있다. 이에 대한 실험으로 남자의 성기 끝에다가 장미향 한 방울을 떨어트리고 나면 몇 분 뒤에는 당사자의 코에서 장미 냄새가 난다고 한다.

비슷한 이치로 외국에서는 남자의 성기로 물통 속의 물을 빨아들이는 실험을 해본 적이 있다고 한다. 그 결과 성기가 물을 쭉 빨아들이더라는 것이다.

남녀가 섹스를 하면 여성의 질 내에는 난자가 생기게 되는데 그 액체가 남자의 성기를 통해 흡수된다는 것을 알 수 있다. 똑같은 이치로, 인간과 짐승이 교접을 하면 사람은 짐승의 피로 더럽혀지는 것을 알 수 있다.

피가 더럽혀진다는 뜻을 다른 말로 하면 인간과 짐승의 유전자 정보가 교환된다는 것과 같은 말이 된다.

성경에서 말한 '짐승의 수가 인간의 수'라는 뜻이 이해되는 부분이다.

인간과 짐승이 교접할 때도 똑같은 현상이 일어난다고 보는 것이다. 인간 스스로도 모르게 짐승의 피로 더럽혀지는 결과가 오는 것이다.

피로 더럽혀진다는 뜻은 짐승의 탐욕스럽고 공격적인 유전자가 인간에게로 전달되어진다는 뜻이다.

그럼 한번 짐승과 교접을 한 인간은 영원히 짐승의 유전자가 몸 안에 남아 있게 된다고 보는가.

그렇지 않다고 본다. 인간 세포의 세대교체 시기는 7~8개월 정도 지나면 바뀐다고 알려져 있다.

남녀가 성 교접을 하면 상대방의 정자와 난자가 자신의 몸속으로 들어오게 된다. 이때 상대방의 유전자 정보가 정액을 통해 내 몸속으로 들어오게 되는데, 만일 상대방의 유전자 정보가 내 유전자 정보와 서로 맞지 않으면 몸 내부에서 밀어내면서 치열하게 싸우게 된다. 그러면 상대방이 까닭도 없이 밉게 보이고 사사건건 싸우는 일이 발생한다.

너무 사랑해서 서로 몸을 섞었는데, 애정이 생기기는커녕 세월이 갈수록 사이는 더욱 나빠질 수밖에 없다. 이럴 때, 어느 한쪽이 상대방을 배려한답시고 양보하며 화해를 시도하면 할수록 관계는 오히려 나빠져만 갈 것이다.

만일 유전자 정보가 잘 맞는 커플이라면 어떻게 될까. 서로 몸을 많이 섞으면 섞을수록 관계는 더욱 좋아지고 상대에 대한 애틋함과 신뢰가 생기리라. 그것은 바로 상대의 유전자 정보가 몸 안에 들어와 자신의 유전자 정보와 융화되고 화합하기 때문에 일어나는 현상이다.

궁합 상담 사례

아빠가 미워요

"몇 살이지?"

아직 앳된 기가 가시지 않은 단발머리 소녀 둘이서 몹시 부끄럼을 타면서 고개를 옆으로 돌리고 앉았다.

"이제 고3 올라가요."

"아직 어려서 관상을 봐 줄 수 없구나. 이다음에 더 크거든 오너라."

필자의 말에 소녀는 의아해 했다.

"왜 안 되나요?"

"관상은 어른이 된 다음에 봐도 늦지 않아요."

"아잉, 아저씨. 일부러 먼 길을 물어서 찾아 왔단 말예요."

쉽게 일어날 기미를 보이지 않았다. 의외였다.

"아직 어린 나인데 뭐가 그리 고민이 있어서 이런 델 왔지?"

"하는 일마다 안 되고 꼬여서요."

"하는 일마다? 하하하하……."

말하는 게 맹랑해서 웃음이 절로 터져 나왔다.

"너네 나이면 누구든 고민이 있는 거니까 전혀 염려하지 않아도 돼. 너만할 땐 아저씨도 그랬으니까. 그리고 너만 그런 게 아니라 네 친구들 모두 고민이 있어요. 편안하게 맘먹고 살다 보면 자연히 해결 된단다, 알았지?"

"그런데 왜 꼭 어른이 돼야지 관상을 봐 주시는 거예요, 미리 알면 안 되나요?"

"아니, 지금이라도 봐 줄 순 있어. 그런데 나쁜 얼굴이라고 하면 네 스스로가 실망을 해서 늘 의기소침해질까 봐서란다. 그런데 어른이라면 그걸 극복해서 나쁜 점을 좋은 면으로 바꾸려고 노력하는 힘이 생겨서 살아가는 데 큰 도움이 되지."

"그럼 저는 안 봐 주셔도 되는데요. 얘라도 좀 봐 주세요. 간단하게요."

옆에서 친구의 얘기만 얌전히 듣고 있던 소녀의 얼굴이 붉어졌다. 좋은 얘기만 해 주리라고 생각하며 얼굴을 들어보라고 했다.

"……!!"

"왜, 안 좋은 관상이에요?"

필자가 무슨 말을 하려다 멈칫하니까 소녀가 당황해 했다. 아뿔싸! 내 불찰이었다. 속맘을 드러내 놓다니.

"아니, 그런 게 아니고 좋은 상이다. 그런데 부모님 두 분 다 계시니?"

"예, 다 계시는데요."

"음……. 지금 네 상은 다 좋다. 아무 염려하지 말고 공부 열심히 하면 네가 원하는 일이 차츰 이뤄질 상이다. 그런데 한 가지 부탁하고 싶은 말은, 다이어트한다고 먹고 싶은 것 참거나 하지 말고 식사는 제 때에 꼭 챙겨 먹어야 한다. 너뿐 아니라 옆에 있는 네 친구도 마찬가지야. 알았지?"

"예……. 다른 나쁜 거는 없나요?"

"응, 없어. 좋이."

"감사합니다."

소녀는 안심이 된다는 듯 인사를 하고 나가려고 했다.

"아참! 집에 가거든 엄마 좀 여기 오시라고 해라."

"엄마를요?"

"응, 엄마한테 할 얘기가 있어. 알았지? 꼭 한 번 들렀다 가시라고 해라, 응?"

"……예……."

소녀의 상을 봤을 때 부모 중 한쪽과 인연이 썩 좋아 보이지 않는 상이었다. 그건 본인 때문이 아니라 그 부모 되는 사람 탓으로 보였다. 그래서 엄마를 오라고 한 것이다.

그날 저녁 무렵, 중년의 부인이 놀란 눈으로 들어섰다.

"아까 낮에 우리 딸이 왔었다는데요."

부인의 상이나 얼굴의 색이 썩 좋아 보이지 않았다.

"예. 따님 관상을 봤었는데 나이가 아직 어려서 직접 얘길 못해줬습니다."

"우리 딸한테 무슨 일이 있어요?"

부인은 몹시도 걱정스러운 표정으로 물었다.

"부모님 중 어느 한쪽하고 인연이 멀게 보였어요."

"인연이 멀다면……?"

"사이가 극도로 나쁘던가, 일찍 돌아가시던지 할 상이었어요."

"어머나!"

"어지간하면 이렇게 오시라고 안했을 건데 너무 뚜렷하게 나타나서 부모님이라도 알고 있으면 앞으로 참고가 될 것 같습니다."

부인은 어두운 표정으로 고개를 끄덕였다.

"아버지하고 사이가 나쁘죠?"

"우리 딸 얼굴에 그렇게 나오나요?"

"그럼요. 아버지하고 사이가 어느 정도 나쁩니까?"

부인은 긴 한숨을 내쉬었다.

"그 애가 맏딸이에요. 그런데도 애 아빠가 얼마나 미워하는지 몰라요. 어릴 때는 물론이고 엉덩이가 말만한 지금까지도 매를 들고 있어요."

"어허……. 아빠가 술을 안 마시고 맨 정신으로도 그런단 말입니까?"

"작년에는 얼마나 심하게 다루는지 애가 죽어버리겠다는 걸 내가 간신히 말렸어요."

그러고도 얼마 뒤 부부 싸움 도중 끼어드는 딸에게 아빠는 이유 없이 트집을 잡아서 뺨에 자국이 선명하도록 손찌검을 했다. 그렇지 않아도 그동안 쌓인 불만에다 사춘기적 반항심이 염려되던 시기인데 그 꼴을 당한 딸이 너무나 걱정됐다.

"아빠! 아빠는 내가 없으면 좋겠어요?"

울면서 뛰쳐나가는 딸을 달래야 하는 건 엄마 몫이었다. 이러다간 정말 다 키운 딸을 잃을 것 같은 위기가 느껴진 것이다. 딸을 달래고 달래서 산으로 바람이나 쐬고 오자며 팔을 잡아끌었다. 집이 서울 영등포 쪽인데 걸어서 북한산까지 다녀왔다.

보통 먼 거리가 아닌데도 불구하고 엄마나 딸의 현재 상황이 너무나 절박했던 때인지라 몸을 혹사해서라도 맘속에 맺힌 응어리를 풀어 주고 싶었다. 아빠와 처음 만났을 때부터 딸을 낳던 날의 감격스러웠던 일, 지금껏 살아온 과정을 설명하고 딸이 힘들어 하는 심정을 다독여 주는 길이었다.

"엄마, 난 지금 너무 힘들어. 아빠가 제발 집에 안 들어오든지 없었으면 좋겠어."

"그래, 내가 네 마음 잘 안다. 그래도 어쩌겠니. 너를 낳아 준 아빤데. 우리 조금만 더 참자. 응? 그러면 아빠도 잘못한 걸 알고 제 자리로 돌아올 거야."

그런저런 이야기로 집에서 북한산 입구까지 다시 북한산에서 집으로 걸어오는데 꼬박 하루가 걸렸다. 그 덕분에 발바닥은 물집이 잡혀서 엉망이 됐고 몸살이 나서 이틀을 누워 지내야 했다. 그래도 딸이 평상심을 되찾고 다시 학교도 잘 다니고 있어서 신에 갔다 온 것은 잘한 일이라고 생각했다. 그 이후에도 가정의 분란이 끊이지 않아서 힘들기는 마찬가지였다.

"남편의 외박은 결혼부터 시작돼서 이젠 만성이 된 상태고 생활비도 겨우 입에 간신히 풀칠을 할 정도만 줘서 말이 아닙니다."

굳이 부인이 하소연 하지 않더라도 그 실상이 눈에 훤히 보일 정도였다.

"혹시 가족사진 갖고 계신 것 있습니까?"

"네, 마침 여기 오면서 필요할 것 같아서 사진을 갖고 왔습니다."

부인이 지갑에서 촬영한 지 꽤 된 낡은 사진 두 장을 꺼냈는데, 그 중 남편 되는 사람의 상을 유심히 지켜 본 필자는 가늘게 한숨을 내쉬어야 했다.

"내가 댁의 남편에 대해서 말해 볼게요. 남편을 바로 알아야 부인이 그에 대한 대비를 할 수 있는 겁니다."

이 남편의 경우는 유달리 다른 사람에 비해 특이한 성격과 사고방식을 갖고 있다. 그래서 관상가 입장에선 쉽게 문제를 집어낼 수 있고 얼굴을 대하지 않고도 실제로 대면하는 것 같이 알아맞힐 수 있는 특징이 있다.

"댁의 남편은 첫째 귀가 얇습니다. 무슨 얘긴가 하면, 어떤 일을 결정하고 행동에 옮길 때 가장 가까운 혈육이나 배우자의 의견을 먼저 들어야 함에도 남편은 그 모든 충고는 외면한 채 친구나 자신과 전혀 상관도 없는 사람 말에 솔깃해져서 일을 그르치는 겁니다."

"그래요, 그래요! 남편은 내가 말하면 콩으로 메주를 쑨다 해도 듣지 않으면서 남의 말은 어디서 주워듣고 와서 터무니없는 행동을 해요."

"그래서 남편은 집안에서는 독불장군에다 독재자가 되지만 일단 대문 바깥에만 나가면 남들에게 인정을 베풀고 친절해서 바로 이웃에 사는 사람들조차도 남편이나 그 가족들의 실상을 전혀 눈치채지 못할 겁니다."

"어머나, …… 그래요. 제가 이웃의 잘 아는 분들께 내 어려운 가정 사정을 얘기하면 그분들은 도대체 이해를 못 해요. '당신 남편이 얼마나 인정도 있고 의리도 있는데 그러느냐, 당신 남편이 잘못된 게 아니라 당신이 내조를 잘 못하는 거다.' 이런 식의 핀잔만 듣고 있어요. 그러다 보니까 저는 어디 가서 하소연도 못하고 속으로만 끙끙 앓으며 지내고 있습니다."

그러면서 부인은 몹시도 답답해했다.

"두 번째, 남편은 사춘기적 사고방식을 아직도 그대로 가지고 있어요. 그만큼 순수하냐면 순수한 것하곤 다릅니다. 사춘기 때에는 어디로 튈지 모르는 럭비공 같은 돌출행동을 하는 시기입니다. 그런데 남편은 나이가 든 지금까지도 그 사춘기적 사고방식을 고스란히 갖고 있다는 겁니다. 따라서 어린애 같은 생각과 행동을 해서 가족들을 늘 당황케 하고 긴장하게 만들지요."

필자의 이 말이 끝나기가 무섭게 부인은 또 다시 정색을 했다.

"맞아요. 선생님! 어떨 때 보면 이 사람이 정말 어른인가 싶을 정도로 어린 애같이 행동할 때가 많아요. 어떤 맛있는 음식이라도 있으면 다른 사람은 손도 못 대게 해요. 자기 자식이라도요. 그러니 내 속이 얼마나 터지겠어요. 그런 사소한 것뿐 아니라 말도 마세요……."

부인은 고개를 절래절래 흔들었다. 그것은 많은 가정주부들을 상담해 본 통계를 볼 때, 이 남편과 같은 유형의 배우자를 둔 부인들이 하나같이 공통적으로 느끼는 현상이다.

사람은 누구나 사춘기를 거쳐서 성인이 된 뒤, 결혼과 함께 자식도 두고 그러면서 사회의 험한 세파를 거치며 인격과 경험들이 축적되고 발전한다. 그러나 이 부인의 남편인 경우는 특이하게도 사회경험이 쌓이고 나이가 먹더라도 사춘기적의 그 치기어린 사고방식이나 의식에서 별로 발전이 안 되고 딱 멈춰진 상태를 오랫동안 갖고 있는 형이다.

그래서 이 남편 같은 사람을 둔 아내가 앞으로 처신해야 할 점은, 신혼 초부터 남편을 손아귀에 꽉 틀어쥐고 남편을 부인이 앞장서서 이끌어 가야 한다. 그러려면 부인되는 사람이 당차야 되고 대가 세야 된다는 점이다. 만일 신혼 때부터 기선제압에 실패했다면 다시 원위치로 되돌리는 일은 엄청난 노력과 희생을 각오해야 한다. 그렇지 않고 남편에게 약한 모습을 보인다든가 여성다운 애교로만 남편의 환심을 사려고 한다면 큰 오산이다.

이런 형의 남편은 상대 배우자가 약점을 보이면 끊임없이 아픈 곳을 파고들어서 절대 부인에게 양보나 폭 넓은 이해심을 보이지 않는다.

만약 남편에게 잡혀서 그렇게 굳어진 상태가 계속된다면 앞으로 고난과 한숨의 세월만이 남아 있다고 해도 과언이 아니다. 그것을 주변에 하소연할 이웃도 그리 많지 않다. 참으로 끔찍스러운 일이다.

그러면, 위의 예가 모든 남편들에게 다 통용되는 방법인가 하면 전혀 그렇지 않다. 이 부인의 남편 같은 형에 한해서만이다.

이혼 이외에는 탈출방법이 전혀 없는가.

방법은 있다. 그러나 효과가 그리 크지도 않고 각 개인의 차이가 있기 때문에 성공확률을 장담할 수 없다. 그 방법은 다음 편 <내가 유방암과 우울증에 걸린 건 남편 때문이에요>에서 설명하기로 하고 여기선 딸의 얼굴에서 어디를 보고 부모 중 한쪽과의 인연이 멀다고 했는가만 설명하겠다.

앞서 소녀의 얼굴을 보고 필자가 멈칫했던 이유는 이마의 상태 때문이었다. 소녀의 이마는 보통사람과 달리 이마에 솜털이 무성하게 자라 있었다. 그것이 보기 싫을 정도로 많이 남아 있어서 전체의 이마 넓이가 턱없이 좁게 보였다.

솜털이란 어릴 때는 누구든 조금씩 나있다가 성장하면서 자연스레 없어진다. 그러나 이 소녀의 상태로 보아서는 그럴 확률이 거의 없어 보였다.

이렇게 심한 이마의 솜털이 생기는 이유는 관상적으로 두 가지 예를 들 수 있다.

첫째는, 어머니가 임신했을 당시 태아에게 영양공급을 제대로 못했을 때나, 부부갈등 혹은 집안의 사정으로 인해서 임신부가 정신적인 스트레스를 많이 받았을 경우이다.

두 번째는, 아이가 어렸을 때 부모 사이가 엄청난 갈등이 생겼거나 떨어져 사는 등 한쪽 부모에게 정을 못 받고 살았을 경우에 이런 현상이 생긴다.

상담 손님들 중에 40세 넘어서도 없어지지 않은 채 남아 있는 경우를 더러 보았는데, 그것은 어릴 적 영향이 그때까지 간다고 봐야 한다.

인연이 멀다는 건 무엇을 뜻하는가. 부모 중 한쪽이나 양쪽이 일찍 돌아가서 보살핌을 못 받은 경우가 있고 이혼을 해서 편모나 편부의 슬하에 자라서 사랑을 받지 못한 경우, 그리고 부모가 있어도 자신이 너무 어린나이에 집을 나와서 부모의 덕을 못 받은 경우나 같은 지붕에 살아도 애정을 받지 못하는 것도 해당된다.

필자는 여기서 부인에게 한 가지 부탁을 했다.

"따님이 이다음에 나이가 차서 시집갈 시기가 되더라도 결혼을 늦게 시키십시오. 서른 훨씬 넘어서 노처녀 소리를 들을 정도로요. 일찍 하면 초혼에 실패할 염려가 있어요."

부인은 필자의 말에 다시 놀라움을 표했다.

"아이고!! 선생님도 그렇게 생각하세요? 그렇지 않아도 자기는 시집 안 가고 엄마랑 둘이서 살겠다고 벌써부터 얘길 하고 있어요. 시집 가서 아빠 같은 남편 만나면 어떻게 하느냐고 걱정이 태산입니다."

부모의 사이가 극도로 나쁜 환경에서 자란 아이들은 이다음에 결혼을 하면 자신은 절대 그렇게 살지 않겠노라고 다짐하지만 불행히도 부모의 전철을 그대로 답습하면서 살아가는 사람들이 의외로 많다.

소녀같이 이마가 좁은데다가 솜털까지 무성하게 나있는 사람이라면 결혼을 늦추고 세상 돌아가는 이치와 인간관계, 그리고 부부생활이 어떤 것이라는 걸 깨칠 수 있는 나이가 된 후에 결혼을 해야 실패가 적은 것이다.

그런데 그 나쁜 운이 어린 시절에서 소멸되고 결혼해서나 나이가 들면 영향을 받지 않는다면 얼마나 다행일까만 중년이 돼서까지 나쁜 기운이 남아 있으니 참으로 안타까운 일이다.

남의 소문에 귀가 얇은 남편. 집에서는 독재자에다 독불 장군인데 바깥에선 좋은 평판을 받고 있는 남편. 사춘기적 돌출행동과 사고방식에서 한 치도 발전하지 않은 남편. 가정을 내팽개치고 끝없는 외도나 술독에 빠진 남편.

그런 남성을 남편이나 아버지로 둔 가정은 그 정신적 고통이라는 것은 말로 표현하기 힘들 정도다. 여기서 필자가 잠시 말을 멈추자 부인은 기다렸다는 듯 말을 폭포수처럼 쏟아냈다.

"어머나, 이머나……. 어쩜 그렇게 사람을 눈앞에 두고 본 것 같이 잘 아세요? 선생님이 말씀하신 것 전부 다 맞아요. 어머나. 세상에……."

부인은 연신 감탄사를 연발하며 감격해 했다. 부인이 필자의 의견에 전적으로 동감을 표시한 것은, 자신이 이렇게 속 썩고 사는 것을 이 세상에 누구한테도 하소연 할 사람이 없었는데 이 엉뚱한 장소에서 남편을 너무나 정확히 알고 있는 사람이 있다는데 신기했기 때문일 터였다. 그러면서 하는 말이 걸작이다.

"어쩌면 그렇게……. 내 남편하고 같이 몇십 년 살아 본 분같이 잘 아세요? 저어……, 죄송한 말씀입니다만, 혹시……?"

부인은 말을 채 잇지 못하고 필자의 눈치만 살피고 있었다. 그런 부인을 보자 웃음이 터져 나왔다. 부인이 내게 무슨 말을 하고 싶어 하는지 알았기 때문이다.

"말씀해 보세요. 저는 괜찮으니까요."

"저어……, 오해하지 마셨으면 좋겠습니다. 죄송하지만, 선생님도 제 남편하고 비슷한 성격이 아닐까 해서요."

그러니까, 필자도 남편과 같은 유형의 성격 소유자니까 그렇게 잘 알 수 있지 않겠느냐는 투였다. 그렇지 않고서야 어떻게 한 번도 본 적이 없는 사람을 그리 잘 알겠느냐는 것이다. 사실 부인이 그런 의문을 갖고 있는 것도 무리가 아니다. 그러나 상담을 하다 보면 각 유형별로 통계가 자연스럽게 나온다.

필자는 상담을 하면서 참으로 각양각색의 사람들을 만난다. 남녀 간의 간통이나 이혼 같은 경우는 흔하게 접해 왔고, 하다못해 살인을 하고 도망 다니던 사람이 들어와서 상담을 한 경우도 있으니까. 더구나 부인의 남편 같은 성격은 유난히 특이한 경우여서 필자가 따로 분류를 해 놓았던 것이다.

"그러나 저러나 기왕 어려운 걸음을 하셨으니 부인의 관상을 한번 보고 가시죠. 무료로 봐 드릴 테니까요."

"저어 이렇게 오랜 시간을 뺏은 것도 제가 송구스러운데 어떻게 제 얼굴까지…….'"

사실, 부인과의 상담시간이 2시간을 넘어서고 있었기에 차례를 기다리던 다른 손님마저 다음에 오겠다고 되돌아간 상태였다. 돌아간 분들은 다음에 언젠가는 반드시 다시 들른다. 늘 그래 왔으니까. 하지만 이 부인 같은 경우는 이번이 아니면 평생 동안 상담을 받을 기회도 어려울 뿐더러 자신이 현재 처한 어려움을 다른 이에게 하소연할 곳도 그리 많지 않게 보였다.

부인을 바른 자세로 앉게 하고 얼굴을 들어 보게 했다. 부인의 얼굴을 바라보자 안타까운 마음이 먼저 들었다. 부인의 얼굴에선 남편에게 시달린 흔적들이 이곳저곳에 너무도 선명했던 것이다.

"우선 건강이 몹시 나빠 보입니다. 다른 무엇보다도 본인의 건강을 우선 챙기세요. 자식이나 남편보다도 부인 자신이 먼접니다. 특히 소화기 계통 즉, 위나 장에 이상이 있을 수 있습니다. 최근에 병원 가서 진찰 받아 본 적 있어요?"

"아니요. 이제껏 병원에 갈 엄두도 못 내고 살았어요. 그렇지 않아도 몇 달 전부터 이상하게 소화가 안돼서 불편하긴 했어요."

부인의 얼굴 어느 특정 부위엔 분명 위나 장이 취약하다는 게 나타난데다 혈색까지 썩 좋지 않게 보였던 것이다.

"그리고 집안에서 살림만 하지 말고 본인의 직업을 가지세요. 그것이 부인 자신의 정신건강이나 육체건강에 커다란 도움이 될 겁니다."

그러자 부인은 정색을 하며 물었다.

"선생님! 정말 제가 직업을 가지면 좋겠어요? 그렇지 않아도 직장을 다녀 볼까 망설이고 있었거든요."

"남편 얼굴만 바라보고 집안에서 살림만 한다면 부인의 명이 짧아져서 오래 못 살아요. 그것은 남편으로 인한 스트레스를 온몸으로 받아내야 하는 입장에서 응어리진 마음을 다른 곳으로 분출하지 못하기 때문입니다. 그래서 육체적으로는 조금 힘들겠지만 본인이 일을 가지면 그게 심신을 안정시키는 데 훨씬 도움이 될 겁니다."

부인이 소화기 계통에 이상 징후가 있을 거라고 본 것은 콧대의 윗부분 즉, 눈과 눈 사이에 회색빛 반점이 꽤 넓게 퍼져 있었는데 이 부분에 흠이 있으면 내장에 병이 진행 중이거나 특히 약한 걸 나타낸다.

"선생님 감사합니다. 정말 감사합니다. 선생님 덕분에 제 딸년을 어떻게 간수해야 하는 것도 이제 알았고 남편한테 대처하는 법도 배웠습니다. 정말 고맙습니다."

부인은 필자가 민망할 정도로 몇 번씩이나 머리를 숙이며 인사를 했다. 필자의 바람은 부인과 딸이 좀 더 꿋꿋하게 홀로 설 수 있기를 간절히 바란다.

내가 유방암과 우울증에 걸린 건 남편 때문이에요

"큰 병치레를 하셨네요. 남편 때문에 속을 많이 썩이면서 살고 있죠? 혹시 지금 남편 사진 갖고 있나요?"

몸의 균형도 약간 무너진 상태에다 몹시도 지친 모습의 중년 여자는 조금 전까지도 울었는지 눈이 부어 있었다. 한숨을 푹푹 내쉬며 내놓는 남편의 사진과 혈액형, 그리고 부부의 관상 궁합으로 봤을 때, 앞의 <아빠가 미워요>에서 예로 든 그 부인과 흡사한 부부 관계라고 보면 틀림없었다.

"유방암 수술 받은 지 얼마 되지 않았어요. 어제 밤에 남편하고 싸우고 집을 나와 있어요. 선생님! 저 어떡하면 좋죠? 이혼해야 되나요? 남편 성격을 바꾸는 방법이 없을까요?"

부인의 얼굴이 불그죽죽 부어있는 것은 남편에게 폭행을 당해서 그런 것이라 했다.

"부인은 남편과 20년을 살아왔다곤 하지만 그의 성격하고 행동을 그리 잘 이해하지 못하고 있을 겁니다."

"그런 것 같기도 해요. 선생님. 남편이라는 사람을 알 것 같으면서도 어떤 때 보면 도대체 이해 못할 행동을 하곤 해서 지금도 종잡을 수가 없어요."

부인의 얼굴은 걱정과 불안과 분노, 허탈감, 피곤 등이 혼합된 상태여서 정서적으로 매우 불안정하게 보였다.

"남편 직업이 뭔가요?"

"얼마 전에 명예퇴직한 뒤에 놀고 있어요."

"직장 다닐 때보다 얼굴 부딪히는 시간이 많아서 훨씬 힘들지요?"

"예, 다른 사람들은 오랜만에 부부가 오붓한 시간을 가지게 됐다고 좋아들 하던데 저는 정반대예요."

부인은 양미간을 모으며 말했다.

"남편이 전에 직장 다닐 때도 지금하고 별로 달라진 게 없지만 요즘은 하루 종일 얼굴 부딪히며 살려니까 끔찍해요."

부인은 그런 생각을 하는 자체도 싫은 듯 고개를 저었다. 남편이라는 사람이 도대체 어떤 사람이기에 오랜 부부 생활을 해온 당사자가 이토록 진저리를 칠까?

"부부 싸움을 하고 난 뒤에 남편이 잘못했다고 시인할 때도 있긴 있나요?"

"이제껏 살아오면서 딱 한 번 있었어요. 언젠가 심한 매를 맞아서 병원에 입원한 적이 있었습니다. 그때 한 번 미안하다고 말은 했었지만 그 뒤로도 행동이나 말이 전혀 달라지지 않았어요."

"댁의 남편은 미안하다고 말로는 하지만 실제론 자기 자신이 뭘 잘못했는지 이해를 못하는 사람입니다. 논리가 있어서 선은 이렇고 후는 저런 건데…… 하면서 전후를 잘 분간해서 조리있게 설득하는 스타일이 아니라 즉흥적이기 때문입니다."

필자의 말을 받아서 부인이 말을 이었다.

"거기다가 가정에서 일어나는 부끄러운 일들은 되도록 다른 사람한테 얘길 안 해야 하는데도 남편이란 사람은 마누라 흉을 무슨 자랑거리라고 동네방네 떠들고 돌아다녀서 제가 얼굴을 못 들고 다닙니다."

그 점 또한 이 형의 특징이라고 할 수 있다. 부인을 험담하면서 은연중에 자신의 자랑을 늘어놓는 행태. 그것이 결코 자신이나 가족에게 전혀 득 될 게 없는 짓인데도 남들로부터 자신에게 쏟아지는 손가락질은 보지 못한 채 오늘도

누워서 침 뱉기를 계속한다.

그 원인을 거슬러 올라가 보면, 사람은 누구든 개인의 독특한 파장을 갖고 있다. 이 부인의 남편 되는 사람은 많은 파장 중에 상대를 밀어내고 거부하는 묘한 파장을 갖고 있다.

자석이 있는데, 마이너스는 마이너스끼리 플러스는 플러스끼리 맞대 놓으면 서로 밀어내는 성질이 있다는 것을 우린 알고 있다. 바로 그 비슷한 파장을 이 부인의 남편이 갖고 있다고 보면 된다.

그것도 자신과 살 부대끼며 살지 않는 먼 친구나 이웃들에게는 잘 대해주면서도 가까운 혈육이나 한 지붕의 가족에겐 이상하게도 밀어내는 독특한 파장을 갖고 있다.

그러니 가족은 남들에게 하소연도 못하고 벙어리 냉가슴 앓듯 속으로만 끙끙 앓게 되고 그것이 오랜 세월 쌓이게 되면 이 부인의 경우같이 화병이 생기게 된다.

가까운 이웃들에게조차 하소연 못하게 남편 되는 사람이 부인의 흠을 떠벌리고 다녔으니 오죽하겠는가.

부인이 남편에 의한 오랜 스트레스에 쌓인 결과물이 결국 암에 걸리게 만들었고 우울증에 걸려 정신과 병원에 드나들게 만든 결정적인 요인이 된 것이다. 그나마도 남편 되는 사람이 그 사실을 이해하느냐 하면 천만의 말씀이다. 설혹 말로는 이해한다고 할는지 몰라도 그건 어디까지나 말뿐이고 자신이 해왔던 언행이나 사고방식을 바꾸지 않는다.

그것은 어릴 때부터 사물에 대한 관찰력이 보통사람에 비해 훨씬 떨어지고 수박 겉핥기식으로 얼렁뚱땅 살아왔기 때문이다. 그런 성격이 굳어진 탓에 다른 사람에 비해 세상 보는 시야가 좁다.

그렇다면 그 눈이 언제나 뜨일까? 필자의 통계에 의하면 50세가 넘어야 어렴풋이 아는 경우를 여러 번 보아 왔다. 그러나 그 안다는 것도 비슷한 연령층에 비하면 턱없이 모자라는 기준이라고 볼 수 있다. 그런 상태의 인성을 갖고 있기에 가까이에서 밀착 대화를 해 보면 필자의 가슴이 답답해 옴을 여러 번 느꼈다. 우물 안의 개구리같이 좁아터진 시야가 상대를 한숨짓게 만드는 것이다. 그것도 다른 남하고의 얘기라서 그나마도 견딜 만하지 같은 지붕 밑에 사는 가족들이 겪는 심적 고통은 이루 말로 표현할 수 없을 터이다.

상대방과 의견 충돌이 있으면 논리를 내세워 조목조목 상대를 설득하는 게 아니라 앞의 원인을 뚝 자르고 자신의 주장만 빡빡 우기니 어디서 뭐가 잘못됐는지 알지 못하는 것이다.

그런 습관이 굳어진 상태에서 나이가 들어서도 어떤 문제에 부딪히면 혼자서 해결하는 능력이 다른 이에 비해 현저히 떨어진다고 볼 수 있다.

"언젠가는 차를 운행하다가 펑크가 났나 봐요. 그러면 114에 물어서라도 가까운 정비소 같은 데다 연락을 해서 고쳐야 하는데도 집에 있는 저한테 어떻게 했으면 좋겠느냐고 전화에다 대고 걱정을 하더라고요. 너무 한심해서 정비소 전화번호를 일러 주고는 잔소리를 좀 했어요. 쉰이 다 된 나이가 의심스럽다고요. 그날 밤에 들어와서는 또 한바탕 큰 싸움을 했어요. 펑크가 났다는데도 와 보지 않았다고요. 선생님, 생각을 해 보세요. 한 시간 넘는 거린데 제가 거길 가서 무슨 도움이 되겠어요. 너무 한심해요. 다른 남자들도 그러는지 모르겠습니다."

"사진에 보니까 자식들하고 사이도 썩 좋지 않게 보이는 데요?"

"네, 삼 남매를 뒀는데 매일 싸우는 것만 보고 커서 그런지 부모에 대한 정이 없어요."

그래서 '사내 복 없는 년은 자식 복마저 없다'는 말이 생겨난 것이리라. 가족사진에서 본 아들딸들에게서도 정서불안의 상이 뚜렷이 느껴졌다. 이 아들딸들이 나중에 언젠가는 결혼을 하고 한 가정을 꾸릴 것이다. 꼭 다 그런 건 아니지만 부모의 사이가 극도로 나쁜 환경에서 자란 아이들은 결혼을 늦게 하든가 독신들이 의외로 많다. 그것은 부부관계에 대한 두려움 때문인 듯하다. 자신도 부모와 같이 저렇게 지지고 볶고 하는 게 싫어서 무의식적으로 결혼을 미루거나 회피를 한다고 볼 수 있다.

  앞장에 나오는 소녀가 결혼을 하지 않고 혼자 살겠다고 한 말도 그런 이유 때문일 것이다. 또한, 결혼에 골인하더라도 이상하리만치 부모의 전철을 많이 답습하는 걸 볼 수 있다. 부부간에 어떤 문제로 갈등이 생겼을 때 순리로 풀거나 설득, 혹은 양보에 의해서 해소를 시켜야 함에도 그렇게 하지 못한다.

  그것은 바로, 그 화해의 방법을 자신의 부모로부터 보고 배우지 못했기 때문에 일어나는 악순환이라고 할 수 있다.

  과연 이런 형의 남편에겐 부인이 어떻게 대처하며 살아야지 현명할까?

  앞선 글에서도 설명을 했지만, 신혼 초에 바로잡지 못했다면 어려운 부부생활만 남았다고 볼 수 있다.

  그래도 가정을 포기할 수 없다면 다음의 방법을 강구해 보라고 권한다. 남편이라는 사람이 사춘기적 치기와 의식수준에서 한 치도 발전이 안 된 상태니까 집안의 가장이나 남편으로만 보면 안 된다. 즉, 부인되는 사람이 의식의 전환이 필요하다.

  첫째, 남편으로 보지 말고 친정집의 남동생 대하듯 해야 한다. 아니면 남편의 친어머니같이 행동해야 한다. 어차피 남편은 언행이 어린아이와 비슷한 수준이고 남편 자신도 가장으로서의 판단능력이 떨어지기 때문에 아내가 뛰어난 참모형이 되어 줄 것을 내심 원한다.

  남편의 귀가 얇다고 한 것도 자신이 판단내릴 능력이 부족하기 때문에 이 사람 저 사람의 소문에만 의지하려 하는 것이다. 그래서 다른 사람 눈에는 변덕이 심한 사람으로 비춰지는 것도 무리가 아니다.

  부인이 바깥에서 힘들어하며 집에 들어오는 남편 어깨를 감싸 안는 모양이 아니면 남편은 부인을 극도로 불신하고 철저히 무시한다. 따라서 남편은 귀엽고 얌전한 형의 아내를 바라는 게 아니라 누나나 어머니같이 푸근하고 해결사 노릇까지 해 주는 여성상을 원하는 것이다.

  자신의 보호자 역할을 부인이 못해 준다고 판단되면 남편은 아내의 말을 철저히 무시하고 인격까지 깎아 내린다. 그리곤 집보다는 바깥에서 그런 형의 여성상을 끝없이 찾아 헤맨다. 그래서 한번 바람이 나기 시작하면 이 세상 그 누가 와서 말려도 안될 만큼 줄기차게 이어지는 형이다.

사람은 이성을 사귈 때 크게 두 가지 유형으로 구분할 수 있다.

첫 번째는 상대 이성에게 자신의 역량을 조금씩 보여줘서 늘 새로운 사람같이 신선해 뵈는 이미지를 풍기는 형이 있다. 그래서 언제나 새로운 화젯거리로 상대를 즐겁게 해 준다. 양파 같은 사람으로 속에는 많은 지식이 쌓여 있어서 마르지 않는 샘물 같은 사랑을 한다.

그에 비해서 이 부인의 남편은 정반대이다. 여자를 만나면 자신의 모든 역량이든 비장의 무기든 빠른 시일 내에 100% 보여주는 스타일이다. 거기에다 의욕만큼은 그 어떤 사람들에 비해 넘쳐난다. 의욕은 누구나 갖고 있는 거지만, 치밀한 계획과 계산에 의해 자신이 있다고 판단될 때 실행에 옮기는 것이 아니라 자신의 능력이나 주변 여건은 전혀 고려치 않고 일단 저질러 놓고 보는 것이다. 나중에 뒷수습은 주변사람들의 몫이니 그 고충이야 말해 뭣하랴.

이런 형일수록 의외로 외간 여자가 잘 따른다. 그렇게 자신의 모든 것을 전부 보여주고 끈질기게 접근하는 데 안 넘어 갈 여자가 얼마나 될까?

그러나 그 수박 겉핥기식 같은 사랑도 3개월을 넘기지 못한다. 왠가 하면, 초반에 모든 비장의 무기들을 남김없이 보여 줬기에 신비감이나 능력, 그리고 새로움이 전혀 없어졌으므로 상대 여성이 식상해 하고 본인도 그걸 못 견뎌 한다.

사물에 대한 애정도나 관찰력이 없기에 지식의 한계가 금세 바닥을 보인다. 그래서 또 다른 새로운 여자 사냥에 나서게 되고 본인이 원하든 원치 않든 바람둥이가 되는 것이다.

그런데 만에 하나 딴 여자를 탐하지 않는 형이라면 술로써 자신의 스트레스를 해결하려는 형이라고 보면 된다. 그리고 고주망태의 상태에서 아내나 자식에게 뜻 모를 욕구불만을 쏟아낸다.

또 한 가지. 부인이 남편의 누나나 어머니 역할을 해 준다 해도 한 가지 유념해야 할 점이 있다. 너무 지나치게 간섭을 하면 안 된다는 점이다. 잔소리나 지나친 간섭은 어디로 튈지 모르는 럭비공 같은 사람에겐 못 견디게 속박감을 줘서 집에 들어오길 꺼리는 경우도 있다.

두 번째는 앞의 예와는 반대로 남편을 완전 무시하는 방법이다. 남편을 아주 그 집안에서 없는 사람이라고 치부하고 사는 것이다. 그렇지만 식사나 빨래 같은 기본적인 것은 잘 챙겨주라고 권하고 싶다.

그러나 이런 방법도 좋은 방법이라고 장담할 수 없는 것이 자신을 무시한다고 느낀다면 그 즉시로 투정을 해 올 것이 뻔하다.

한 마디로 관심을 너무 가져주면 그게 부담스러워하면서 가장으로서의 책임을 회피하려 하고, 관심을 안 가져 주면 그걸로 시비를 걸어온다. 그래서 어린 애가 따로 없다고 한 것이다.

필자의 설명을 듣고 스스로 감정을 억제치 못하고 울먹이던 부인은 상담이 거의 마무리에 들어가자 하소연하듯 말했다.

"그럼 저는 앞으로도 계속 남편 때문에 속을 썩이면서 살아야 되나요? 다른 방법은 없나요? 저는 지금 이혼을 생각하고 있습니다."

"이혼은 부부관계의 중요한 문제고 해서 제가 입장을 표시하는 것은 난처합니다."

부인은 절망적인 표정이었다. 사실 이런 형의 남편의 경우는 알고 보면 겁이 굉장히 많은 사람이다. 그래서 부인이 이혼을 각오하고 강력하게 맞대응한다면 부인을 그리 호락호락하게 못 볼 것이다.

필자가 그런 형의 남자 심리를 꽤 여러 번 확인했었는데 이 부인에게는 차마 그 같은 방법을 알려 주지 못해서 지금도 맘 한 구석엔 찜찜함이 남아 있다.

그 이유는 현재 부인의 건강 상태나 정신 상태가 최악이어서 도리어 건강을 크게 해칠 우려가 있었기 때문이었다.

"이혼 이외의 한 가지 방법은 부인 자신의 직업이나 취미를 가지십시오. 직업을 갖게 되면 집안에서 겹겹이 쌓였던 욕구불만도 해소될 것이고 건강도 좋아질 겁니다."

"저도 그런 생각을 여러 번 가져 봤습니다. 가게를 얻어서 뭘 해볼까 해서요. 그런데 이제껏 집안에서만 생활하던 사람이라서 자꾸 망설이고 있는 중이예요."

"부인의 상으로 봤을 때 이제껏 능력발휘를 못해서 그렇지 시작하면 잘 할 수 있을 겁니다. 무엇보다 남편하고 얼굴 대면하는 시간을 최소한 줄이는 게 더 큰 목적이 있습니다. 어떻게든 남편의 시야에서 되도록 떨어지세요. 만약 지금 상태로 부부 사이가 계속 악화된다면 부인은 화병에 걸려서 명까지 단축된다는 걸 알아야 해요."

지금의 상태나 앞으로도 남편과 가까이 지내면 지낼수록 부인에겐 모든 면에서 득이 될 게 없다는 판단이다. 부인은 내일 당장부터 자신의 일을 찾아보겠노라고 몇 번이나 되뇌었다. 그럼 이 남편과 같은 사람을 구제할 수 있는 여성상은 없는가?

있다! 그 돌출행동을 잠재우던가, 역이용해서 긍정적인 방향으로 이끄는 짝이 분명히 있다. 그런 짝이 바로 이 남편과 같은 독특한 주파수와 융합이 잘되는 사람인데, 최고의 찰떡궁합이라고 할 수 있을 정도다. 그러나 이 자리는 공개된 장소여서 이상형의 배우자를 소개하기는 무리가 있음을 이해 바란다.

위의 예는 유방암과 우울증에 걸린 상태에서도 오늘 이 시각까지 남편에 의해 폭력과 정신적 고통을 당하고 있는 어느 사십대 중반 여인의 실제 모델을 주인공으로 현장음을 거의 그대로 재생해 보았다.

이 글을 읽는 독자분들은 믿지 못하거나 반신반의하는 분들이 대다수라고 필자는 짐작한다. 필자 자신도 사무실을 개설한 초기엔 믿기지 않았다.

설마 그렇게 속 썩이는 남자가 있을까 하고 말이다. 그러나 이 글은 필자가 수많이 상담한 가정주부들을 상대로 통계를 냈으며 남편문제로 상담한 경우의 80% 이상 되는 부인들이 위의 남편과 똑같거나 비슷한 남편을 둔 주부들이라는 것만 밝혀둔다.

　여기서 필자가 또 한 가지 염려되는 부분이 있었다. 위의 남편 되는 사람의 성격 때문에 빚어지는 가정사가 그 당사자 대(代)에서 끝나는 게 아니라는 사실이다.

　필자의 사무실로 그런 형의 남편이 직접 상담받으러 오면 당사자의 성격상 결함에서부터 행동, 그리고 가족을 대하는 방법에 이르기까지 매우 직설적으로 알아듣도록 얘기해 준다.

　한편으론 얼굴이 붉어질 정도로 따끔하게 야단도 친다. 그러나 그에 대한 반발이나 거부한 경우는 거의 없었다.

　석가모니나 예수, 성모 마리아의 그림을 보면 보통 사람들에게는 볼 수 없는 현상인 머리나 몸체 뒤에 원형의 빛이 그려진 것을 볼 수 있다.

　이것을 광배(光背) 혹은 후광(後光)이라고 하는데, 몸에서 뿜어져 나오는 에너지의 파장을 그림으로 형상화 한 것이다.

　이 후광이 위대한 성인에게만 있는 것이 아니라 일반 사람들에게도 존재한다. 다만 그 에너지의 파동과 빛이 약해서 잘 나타나지 않기 때문에 없는 것으로 착각할 뿐이다.

　박쥐가 어두운 밤에 부딪치지 않고 잘 날아다니는 것도 몸에서 뿜어져 나가는 에너지의 파장을 쏘아서 물체에 닿은 뒤 되돌아오는 파동을 보고 장애물이 있나 없나를 감시 한다는 것은 잘 알려진 사실이다.

　인간뿐 아니라 이 세상의 모든 물체에는 기(氣, 에너지)가 존재한다. 그리고 기는 내부에만 머무르는 게 아니라 파동을 그리며 밖으로 표출된다.

　이것이 손에 잡히지도 않고 눈에 보이지 않는다고 해서 존재 자체를 부정하는 사람이 있다면 참으로 어리석은 사람이다.

　주파수란 무엇인가.

　여기서 말하는 주파수라는 것은 사람의 몸에서 밖으로 뿜어져 나가는 에너지의 파동을 의미한다.

우리가 라디오를 켰을 때 사이클(주파수)이 잘 맞으면 좋은 소리가 나오고 주파수가 안 맞으면 시끄러운 소리가 나듯이 인간의 주파수에도 흡사한 역할을 하는 물질이 분명 존재한다.

그리고 사람은 누구든 타고날 때부터 자신만의 고유한 주파수를 갖고 태어나고, 한번 결정된 주파수는 평생 동안 변하지 않는다.

이것이 대인 관계는 물론이고 특히 한 지붕 한 방을 쓰며 사는 부부에게는 결정적인 역할을 한다.

궁합에서 제일 중요한 것은
남녀의 잠자리, 섹스 문제가 아니라
주파수 맞추기다

내 고유한 주파수와 상대편 주파수의 파동이 비슷한 유형이어야 서로 배짱도 잘 맞고 싸워도 큰 상처 안 받고 금세 화해가 된다.

남녀 애정관계에서 주파수가 안 맞으면 어떤 현상이 일어날까?

제아무리 상대방을 사랑하고 이해하려 해도 뜻대로 안 되고 상대방에게 백번 양보해도 도대체 융합이 안 된다. 아니, 서로 가까이 하려고 마음을 먹으면 먹을수록 사이는 점점 험악해지고 나빠진다.

그런 현상은 집 혹은 방이라는 밀폐된 공간에 오래 마주할수록 더욱 자주, 그리고 뚜렷이 발생 된다.

그 원인은, 내 몸에서 뿜어져 나간 에너지의 파장과 상대편의 그것이 방이라는 공간에서 마주친다. 이때 주파수가 잘 맞는 사람들이라면 마음도 안정이 되고 따뜻해지지만, 주파수 안 맞는 사람끼리라면 신경이 예민해지고 이유 없이 가슴이 두근거리고 불안하게 된다.

이것은 상대방에게 특별한 행동이나 말을 하지 않는데도 불구하고 자연 발생적으로 일어나게 되는데, 에너지끼리 융합과 화합이 안 되는 '간섭현상' 때문이다.

세상의 어느 부부라도 다투지 않고 사는 사람들은 없다. 똑같은 다툼이라도 주파수가 잘 맞는 부부라면 어느 한쪽에서 사과를 하면 금세 화해가 되고 깨끗이 잊어버린다.

그러나 주파수가 안 맞는 부부라면 작은 말싸움이 서로에게 비수가 되어 큰 상처를 주고받게 된다.

이때 상대편에서 아무리 사과를 해도 말로는 화해가 되는지 모르지만 가슴에 쌓인 응어리는 풀리지 않은 채 차곡차곡 남아있게 마련이다. 이런 세월이 1년, 5년, 10년……. 이렇게 흐르면 화병이 생기고 그것이 발전되면 암 덩어리를 몸에 키운다.

참으로 끔찍한 것은 주파수가 다른 사람들이 만나 부부의 연을 맺은 경우다. 그런 사람들의 필자는 참 무수히도 봐왔다.

그렇다면 그 중요하다는 주파수라는 것을 결혼 전에 왜 진작 몰랐단 말인가. 최소한 어렴풋이라도 느꼈어야지 않았느냐 말이다.

연인들은 그것이 존재하는지조차도 모를뿐더러 알았더라도 실체를 직접 느끼기는 쉽지 않을 터이다.

왜냐하면, 애인 사이였을 때는 각자의 집에서 생활하다가 바깥에서 가끔 만나기 때문이기도 한데, 이 에너지의 파장이라는 것은 개방된 공간에서는 파동이 사방으로 퍼지기에 그것을 가까이서 오랜 시간 접하지 않는 이상 실체를 제대로 못 느낀다.

하지만, 결혼을 하면 방이라는 제한적이고 밀폐된 공간에서 두 사람이 생활하게 됨에 따라 에너지가 흩어지지 않고 방안에서 늘 대하기 때문에 당연히 상대방의 에너지 파장을 온몸으로 마주하기 마련인 것이다.

따라서 혼인에 대해 진지하게 의견을 나눈 사이라면 결혼 전에 장거리 여행을 떠나 여관이든 호텔이든 최소한 3박 4일을 방이라는 공간에서 밤낮으로 같이 생활해 보고 거기서 상대편의 주파수를 온몸으로 느껴보라고 권하고 싶다.

에너지니 파동이니 주파수니 하는 것을 전혀 모르는 사람이라도 상대편과 한 공간에서 오랫동안 머물러 보면, 주파수가 잘 맞으면 편안하고 아늑한 마음이 들면서 상대에 대한 애틋함과 믿음이 생겨나는 것을 느낄 수 있다.

반대로, 주파수가 안 맞으면 까닭도 없이 이상하게 마음이 안정되지 않으면서 불안하고 상대방의 작은 행동 하나, 말 한 마디에도 신경이 자꾸 거슬리고 기분이 나빠지는 현상이 생기는 것이다. 이것은 말이나 글로는 표현할 수 없는 그야말로 개인만의 독특한 느낌을 누구든 느낀다는 말이다.

부부로 한번 인연이 맺어지면 검은 머리 파뿌리 되도록 살란 법은 없다. 그것은 조선시대나 있을 법한 이야기다.

그러나 요즘 세상에서도 원수 같이 살면서 헤어지지 못하는 부부를 심심찮게 만난다.

어떤 부부가 살아가는 모습을 보면 매일 같이 지지고 볶으며 수십 년을 사는데, 왜 그렇게 사느냐고 물으면 아이들 때문에 이혼을 하고 싶어도 못한단다.

밥 먹다가도 싸우고, 눈 마주쳤다고 싸우고, 커피 한 잔 타달라는 하찮은 말에도 싸우고, 이제는 그만 싸우자고 화해하는 자리에서 더 크게 싸우고. 웬수도 그런 웬수가 없다.

그것은 궁합에서 필자가 제일 중요하게 여기는 주파수 혹은 성격이 전혀 맞지 않는 사람들이 만나 사는 경우다.

궁합이 안 좋으면 부부 관계만 나빠지는 게 아니다.

이런 부부들을 상담하면서 또 하나 안타까운 것은, 남편이나 부인 각자의 관상과 손금에서 재산 복을 타고 났다 할 정도로 아주 좋은 사람들을 만날 때다.

그러나 재물을 나타내는 관상과 손금이 좋은 만큼 풍족하게 사느냐 하면 그렇지 않았다.

얼굴과 손금이 그렇게 좋으면 당연히 잘 살아야 하는데 현실은 그렇지 않은 것이다. 독자 여러분은 그 원인이 어디서 비롯됐다고 생각하는가.

필자가 돌팔이거나 관상법이 틀려서라고 보는가?

아니면 부부의 재산 운이 트일 시기가 아니라서 그렇다고 보는가?

그 이치를 설명하면 이렇다.

부부가 날이면 날마다 집안에서 신경을 곤두세우며 실랑이를 하는 사이 에너지가 쓸데없는 곳으로 새어나가게 된다.

그러면 관상적으로 재산 복이 있는 상이라도 자신의 생김대로 살지 못하고 운기의 정체나 후퇴하는 세월만 보내게 되는 것이다. 그것은 바깥에서 생산적으로 발휘돼야 할 에너지(氣)가 부부 싸움을 하는 동안 불필요한 방향으로 허비된 결과다. 따라서 재산 형성에도 좋지 않은 결과를 초래하게 되는 것은 당연하다.

만일 나쁜 궁합의 부부인데도 불구하고 많은 재산을 모았다면, 어느 한쪽에서는 그동안 쌓인 스트레스로 인해 신경성 질환 등으로 건강이 나빠지든가 그것도 아니라면 바깥에서 깊이 사귀는 이성을 따로 둔 경우를 흔히 목격했다.

어디 그뿐인가. 매일 싸우며 사는 부모들의 모습을 보고 자란 자녀들은 또 어떤 인격을 형성하겠는가 말이다. '사내 복 없는 년은 자식 복도 없다'는 조선시대 여인의 자조 섞인 푸념이 이래서 나온 말이다.

궁합(宮合)의 사전적 의미는 '혼인할 남녀의 사주를 오행에 맞추어 보아 부부로서의 좋고 나쁨을 알아보는 점괘'라고 나와 있다. 그러나 이 풀이는 잘못되도 한참 잘못됐다.

사전에다 그런 풀이를 해 놓은 사람뿐 아니라 일반 사람들 대부분도 궁합을 본다는 뜻이 사주로만 맞추는 것으로 흔히 인식하고 있다. 그렇다면 필자 같이 사주에 사 자도 모르고 관상만 전문인 사람은 궁합을 보지 못한단 말인가?

궁합이라는 게 태어난 햇수나 날짜, 시간, 띠로만 맞추는 단순한 문제가 아니다.

그보다 더욱 과학적이고 합리적인 방법으로 얼굴이나 체형에 나타난 성격, 사고방식, 능력, 건강 상태 등으로 맞춰보는 관상 궁합도 있고, 일반 사람들이 알고 있는 궁합 진단법과는 생소하겠지만 정확도와 차원에서 제일 높은 주파수로 비교해 보는 방법도 있다.

그리고 궁합이라는 말이 남녀의 애정문제만 한정돼 쓰이는 것도 아니다.

부모와 자녀와의 궁합, 형제간 궁합, 친구궁합, 직장 동료와의 궁합, 사업 궁합도 그렇고 요즘엔 음식에도 궁합이라는 말을 쓸 정도로 그 범위가 매우 넓다.

또한, 주파수 맞추기 역시 남녀의 애정문제에만 국한되는 것이 아니라 친구, 동업자, 직장, 이웃사람들과의 관계에 이르기까지 폭넓게 적용된다.

한 핏줄이라 해서 주파수도 같을 것이라는 생각 역시 큰 오산이다. 대부분의 혈육들은 주파수가 비슷한 경우가 많지만 주파수가 판이하게 틀려 남들보다 못한 사이도 얼마든지 있다.

한 날 한 시에 태어난 쌍둥이조차도 전혀 다른 성격과 다른 인생으로 살아가는 모습을 쉽게 확인할 수 있는 이유도 바로 이 에너지의 파장을 달리 타고났기 때문이다.

한 부모에게서 태어나 같은 피를 나눈 형제들 간에도 원수처럼 지내든가 남만 못한 사이로 늘 으르렁대는 혈육들을 우리 주변에서 종종 목격할 수 있다.

그리고 부모와 자식 간이나 시부모와 며느리 사이에도 잘 맞는 주파수가 있고 한 지붕에 살면 끊임없는 갈등으로 원수같이 싸우는 짝이 분명 있다. 즉, 아들과 며느리 간의 궁합도 물론 그렇지만 시부모와 며느리 될 사람과의 궁합도 중요하다는 말이다.

술을 마시고 서로의 의견이나 고민을 교환할 수 있는 친구 궁합 역시 주파수가 잘 맞는 상대와는 오랜 시간 터놓고 마주 앉아 얘기를 해도 대화가 어긋나지 않고 잘 굴러가지만, 이상하게 내 말에 귀담아 들어 주지도 않고 청개구리 식으로 사사건건 어깃짱 놓으며 걸고넘어지는 친구도 있다. 그것은 직장 동료관계에서도 마찬가지다.

친구나 직장 동료는 혈육이나 부부 궁합보다는 상대적으로 주파수의 영향을 덜 받는다. 그것은 밀폐되고 좁은 공간이라고 할 수 있는 집이나 방에서 자주 접촉하는 상대냐 아니면 에너지가 사방으로 흩어지는 넓은 공간에서 만나는 사이냐에 따라 다르기 때문이다.

사업 궁합의 예도 비슷하다. 상대편 얼굴이 훤하게 생겼고 사교성과 활동성도 있어 보여 같이 하기로 했는데, 사업상 의견을 교환하는 과정에서 서로의 얼굴을 맞대고 자주 접촉할수록 예전에 받았던 첫인상이나 짐작과는 다르게 나와의 사고방식이나 기질, 성향이 판이하게 틀려 조율에 많은 어려움을 겪는 동업자 관계도 있다.

물론, 사고방식이나 성격 등이 다르다고 해서 궁합이 맞고 안 맞고와는 차원이 틀린 문제다.

성격이 전혀 틀려도 내가 갖고 있지 못한 장점을 상대편이 보충을 해주는 상부상조 형의 좋은 궁합도 있기 때문이다.

하지만 일반 사람들은 주파수라는 것을 전혀 모르기에 상대와 안 맞으면 성격, 사고방식이 틀려서 그렇다고 둘러대기 일쑤다.

궁합에는 속궁합과 겉궁합이 있는데, 속궁합이라 함은 남자와 여자가 잠자리에서 성적으로 어울리겠는가를 가늠하는 방법이라고 보통은 알고 있다.

각 개인에게는 고유한 주파수가 있듯이 잘 맞는 유전자 정보가 따로 있다. 유전자 정보는 남녀가 잠자리를 했을 때 정액을 발산해서 상대방의 몸속으로 들어가 혈액 등을 통해 몸의 각 기관으로 스며들게 된다.

이것은 남성의 정액뿐 아니라 여성에게서 나오는 액 역시 남자의 몸속으로 들어가게 되어 있다.

이런 경로를 통해 유전자 정보끼리 몸속에서 만나 합치게 되는데 이것이 흔히 말하는 섹스라는 것이고 합방을 했다는 뜻이며 의학적으로는 남녀의 유전자 정보를 서로 교환하는 행위이다.

그런데 속궁합이 잘 맞느냐 안 맞느냐의 기준을 일반 사람들은 성행위에서의 만족도만을 따지는 것 같다.

그러나 필자는 꼭 그렇게만 생각지 않는다. 물론 남녀가 오르가즘을 동시에 느끼는 만족도도 중요하지만 그것은 속궁합에서의 표피적인 작은 문제라고 보는 것이다.

그보다 더 중요한 것은 두 사람의 유전자 정보가 합쳤을 때 그것이 각자의 몸속으로 들어가 융합이 되느냐 안 되느냐가 속궁합에서 큰 역할을 한다고 본다.

상대편 유전자 정보가 내 몸속으로 들어와 나의 유전자 정보와 잘 맞아서 융합이 되면 잠자리 이후에 관계가 훨씬 더 좋아지고 친밀감을 느끼게 된다.

하지만 상대의 유전자 정보가 나와 맞지 않는 사람이라면 잠자리를 하기 전까지는 비록 좋은 관계를 유지해 왔을지라도 막상 잠자리를 같이 하고 난 이후부터는 왠지 모르게 기분이 불쾌해지고 이유 없이 상대가 밉게 보이는 현상이 일어난다. 이것은 오르가즘을 동시에 느꼈느냐 아니냐의 성행위 결과와는 차원이 다른 문제다.

나와 잘 맞지 않는 유전자 정보를 보유한 상대와의 잠자리 횟수가 잦으면 잦을수록 잠자리 이후의 평상시 느낌은 훨씬 더 나빠지고 세월이 흐를수록 사이가 벌어지게 된다.

상대편 유전자 정보가 내 몸속으로 들어와 융합되지 않고 끊임없이 갈등을 일으키거나 겉돌게 되면 실생활에서도 그 영향을 고스란히 받게 돼 아무것도 아닌 하찮은 일서부터 사사건건 의견 충돌을 일으킨 결과다.

우선은 성격에서부터 물과 기름 같이 겉돌게 된다.

부부 갈등 문제로 방송 등 매스컴에 나와서 공개 토론하는 것을 보면, 이른바 카운슬링을 해 준다는 사람이 기껏 한다는 말이 '두 사람이 서로 조금씩 양보해 대화로 풀어야 한다'고 판에 막힌 말을 조언이랍시고 떠든다.

5분 이상 마주 앉아 이야기를 하면 꼭 싸우는 등 대화 자체가 성립이 안 되는 커플들한테 대화로 풀어야 한다고 앵무새처럼 되뇌는 사람들을 보면 참으로 답답하고 한심하게 느껴진다.

그것은 두 사람의 주파수나 유전자 정보의 상관관계도 전혀 모른 채 한 줌도 안 되는 경험과 얄팍한 지식만 앞세운 결과다.

물론, 많은 사람들이 지켜보는 자리이고 부작용이 염려돼 그런 의례적인 조언을 하는 것을 이해 못하는 바는 아니지만 문제의 핵심에 근접 못하는 진단은 모두를 위해 바람직한 일은 아니라고 본다.

기름과 물을 한 통 속에 넣고 제아무리 저어도 물과 기름으로 따로 놀듯이 주파수와 유전자 정보가 안 맞으면 성격까지도 판이하게 틀리고 대화 자체가 되지 않는다는 사실을 알기나 할까?

이것이 애인 관계에서 일어나는 일이라면 헤어질 수도 있지만 하루 이틀도 아니고 수십 년을 같이 잠자리를 해야 하고 자녀까지 생긴 부부 사이에 유전자 정보가 맞지 않는 짝이라면 문제가 매우 심각해진다는 건 자명하지 않은가.

그렇다면 이렇게 지독히도 맞지 않는 부부들은 어떻게 살아야 한단 말인가. 이혼 밖에 달리 해결방법이 없단 말인가?

갈라서지 않고도 상대편에게 상처를 주지 않으면서 사는 방법이 분명 있다. 하지만 각 커플의 성격이나 주변 환경에 따라 대처방법이 다르기에 여기서 일일이 거론하려면 끝이 없어진다.

필자가 여기서 말하는 궁합이란 두 남녀의 주파수와 유전자 정보의 융합 여부를 놓고 따지는 것이다.

유전자 정보란 굳이 병원에 가서 검사를 받지 않더라도 얼굴에 나타난 형태만 보더라도 눈으로 쉽게 확인할 수 있다.

필자만의 독특한 유전자 정보 비교와 주파수 비교법으로 보는 궁합은 정확도면에서 장담하는 이유가 바로 그것 때문이다.

그래서 필자가 상담의 여러 분야에서 제일 자신 있어 하고 강조하는 것이 바로 이 남녀의 궁합 부분이다.

필자가 오다가다 얼굴만 어렴풋이 알고 있는 사주전문가가 있다. 그는 사주뿐 아니라 관상, 수상, 타로카드 점, 솔잎 점, 쌀 점, 육효 점, 이름 짓는 법, 묘 터 잡는 풍수 법, 별자리 점 등 오만 가지를 배웠다고 스스로 자랑하는 사람이다.

그런 그가 어느 날 필자에게 술 한 잔 하자고 연락이 왔다. 썩 내키지 않은 걸음으로 약속 시간에 나가 보니 웬 여자와 같이 앉아 있었다.

누구냐고 눈짓으로 물으니 소개를 했다.

"제 와이프 될 사람인데 사귄 지 다섯 달 되고 현재 동거 중입니다."

그런데 곧 결혼할 사이라는 두 남녀가 아무리 보아도 궁합이 썩 좋게 보이지 않았다. 그러나 나는 술 마시러 온 사람이지 이런 자리에서까지 남의 일에 신경 쓰고 싶지 않아 말을 아꼈다.

사주전문가이니 다른 건 몰라도 자신의 배우자 될 사람과의 궁합은 어련하겠거니 하며 술잔을 받았다. 그때 사내가 술을 따르며 필자에게 물었다.

"관상으로 봤을 때 저희 두 사람 궁합이 잘 맞을까요?"

"허! 사주 전문가가 고른 자기 짝인데 어련 하겠습니까."

"그래도 기왕 여기까지 나오셨으니 한번 봐주세요."

별 소릴 다 하게 생겼다.

"그만두고 술이나 마십시다."

사주 전문가라면 적어도 자기 마누라 될 사람과의 궁합은 남한테 물어볼 필요도 없이 확실하지 않겠느냔 말이다. 필자는 불쾌해져서 말을 다른 데로 돌리며 술잔만 기울였다.

"사주로 보는 궁합과 관상으로 보는 게 다를 것 같은데 수고스럽지만 한번 봐주세요."

이제는 여자까지 나서서 거들었다.

"동거까지 하고 있다면서 이제 와서 새삼스럽게 무슨 궁합을 보려고 합니까?"

필자가 기분이 좋지 않았던 이유는, 한눈에 보기에도 궁합이 아주 나빠 보이는데 남의 궁합을 봐주는 직업을 가지고 있다는 사람이 그것도 모른 채 동거부터 한단 말인가 하는 생각이 들어서였다.

물론, 중이 제 머리 못 깎는다고, 사주 봐주는 사람이라 해서 모든 세상사를 다 능통하게 살아갈 수는 없다. 하지만 다른 건 몰라도 궁합 같이 자신의 온 인생이 걸려있는 문제조차도 제대로 모르면서 상담료랍시고 남에게 돈을 받고서 궁합이 어떻다는 둥 하며 행세한다는 건 있을 수 없는 일이라고 생각했던 것이다.

이 자가 술 한 잔 사겠다고 나를 나오라고 해놓고는 기껏 자기 궁합 좀 봐달라는 얘기란 말인가라고 생각하니 불쾌해져서 술잔만 연거푸 비워냈다. 두 사람은 필자의 그런 모습에 더 이상 묻지 않았다.

어느 정도 술이 뱃속으로 들어가자 약간의 취기가 왔다. 취한 김에 생각해보니 이 답답한 사내에게 따끔하게 한마디 해주고 싶은 생각이 들었다. 그래서 슬쩍 물어봤다.

"사주로 풀어본 두 사람의 궁합이 좋았습니까? 물론 괜찮았으니까 동거를 하고 있겠지만 말입니다."

필자의 물음에 사내는 계면쩍은 표정으로 말했다.

"네, 아주 잘 맞았습니다."

"그럼 됐지, 나한테 물어보는 건 또 뭐요."

"그래도 막상 혼인을 하려니 더 확실하게 알고 싶어서입니다."

소위 남의 궁합을 봐준다는 사람이 사주쟁이의 자존심도 없단 말인가 하는 말이 나오려는 걸 참았다. 그러나 한 잔 한 김에 아까부터 하고 싶었던 근질거림을 술기운을 빌려 단도직입적으로 말했다.

"사주로는 좋게 나왔는지 모르겠습니다. 하지만, 동거까지 하고 있는 사람들한테 이런 말을 하긴 뭣하지만 내가 보기에는 두 사람의 궁합이 그리 좋아보이지 않습니다."

필자의 말에 사내는 머쓱해 하며 당황한 표정이 역력했고 여자가 정색을 하며 말했다.

"정말 그렇게 보이나요? 사주로 보는 궁합하고 관상으로 보는 것이 정반대로 나올 수도 있나요?"

"잘 맞는지 아닌지 두 분에서 현재 동거를 하고 있으니까 확실히 느끼고 있지 않나요? 만일 아직까지 잘 모르겠다면 좀 더 시일이 지나면 드러날 겁니다."

"동거한 지 석 달이 다돼가요. 그런데 이상하게 날짜가 갈수록 우리 두 사람 사이가 나빠지고 있습니다. 이게 아닌데 하는 생각이 계속 들고 있어요. 이것도 궁합이 나빠서인가요?"

여태껏 다소곳한 표정을 짓던 여자는 기다렸다는 듯이 적극적으로 말을 쏟아내기 시작했다. 괜히 남의 사생활에 개입하는 꼴이 된 필자는 서둘러 진압을 해야 했다.

"내가 술기운에 본 거라서 잘못 봤을 수도 있으니까 너무 염려 마세요."

"아니에요. 제가 한두 살 먹은 어린애도 아니고 산전수전 겪으면서 불혹을 넘긴 나이인데 왜 그걸 모르겠어요. 우린 안 맞아도 너무 안 맞고 사사건건 정반대예요. 앞으로 십 년을 산다고 해도 더 나빠지면 나빠졌지 좋아지지는 않을 것 같은 생각입니다."

굳이 여자의 하소연을 들어볼 필요도 없이 첫눈에도 아주 나쁜 궁합으로 보였긴 했지만 필자가 너무 직설적으로 말했다는 후회가 들었다. 그래서 이런저런 좋은 얘기를 해 주고 자리에서 일어섰는데, 그 후 한 달이 채 안되어 갈라섰다는 얘기를 당사자들에게서 들었다.

사실 두 사람의 주파수로 봤을 때 나빠도 아주 나쁜 궁합이어서 살면 살수록 서로에게 커다란 상처만 남기고 결국엔 헤어질 짝이었다. 그나마 일찍 결단을 내린 것이 어쩌면 다행인 사람들이다.

기(氣)니 에너지니 주파수니 하는 비 물질은 눈에 보이지도 잡히지도 않는다. 따라서 미신이라느니 비 과학이라느니 하며 앞뒤가 막힌 맹꽁이 같은 사람들을 상대로 상담하려면 필자는 가슴이 터질 정도로 참 답답하다.

그에 대해 이론이 아니라 현실적으로 드러난 수많은 상담사례를 이 자리에서 얼마든지 이야기할 수 있다.

나는 속알머리 없는 여자에요

　머리칼이 희끗한 부인이 사무실로 들어섰다.
　"남편하고 이 근처까지 같이 왔는데 그 양반은 이런 데 오는 게 싫은지 저 혼자만 들어왔습니다."
　"지금 바깥에 계시면 안으로 들어오라고 하세요."
　필자의 사무실은 상담실과 손님 대기실이 따로 구분되어 있어서 옆방에서 기다리면 되는 것이었다.
　잠시 후, 남편이 어색해 하는 모습으로 엉거주춤 들어왔기에 칸막이 저 쪽으로 안내한 뒤 부인과 마주 앉았다.
　상담 전에 늘 하던 식으로 필요한 질문을 부인에게 하기 시작했다.
　"나이는? 몇 남매 중에 몇째? 성형수술은? 얼굴에 점 뺀 적은? 어렸을 때 다친 얼굴 흉터는?"
등등을 연달아 묻자 부인은 지루해 하더니 돌연 대답을 멈추곤 불만스러운 표정으로 필자를 봤다.
　"그런 건 관상가 양반이 다 알아맞혀야 하는 거 아닌가요? 손님이 그런 것까지 일일이 다 알려주면 나도 관상가 노릇 하겠어요."
　부인이 그렇게 말하는 뜻은, 관상가가 하는 일이 상대방을 한눈에 나이도 알아보고 몇 남매 중에 몇 째인가도 척척 맞춰야 제대로 된 관상쟁이가 아니겠느냐는 것이었다.
　"관상이란 게 그런 시시콜콜한 것이나 알아보는 것이 아닙니다."

그러자 부인은 또 다시 퉁명스레 물었다.

"그럼 뭘 보는 겁니까?"

하긴 부인의 말마따나 관상가라면 상대방을 한눈에 척 보고 나이라든가 형제 중에 몇째 등등을 알아볼 수 있어야 할런지 모른다. 그러나 그런 것이 궁금하면 굳이 관상가한테까지 와서 물을 게 뭐있겠는가. 형제관계나 얼굴에 흉터가 있는지 없는지 따위는 당사자가 더 잘 알고 있지 않느냔 말이다.

그런 사소한 문제로 기를 소진한다면 정작 중요한, 얼굴에 나타난 자신의 운명이나 성격이 인생에 미치는 영향, 지난 과거에 있었던 큰일과 현재에 일어나고 있는 일, 다가올 미래에 일어날 일들, 부부관계, 대인관계, 재산, 직업, 건강 등등은 뒷전으로 밀려나게 된다.

필자가 손님에게 여러 가지 질문을 굳이 하는 이유가 있다. 묻고 답하는 동안 손님 자신의 불안정한 마음을 안정시키기 위한 약한 최면요법이 진행되고 있다는 걸 당사자는 모르리라.

대부분의 손님들은 상담 사무실에 들어오면서부터 심리적으로 긴장하고 당황해 한다. 그런 어수선한 마음이 진정되어야지 상담자의 말뜻을 쉽게 알아듣는다.

상담 내용 중에는 앞으로 살아가는 데 꼭 필요한 내용들이 들어 있다. 그것은 돈으로 환산이 안 될 정도로 중요한 정보들이다.

정신 집중이 안 되면 그런 이야기들을 하찮게 생각하고 흘려듣기 일쑤이다. 그러면 어렵사리 들어와서 관상을 본 목적이 아무 의미 없이 되는 것 아닌가.

손님들은 생긴 것만큼이나 천차만별이어서 각양각색의 사람들을 상대해야 하는 필자 같은 사람은 보통 고역스러운 게 아니다. 어떤 손님은 친구 서넛과 몸도 제대로 못 가눌 정도로 술이 고주망태가 된 채 들어와서는 관상쟁이 어쩌고 소리치며 기고만장하기도 한다.

그들에게도 이 부인과 같이 필요한 질문을 한 뒤 본격적인 상담에 들어가면 처음의 어수선하던 분위기와는 달리 필자의 말에 귀기울여 듣고 맞장구도 치면서 서서히 동화되어 가곤 한다.

  그리고 상담이 끝나고 일어날 때쯤이면 아주 순한 양이 되어 거듭 고맙다는 사의를 하곤 하는데, 그런 그들의 얼굴은 언제 술주정을 부렸나 싶게 아주 진지한 표정으로 변해있다. 그것이 바로 약한 최면 요법으로 심신을 안정시킨 효과 때문이다.

  그런데 그 요법이 너무 강하든가 상담이 좀 오래 지속되면 눈꺼풀이 아래로 쳐지면서 졸리운 기색을 하는 사람들도 있다.

  필자는 뚱한 표정으로 앉아 있는 부인을 향해 입을 열었다.

  "나이나 형제 중에 몇 째인가를 잘 알아 맞추는 관상가한테 가고 싶으세요, 어떻게 하시겠어요?"

  필자는 부인과 이만 상담을 끝내려고 펜과 메모지를 주섬주섬 정리하고 있는데, 부인은 그런 필자의 행동을 바라보며 잠시 생각하더니 작은 소리로 말했다.

  "그냥 봐주세요."

  부인의 얼굴엔, 이곳에 잘못 들어와서 돌팔이 관상쟁이를 만났다는 후회와 체념의 표정이 역력히 나타났다. 그리고 기왕 여기까지 왔으니 이 자가 무슨 말을 하는지 들어보고 상담 내용이 맞지 않으면 반격을 하리라는 생각도 내심 갖고 있는 듯했다.

  울며 겨자 먹기라는 자세로 앉아 있는 부인을 향해 필자는 앞뒤 설명도 없이 단도직입적으로 짧게 끊어서 말했다.

  "부인의 얼굴에 나타난 제일 뚜렷한 것은 부부관계가 최악의 궁합이라는 점입니다. 전에도 그랬고 현재도 그것 때문에 엄청난 정신적 고통을 당하고 있어서 화병에 걸려 있겠고, 앞으로 부부관계에 큰 변화가 있거나 개선을 하지 않으면 명까지 단축될 수도 있습니다."

  필자가 말을 멈추자 부인은 벌어진 입을 다물지 못한 채 멍하니 허공을 바라보고 있었다. 충격을 받은 모습이었다. 그리고 잠시 후 기어들어가는 소리로 더듬더듬 말했다.

"남편하고 저하고 궁합이 어떤 식으로 안 맞는지요?"

"물과 기름, 개와 고양이 같은 상극끼리 만난 짝입니다. 그래서 얼굴만 마주치면 싸움이 일어나죠. 그래서 최악의 궁합이라는 말을 쓴 겁니다."

그 말에 부인은 상체를 앞으로 푹 숙이며 "휴우~" 하고 한숨을 내쉬었다.

"수십 년을 부부로 살아오는 동안 남편이 부인에게 어떻게 대해왔고 무엇 때문에 사사건건 싸웠고, 부인이 어떤 정신적 고통을 겪으며 살았는지 제가 이 자리에서 하루 온종일이라도 이야기할 수 있습니다."

"그걸 선생님이 어떻게 아세요? 같이 살아보지도 않은 분이 어떻게 남편과 제 가정사를 알 수 있습니까?"

"압니다. 부인의 지나온 삶이나 현재의 심정을 이 세상 그 누구보다도 저는 아주 잘 알고 있습니다."

"어떻게?"

부인은 필자를 놀라운 눈으로 바라보고 있었다.

"남편하고는 신혼 초부터 시작해서 삼십 몇 년간을 같이 살면서 이날 이때까지 계속 지지고 볶고 싸웠죠?"

"흑흑……."

부인은 눈자위가 불그스름하게 달아오르더니 고개를 푹 숙였다. 그녀의 눈물이 방울방울 떨어져 탁자 위를 적셨다. 처음의 꼿꼿하고 불만스러워하던 자세가 필자의 말 한 마디에 무너지고 있었다.

"그 오랜 세월동안 고통을 참이느라 정말 고생하셨습니다."

부인은 아무 말도 하지 않은 채 어깨까지 들썩이며 숨죽여 흐느꼈는데, 아마 남편만 칸막이 저쪽에 없었다면 이 자리에서 통곡을 할 정도로 감정이 격해 있었다.

"부인이 이쪽으로 가자고 하면 남편은 청개구리 심보가 있어서 꼭 저쪽으로 가곤 하죠? 나이가 들고 세상을 오래 살면 남편이 철도 들 거고 나아질 거라고 이날 이때까지 참고 살아왔는데, 신혼 초나 지금이나 어디로 튈지 모르는 럭비공 같아서 밤낮으로 가슴 졸이며 살아왔죠? 환갑이 가까운 지금도 남편은 어린애 철부지 같죠? 어린애라면 매라도 들고 야단이나 치지……."

"흑흑……. 나는 속알머리 없는 여자예요. 오래 전부터 머리숱이 빠져서 머리 한가운데는 대머리입니다. 병원에 갔더니 스트레스성 탈모래요. 남편 때문에 생긴 증상입니다."

부인은 흐느낌을 멈추는 사이사이에 "휴우~~. 으~ 시원하다. 어~ 시원하다."라는 말을 반복적으로 중얼거리곤 했다.

"부인에겐 남편이야말로 남편이 아니라 어린애 몇을 키우는 것보다 힘든 상대입니다. 그만큼 속을 많이 썩이는 스타일이죠. 집안의 부인이나 자식들에겐 독불장군에다 폭군이어서 웬수 덩어리인데도 바깥에서 만나는 친구들이나 주변 사람들에겐 그렇게 친절하고 잘 할 수가 없는 사람이죠? 그래서 부인이 친척이나 이웃들에게 사정을 이야기하면 오히려 타박이나 받곤 해서 어디 드러내놓고 하소연할 때도 없죠?"

"맞아요. 맞아요. 흑흑…… 어~ 시원하다. 어~ 시원하다. 내 사는 걸 보지도 않으시고 어쩌면 그렇게 잘 아세요?"

"이런 최악의 궁합으로 만난 부인은 집안에 들어앉아서 살림만 하면 안돼요. 신혼 초부터 일이나 취미생활을 가져서 바깥활동을 계속 해야 했어요. 그래야지 남편으로부터의 스트레스를 덜 받습니다."

"네. 맞아요. 남편하고 사이를 견디다 못해서 10년 전쯤부터 따로 일을 가지고 있습니다. 그 전보다는 그나마 조금 나아진 게 이 모양이에요. 진작부터 활동을 했더라면 이렇게까지 힘들진 않았을 겁니다. 지금도 퇴근해서 남편 얼굴을 본다고 생각하면 끔찍하고 가슴이 벌렁벌렁 뛰어서 꼭 지옥 속으로 들어가는 것 같아요. 애들만 아니었으면 내가 벌써 죽었던지 갈라서도 열몇 번은 갈라섰을 겁니다. 흑흑……."

그러면서 또 "어~ 시원하다. 어~ 시원하다"를 무슨 주문처럼 중얼거렸다.

이 중얼거림의 의미를 필자는 알고 있다. 이웃은 물론이고 친척에게도 자신이 얼마나 정신적 고통을 당하며 살고 있는지 하소연도 못하고 혼자서만 끙끙 앓아왔는데, 이런 엉뚱한 장소에서 전혀 예상치 못한 사람이 자신의 인생을 손바닥 펴보듯이 꿰뚫어 보면서 이해를 해 주니 너무나 감격스러워서 자신도 모르게 나오는 감탄사라는 사실을.

아마 부인은 이 짧은 시간과 제한된 공간에서나마 자신의 심장에 30년 넘게 무수히 박혀있는 날카로운 바늘들을 쪽집게로 정확히 쏙쏙 뽑아 주는 것 같은 말을 들으니 실제로도 시원했을 터였다.

"연애결혼 했습니까, 중매결혼 했어요?"

"가까운 친척이 중매를 했습니다. 어머니가 어디 가서 사주를 봐 오셨는데 궁합이 아주 좋아서 찰떡궁합이라고 하셨어요."

"찰떡궁합이요? 그런데 막상 결혼 해 보니 신랑이 럭비공 같아서 늘 불안해 하면서 살았잖아요."

"네. 신혼 초부터 하루도 속 편히 지낸 날이 없을 정도로 바늘방석이었어요. 그런데 럭비공이 뭐예요?"

"보통 공은 모나지 않고 동그랗잖아요. 그런데 럭비공은 달걀같이 길죽합니다. 던지면 제멋대로 튀기 때문에 방향을 못 잡아요."

부부 사이는 상대방이 미리 대비를 할 수 있도록 예측 가능한 말과 행동을 해야지 마음이 편하다. 이 남편은 꼭 사춘기 애들 같아서 정제되지 않은 말이나 행동을 시도 때도 없이 불쑥불쑥하는 형이어서 밤낮으로 긴장과 초조 속에 살게 만든다.

그런 세월이 30년 넘게 지속된다면 몸이 쇳덩이가 아닌 다음에야 어떻게 견뎌낼 수 있겠는가.

"애들을 셋 뒀는데, 그 애들이 성인이 된 다음에 이 어미가 딱하게 보였던지 정신과 의사한테 데려간 적이 있었어요. 거기서 항우울제를 타 먹으면서 여태 껏 버텨왔습니다."

"애들은 다 결혼 했나요?"

이렇게 부부궁합이 나쁜 가정에서 자란 자녀들은 매일 싸우는 부모 모습만 보고 자라서 결혼에 대한 공포감 같은 것을 갖고 있는 경우가 흔하다. 그래선지 결혼을 늦게 하거나 독신 성향이 강하게 나타나기도 한다.

"애들은 잘 커서 결혼들도 했고 자기 앞가림은 하고 삽니다."

"애들이 엄마가 얼마나 끔찍이 속 썩으며 살아왔는지 알고 있나요?"

"어릴 때부터 보고 컸으니까 알고 있어요. 그래도 어미 속에 들어와 본 게 아니니까 자세하게까지야 알겠어요?"

"남편은 타고난 성향이 그런 사람이라서 앞으로 나이를 더 먹고 세월이 가더라도 그 성격은 변하지 않을 겁니다. 그러니 남편에 대한 기대는 하지 않는 것이 속 편하겠어요."

"그건 저도 잘 알고 있습니다. 남편에 대한 기대는 옛날부터 마음속에서 지우고 살았어요. 재산도 각자 앞으로 따로 분할을 해 뒀습니다."

필자의 앞선 질문에서, 부인은 6남매 중에 맏딸이라 했고 남편은 5남매 중에 막내라고 했다. 일반 사람들의 인식이, 형제 중 맏이가 막내와 결혼하면 궁합이 잘 맞는다고 흔히 이야기 한다.

그 말이 맞을 수도 있고 틀릴 수도 있다. 형제 중 맏이는 어릴 때부터 자신보다 철이 덜 든 동생들을 돌봐야 하고 위로는 부모님의 기대 속에 성장을 했기 때문에 다른 어떤 형제들보다 책임감이 앞선다.

그 책임감이 사회생활에서도 그렇고 결혼해서 가정을 꾸민 뒤에도 나타나서 나무보다는 전체 숲을 보는 시야나 리더십 등이 돋보인다.

어떤 사안을 결정할 때에 좀 보수적이고 신중한 면이 있어서 답답하게 보이지만, 가볍지 않은 처신은 맏이가 갖고 있는 장점이라 할 수 있다.

맏이 특유의 안정적 성향과 막내의 개방적이고 자유 분망하며 창의적인 품성이 어우러지면 상부상조 형이 되고, 서로 장단점을 보완하는 관계에 있기 때문에 가정을 꾸리면 좋다고 하는 이유가 그것일 터이다. 그런 면에서 맏이와 막내의 만남은 이상적이다.

하지만, 이 부인의 경우를 보면 그것만 갖고 판단을 해서는 전혀 다른 결과가 올 수도 있음을 알 수 있다.

"앞으로 살아가면서 해야 할 일은, 집안에만 있지 말고 계속 바깥활동을 해야 합니다. 그래야 화병도 생기지 않고 건강도 좋아집니다."

"네. 꼭 그렇게 하겠습니다. 고맙습니다. 제가 여기 들어오길 정말 잘했네요. 아니면 어디 가서 이런 얘길 듣겠어요. 어~ 시원하다. 저는 이제 소원 풀었어요. 어! 시원하다."

부인은 아주 홀가분한 표정이 되어서 나갔는데, 엉거주춤한 자세로 뒤따라가는 남편의 얼굴을 필자는 슬쩍 봤다. 적당한 체격이었고 일반 사람 눈으로 봤을 때 잘생긴 축에 속하는 얼굴을 갖고 있었다. 관상으로 보면 고집이 좀 세서 그렇지 섬세하고 꼼꼼한 성격과 의리도 있어 뵈고 재산복과 건강 상태 역시 양호해 보였다.

얼굴 어디에서도 가정 내에서 독불장군에 폭군으로 불릴 만한 곳은 나타나지 않았다. 저렇게 괜찮은 상을 갖고 있는 사람과 사는 데도 부인이 그토록 고통스러워하며 눈물과 한숨 속에서 살아왔다고 호소하는 이유는 무엇일까.

부인이 잘못돼서 그런 것일까? 부인의 상에 나타난 성격은 여성 특유의 섬세함과 전형적인 한국여인에게서 볼 수 있는 자기희생과 인내, 알뜰 살림꾼 등이 나타났고, 그 어디에도 남편에 반발하거나 까다로운 성격은 나타나지 않았다.

그것은 무엇을 뜻하는 것일까? 남편에게 잘 어울리는 여자가 있고, 부인에게 잘 어울리는 남편감이 따로 있다는 뜻이다. 다시 말해 서로가 짝을 잘못 만난 탓이다.

하지만, 이대로 우물쭈물하며 그들의 팔자로만 돌리기엔 인생이 걸린 중요한 문제이다. 이것을 규명해야지 그들과 같은 최악의 커플의 탄생을 막을 수 있지 않겠는가.

필자의 젊은 시절에도 그랬지만 요즘의 젊은이들 역시 이성친구나 애인을 사귈 때 지나치게 외모를 따진다. 물론 같은 값이면 다홍치마라고 외모도 좋고 자신과 성격도 맞다면 얼마나 좋겠는가.

그런데 젊은이들이 보는 외모라는 게 자기 눈에 맞는 안경이라고, 순전히 겉껍데기의 안목만 가지고 있는 걸 보고 많이 안타까워 한 적이 한두 번이 아니다.

젊은이들 대부분이 희멀겋게 잘생기고 키도 훤칠하게 크고 순발력 있고 톡톡 튀는 말재간을 가진 사람을 외모의 우선순위로 꼽는 것 같다. 겉껍데기는 일시적인 착시 현상일 수 있고 오래가지도 못한다.

겉껍데기는 세월이 흐르면 많은 변화를 일으키지만, 밖으론 잘 드러나지 않는 내면은 세월이 흘러도 잘 변하지 않는데다가 인생의 방향을 결정짓는 중요한 역할을 한다.

그 겉껍데기에 현혹되기 쉬운 젊은 시절에 애인이나 결혼 상대자를 고르니 많은 시행착오를 겪는 것은 당연하다.

각자의 취향이나 자신이 처한 환경과 경험에 따라 세상 보는 시야나 사람 보는 안목이 다를 것이다. 그러나 그것은 자신만의 지식이나 경험에 의해 눈치로 때려 맞추기식 짐작이 대부분이다.

관심 있고 치밀하게 관찰한 결과가 아니어서 그 방면의 전문가의 시각과는 큰 차이가 있다는 뜻이다.

필자에게 상담하러 오는 사람들에게 자주 하는 이야기 중의 하나가 있다.

"일반 사람이 보기에 잘생기고 체격도 훤칠한 사람 중에는 관상이 그리 좋지 못한 사람이 많습니다. 반대로, 일반 사람이 보기에 평범하게 생겼거나 좀 못생긴 듯한 사람들 중에는 의외로 관상이 좋은 사람이 있습니다. 그만큼 일반 사람과 관상가의 시각차가 크다는 것입니다. 그런 일이 일어나는 이유는, 일반인들은 겉모습에만 현혹되기 때문입니다."

적어도 관상전문가라면 일반인들과 달라야 하는데, 그것은 겉모습보다는 내면을 뚫어보는 능력에 있다.

흔히 하는 '생긴 대로'라는 말은 일반인들의 주관적인 시각이 아닌 전문가의 '감정이 개입되지 않은 객관적인 시야'다.

얼굴이 잘생기면 관상도 좋은가요?

얼굴이 영화배우나 탤런트같이 잘생겼다고 해서 관상 자체도 좋으냐면 천만의 말씀이다. 전에, 모 스캔들로 호사가들의 입방아에 올랐던 어떤 여배우를 사진으로나마 유심히 본 적이 있었다. 그 여배우는 눈매가 매우 선하고 모든 이들에게 호감을 주는 얼굴을 하고 있었는데, 관상으로 봤을 땐 그리 썩 좋은 상은 아니었다. 그 여배우는 자신의 관상대로 어린 시절이 그리 평탄치 못했고 성장해서도 이성 관계나 부부 사이에 있어서 생각처럼 잘 풀리지 않을 상을 갖고 있었다. 이 여배우뿐 아니라 우리가 화면으로 보고 부러워하는 인기인들 중엔 실물과 차이가 있다는 걸 확인할 때마다 쓴 웃음을 짓곤 한다.

어느 상담 손님의 질문 중 이런 것이 있었다.

"탤런트 OO은 사주가 좋아서 앞으로 높은 직위를 가진 남자의 부인이 될 상이라는데 맞나요? 어디가 어때서 그리도 좋은 가요?"

물론 어느 관상가나 아니면 사주보는 사람이 그와 비슷한 얘길 했기 때문에 그런 말들이 도는 것일 터이다. 사주는 내 분야도 아니고 전혀 관심조차 없어서 이러쿵저러쿵 말하고 싶지 않다. 그러나 관상을 보면 그릇의 크기가 나온다. 그릇의 크기는 단 2~3초 안에 본인의 얼굴에서 확연히 드러난다.

덩치가 크다고 해서 큰 그릇이고 작다고 해서 작은 그릇은 절대 아니다. 큰 그릇, 작은 그릇, 보통의 그릇. 또한 크기가 크다고 해서 좋고 작다고 해서 실망할 필요가 전혀 없다. 각자 가진 그릇만큼의 범위에서 만족하면 행복한 인생이 될 것이고, 자신의 능력 이상으로 과하면 큰 실패가 따르고 늘 불만의 세월 속에 살 것이기 때문이다.

반대로, 얼굴이 못생겼으면 관상도 나쁜가? 그렇지 않다. 얼굴 잘생기고 못생긴 거하고 관상하곤 별로 상관없다.

관상가는 모름지기 상대의 겉모습에 현혹되면 안 된다. 겉모습만 보고 판단한다면 일반인들과 무엇이 다르겠는가. 속에 감춰진 내면을 정확하게 끄집어내는 안목이 그래서 중요한 것이다.

일반인의 눈으로 본다면 잘생긴, 조금 과장해서 말한다면 영화배우라고 해도 믿을 만큼 그럴싸하게 생긴 중년의 남자가 필자의 사무실에 들어섰다. 적당히 큰 키에 떡 벌어진 어깨, 균형 잡힌 몸매, 그리고 이목구비가 그런대로 생긴 얼굴판 등등 관상 전문가가 아닌 보통사람이 이 남자를 보면서 호감을 줄 만한 그런 얼굴이다. 사내는 매우 공손하게 허리를 굽힌 뒤 의자에 앉았다.

눈빛과 얼굴색이 썩 좋지가 않았다. (안광과 안색에 대해선 좀 더 심도 있게 다뤄야겠기에 다음으로 미루고 여기선 얼굴의 한정된 부위만 갖고 얘길 하겠다.)

"제가 여기 오는 분들한테 늘 같은 얘길 합니다만 관상을 보는 목적은, 자신의 얼굴 생김의 장단점을 정확히 알고 기억하기만 해도 나쁜 일이 닥치면 비켜가든가 피해를 최소한 줄일 수 있다는 겁니다. 왠가 하면, 자신도 모르게 마음속으로 늘 대비하면서 살기 때문입니다. 그래서 관상을 본 분하고 그렇지 않은 분하곤 차이가 엄청 크죠.

예를 들어서 학교에서 선생님이 학생들에게, '내일 시험문제가 어떤 문제가 나오는데 답은 이러이러하다. 잘 기억하도록!' 이렇게 답까지 가르쳐 줬는데도 불구하고 시험문제의 답을 못 썼다면 그것만큼 어리석은 사람도 없을 겁니다.

이 자리서 댁의 얼굴상에 나타난 장단점을 가감 없이 말할 테니까 앞으로 살아가는 데 참고를 하도록 하세요."

사내는 필자가 신중하고 진지하게 말하자 몹시 긴장하는 눈치였다.

"담배 피우고 싶으면 편안히 피우세요. 괜찮으니까."

사내는 기다렸다는 듯 담배를 빼어 물곤 연기를 깊이 들이마셨다. 사내가 조금 여유를 찾는 걸 기다려 천천히 입을 열었다.

"첫째 여난이 있을 상입니다. 여자를 사귀는 거야 본인 스스로 판단할 문제지만 그 여자들로 인해 큰 말썽이 끊이질 않겠어요. 둘째는 운수가 나빠서 일생동안 풍파가 많을 상입니다. 무슨 일을 해도 남의 두 배 이상 노력을 해야 될 겁니다. 셋째는 폭력이나 다른 이유로 감옥에 드나들 우려가 있어요. 조심해야겠어요. 네 번째는 자식과의 인연이 없을 상입니다."

사내는 얼굴의 생긴 형태나 말투로 봐서 내성적인 소유자였는데, 필자의 말이 끝나자 사내는 한숨을 보일 듯 말 듯 내쉬며 대답했다.

"작은 사업을 하고 있는데 지금껏 이상하게 일이 꼬여서 한 번도 마음 편한 날이 없었습니다. 남의 빚을 끌어다 버티고 있는 중인데 그나마도 빚 때문에 남의 손에 넘어가게 생겼어요. 무슨 좋은 방법이 없겠습니까?"

"댁의 상으로 봐선 본인이 회사를 운영하는 한 계속 반복적으로 어려운 일이 일어날 가능성이 있어요. 제 생각엔 다른 사람하고 공동운영을 하되 내부생산은 본인이 주도하고 영업은 동업자에게 일임하는 게 어떨까 생각해요."

필자의 말에 사내는 구부렸던 허리를 펴면서 말했다.

"예, 그렇지 않아도 채권자하고 그걸 상의 중에 있습니다."

사내는 일단 말을 끊고 담배에 새로 불을 붙였다.

"선생님 아까 말씀같이 여자 때문에 지금도 골치를 썩이고 있어요. 제가 별로 원하지도 않는데 여자가 잘 따라서 마누라하고 이중 살림을 하고 있는 중입니다."

적당히 균형 잡힌 체격에 얼굴판까지 그런 대로 갖췄으니 여자가 붙을 만도 했다.

"여자를 사귀는 거야 본인의 수완이겠지만 그 일로 인해 다른 문제들에까지 좋지 않은 영향을 줄 수 있습니다. 지금 동거하고 있는 여자에게 생활비라든가 기타 여러 가지 신경 쓸 일이 많을 겁니다. 그렇지 않아도 공장 내에서 일어나는 일로 인해 힘이 들 텐데 이중 삼중의 문제가 파생되서 회사 일이 더욱 꼬이게 됩니다. 첫째는 본 부인과의 관계가 썩 좋지 못할 거고 그로 인해 자식들과 본인과의 문제로까지 번질 겁니다."

사내는 깜짝 놀라는 표정을 지으며 말했다.

"자식들과의 관계도 제 얼굴에 나옵니까?"

사내는 의외라는 표정을 지었다.

"당연하죠. 그래서 아까 인연이 없을 것이라는 얘길 한 겁니다. 나중에 자식들한테 배척을 당할 상입니다."

필자의 말에 사내는 난감한 표정을 지었다.

"마누라하고 사이가 아주 나쁘고 부부간의 정도 못 느끼고 사는 건 저도 인정합니다. 순전히 저의 여자문제 때문이지요. 그러나 자식들한테만큼은 제가 애정을 주고 최대한 지원을 하고 있거든요. 그리고 자식들도 내 말이라면 잘 따르고 있습니다."

"부인과의 사이가 나쁜데도 불구하고 자식과의 사이가 좋다는 건 댁만의 생각일 수도 있어요. 부인하고 사이가 나쁜 이유가 외간 여자 때문이라는 건 자식들이 모를 리가 없어요. 자식들이 장성하면 그 문제가 거론될 겁니다."

필자의 말에 사내는 반신반의하는 것 같았다.

"언제나 청춘일 수는 없지 않겠어요? 본인의 나이로 볼 때 지금 뭔가 이뤄놓지 않으면 나중엔 후회할 일들이 많이 생길 겁니다."

필자가 계속 부정적인 말을 하자 사내는 매우 초조해 했다.

"지금 제가 어떤 것부터 해야 할까요?"

"당연히 여자 문제를 먼저 정리하고 가정을 안정시켜야죠. 사업이 안 된다고 해서 여자에게 탈출구를 찾아서야 무슨 일인들 되겠어요."

사내는 알 듯 모를 듯 고개를 끄덕이며 입을 열었다.

"사실 여자문제는 그 전에도 꽤 여러 번 있었습니다. 선생님 말씀같이 공장은 잘 안되고 직원들까지 말썽을 피우곤 해서 위로를 받으려고 사귀게 된 겁니다. 누구한테 툭 터놓고 얘기할 상대가 있어야죠."

사내가 지금이나마 수긍을 하니 다행이었다. 필자는 이어서 다그치듯 목소리를 톤을 높였다.

"전에 경찰서 같은 데도 꽤 드나들었지요?"

"예, 젊은 시절엔 성질이 좀 급해서……. 감옥에도 몇 번 드나들곤 했었습니다."

사내는 말을 해 놓곤 겸연쩍은 표정을 지었다.

"그런데 저를 잘 모르는 사람들은 제가 별을 몇 개씩이나 달고 있는 전과자라는 사실은 모르고 얼굴 잘생긴 것만 얘길 하더라구요. 그런데도 선생님은 금방 알아보시네요."

그렇게 말하면서 사내는 '씩' 하고 웃음을 지어 보였다.

"첨에도 얘길 했지만 댁은 다른 사람에 비해 하는 일마다 일이 꼬이고 운수가 나쁜 상입니다."

"예……, 제 딴에는 남들보다 배는 노력하는데 이상하게 일이 안 풀리고 있어요. 그건 왜 그런 겁니까?"

"본인의 역량은 생각지 않고 능력에 비해 너무 큰 것, 아니면 한꺼번에 왕창 수입을 올리려는 심리 때문에 생기는 부작용이라고 봐요. 세상일이란 게 어디 의욕만 넘쳐난다고 돼나요. 작은 일에서부터 만족하며 살다 보면 어느 틈에 자신감이 생기고, 그러다보면 주변에서 좋은 평판도 듣고 도움을 받으면서 성장하는 거지요. 댁은 모든 일을 혼자서 처리하려고 하는 습관이 붙어서 사서 고생하는 거예요."

필자의 말을 듣고서 무슨 생각을 하는지 천장을 보던 그가 무겁게 입을 뗐다.

"알겠습니다. 무슨 말씀인지. 말씀하신 것은 집에 가서 좀 더 생각을 더 해 보고 쉬운 일부터 정리해 보겠습니다."

사내는 필자의 말에 공감을 했는지 안했는지 모르지만 들어올 때보다 풀이 죽은 모습으로 나갔다. 이 사내같이 하는 일마다 일이 꼬이는 상은 상담을 하면서도 마음이 안쓰럽고 답답하다. 더욱이 얼굴만큼에선 자신을 갖고 있는 사람한테 좋은 관상이 아니라고 말했으니 당사자는 얼마나 참담할까. 그렇다고 좋지 않은 상을 좋다고 말할 수는 더더욱 안 될 일이다. 그래서 사람은 겉모습만 보고 판단하면 안 된다고 한 옛 말이 생겼는지도 모르겠다.

그럼 필자는 사내의 어디를 보고 그 여러 가지를 끄집어냈을까? 사내의 코다. 코가 못생겼거나 삐뚤어진 게 아니라 준두(코의 높은 곳) 부분에 가로주름이 매우 뚜렷이 나있었던 것이다. 이 가로주름은 여드름이나 상처에 의해 생긴 것이 아니라 자연스럽게 생긴 주름인데 그렇지 않아도 이 부분에 흠이 있으면 나쁜데 저절로 생긴 주름이니 더욱 나쁜 것이다.

싸우다 정들 부부

"남편하고 이혼한 지 3년 됐습니다. 그런데 최근에 다시 재결합하자고 하는데 괜찮을지 판단이 서지 않아서 왔습니다."

아이를 데리고 온 서른 중반의 부인은 최근에 이혼한 사람치고는 활달하고 표정이 밝아 보였다.

"전 남편하고의 궁합을 보려면 사진하고 몇 가지 기초질문에 답을 할 수 있어야 하는데요."

미혼의 남녀 궁합도 그렇지만 한번 갈라섰다 다시 합쳐서 살 생각을 갖고 있는 경우 역시 신중해야 할 것은 두 말할 필요 없다.

상대방의 장단점을 잘 알고 있으면서도 재결합하려고 한다면 뭔가 서로에게 끌리는 게 있어서일 것이다.

"지금 남편하고 같이 왔어요."

"그런데 왜 남편은 안 들어와요?"

"은행에 볼 일이 있어 갔는데 곧 들어올 거예요."

잠시 후 남편이 상기된 표정으로 급히 들어왔다. 옆에 앉은 남편의 얼굴을 유심히 보다가 부인에게 눈길을 돌리면서 필자는 자신도 모르게 쿡하고 웃음을 터트렸다.

두 사람의 얼굴에서는 원수같이 싸우다가 헤어지게 된 원인이 적나라하게 드러났기 때문이었다. 필자가 웃음을 참지 못하고 느닷없이 터트리자 부부는 영문도 모른 채 같이 따라 웃는다.

"내가 왜 웃는지 두 분은 아세요?"

"아뇨. 그냥 우리들 관상이 좋아서 그런 거 아닌가요?"

아내의 우스개 섞인 말에 남편이 눈을 흘기며 말한다.

"내 얼굴 정도라면 모를까 니 얼굴 어디에 좋은 구석이 있냐?"

"첫. 그럼 이렇게 못난 여자한테 왜 또 살자고 옆구리 살살 찔러?"

대화 자체만 보면 아직도 두 사람 사이엔 앙금이 가시지 않은 듯 보였지만 분위기는 자유스러웠고 딱딱하지 않았다.

"지난 과거의 이야기지만 두 분이 갈라서게 되었던 이유를 관상적으로 설명해 드릴 테니까 앞으로 살아가면서 참고하세요."

두 사람은 자존심이 매우 강한 사람들의 관상을 갖고 있다. 거기다 불같은 성깔 역시 닮았고 경쟁심, 투쟁심 등도 고루 갖추고 있어서 이런 남녀가 한 지붕, 한 공간에서 생활한다면 서로 지지 않으려고 다툴 것은 뻔하다.

이들은 동갑나기 부부인데 그것이 생활에 활력을 주는 점도 있지만, 때론 배우자라기보다는 친구 같이 느껴져서 말과 행동에서 조심하지 않으면 상대방에게 오해를 줄 수 있는 소지를 안고 있었다.

"한 마디로 불과 불끼리 만났습니다."

"호호호. 맞아요. 다툼이 있으면 어느 한쪽에서 양보하거나 져주려고 하지 않았어요. 그래서 갈라서게 된 겁니다."

부인의 말에 남편이 거든다.

"선생님. 남자는 하늘이고 여자는 땅인데 쪽팔리게 여자한테 쥐여살 순 없지 않습니까."

남편의 호기어린 말에 부인 역시 지지 않는다.

"대장부라는 사람이 쩨쩨하게 아녀자를 상대로 이기려고만 들면 그게 어디 사내인가요?"

두 사람은 자신들이 갈라서게 된 원인을 알고 있으면서도 좀체 물러서려 하지 않는다. 두 사람이 여기 와서까지 티격태격하는 모습을 지켜보는 필자는 왠지 자꾸만 웃음이 나오는데, 부인이 또 한 마디 한다.

"선생님, 관상으로 봐서 누가 더 세보이는가요? 아무래도 제가 더 강하니까 애 아빠가 져야 되겠죠?"

부인의 도전장에 남편 역시 지지 않는다.

"좋아! 관상전문가께서 공정한 심판을 해주리라 믿고 어느쪽을 손들어 주면 군말 없이 따르기로 하자. 어떻습니까, 선생님. 제가 아무려면 더 세죠?"

그들의 묘한 경쟁심에 필자는 본의 아니게 괴이한 심판자가 되어야 했다. 기왕에 심판관이 되었으니 두 사람 모두가 수긍할 관상적 설명을 해야 했으므로 그들의 얼굴 특성과 그에 따르는 성격을 종이에 그림을 그려가며 설명하기 시작했다.

아내의 눈썹 끝은 숱이 적으면서도 눈썹 끝 살이 도독이 올라있다. 이런 사람의 성격은 남녀를 불문하고 불같고 열혈이다. 그리고 강한 자존심을 가지고 있고 일에 대한 추진력과 집중력, 돌파력, 활동성, 강한 체력 등을 타고 났다. 부인의 경우 남편만큼은 눈썹 끝 살이 발달해 있지 않지만 눈썹 숱은 아주 옅으면서 눈빛이 빛나고 날카롭다.

관상적으로 이렇게 성격이 도드라진 남녀가 만났으니 의견차이로 갈등이 생길 경우 조금도 자신이 주장을 굽히지 않고 정면 대결이 잦을 가능성이 있다.

"남편은 눈썹의 생김에서도 그렇지만 입술에서도 그게 나타납니다. 입이 얼굴의 균형에 비해 그면서도 두텁습니다. 이것 역시 고집 세고 투쟁심, 자기주장이 강하다는 걸 나타내죠. 그건 단점이자 장점이 될 수 있어요. 생활력이 강하고 일에 대한 추진력이 좋다는 걸 나타냅니다. 따라서 월급쟁이보다는 사업가 체질이기도 하고, 재산을 형성하는 데 필요한 조건이지요. 다만, 지나치게 강한 자기주장 때문에 주변 사람들과 다툼을 부를 수 있고 많은 경쟁자를 만들 수 있으니까 스스로 조절을 잘 해야 합니다."

필자의 설명에 부인은 입이 샐쭉해졌다.

"그럼 저는요?"

부인은 눈썹 이외의 특징이라면 눈의 크기가 좀 작으면서도 그 안에서 뿜어져 나오는 빛이 센 걸로 봐서 보통 사람에 비해 정신력과 집중력이 강하다는 걸 나타낸다. 어지간한 난관에 부딪히더라도 능히 헤쳐 나가는 힘이 있다는 말이다. 또한, 남편이나 타인에 의해 인생이 좌우되기보다는 스스로 삶(인생)을 개척해 나가는 힘이 있다. 두 사람은 성격이 강한 사람들끼리 만난 사이여서 용호상박형이라고 볼 수 있다.

"큰 금전이 걸린 문제거나 인생이 걸린 중요한 일이 아닌 사소한 문제라면 남편이 양보해서 살아야 하겠습니다. 그래야 부부관계도 좋아지고 가정에 평화가 오지요."

필자의 권유에 남편은 큰 소리로 대답했다.

"넵! 앞으로 노력하겠습니다!!"

앞에서 말했듯이 두 사람이 한성깔하는 사람들인데다 어느쪽이 물러서거나 양보하는 짝이 아니었기에 극단적인 방법으로 이혼이라는 것을 택한 것일 터였다.

그렇게 싸웠으면 어지간한 남녀라면 다시는 얼굴을 마주치려고 하지 않을 것인데 재결합하려 한다니……. 그것은 어떤 작용에 의해 일어난 일일까? 물론 둘 사이에서 태어난 아이문제 때문일 수도 있다.

그러나 이혼한 다른 부부들의 경우를 볼 때 그것만 갖고는 설명이 부족하다. 헤어지는 부부치고 아이문제가 걸림돌이 되지 않은 사람들이 얼마나 되겠는가 말이다.

똑같은 조건의 싸움이라도 시간이 지나면 쉽게 화해하고 정상적인 부부관계로 복귀하는 짝이 있는 반면에 회복하는 데 오랜 세월이 걸리면서도 끝내 마음속에 응어리를 풀지 않는 궁합이 있다.

그런 부부들의 경우를 보면 처음엔 정신적인 상처를 받지만 그것이 쌓이고 쌓이면 육체까지 병들고 허물어지게 하는 역할을 한다. 만일, 그런 부부는 한

번 갈라서면 다시는 대면하기가 힘들 정도로 원수가 된다. 그러니 재결합이라는 건 언감생심 꿈도 꾸지 말아야 할 것 같다.

지금 이 부부의 경우, 전에는 누구 못잖게 열렬히 싸웠지만 다시 만나 살자고 하는 이유는 바로 태어날 때부터 갖고 나온 고유한 주파수가 아주 흡사한 사람들이기 때문이다.

이렇게 주파수가 맞는 사람들이라면 아무리 지지고 볶고 싸워도 그때뿐이지 상대에게 큰마음의 상처를 주지 않을 뿐더러 화해하는 데도 그리 어렵잖게 한다.

주파수가 눈에 보이는 얼굴의 생김보다 궁합에서는 훨씬 중요하다는 걸 알아야 한다.

어쨌든 이 부부는 타고난 성격이 그렇기에 앞으로 살아가면서 당분간은 서로의 자존심을 꼿꼿이 지키며 지지 않으려 할 것이다. 물론, 예전보다야 많이 개선되겠지만 말이다. 하지만, 세월이 흐르면 흐를수록 상대를 이해하게 되고 동류가 되어 아기자기하게 잘 살아갈 것이다. 이런 경우가 바로 싸우다 정드는 짝이다.

생년월일과 태어난 시,
음양오행으로만 따져 맞춘 궁합이
과연 잘 맞는가?

옛 사람들은 궁합 맞추는 법으로 음양오행의 원리를 이용했다. 음양오행이란 금기·목기·수기·토기·화기의 다섯 가지로써 이 기운이 천지 우주공간에 충만하여 봄·여름·가을·겨울의 사계절을 만든다고 보았다.

그리고 행이란 다섯 가지 기(氣)의 순행운동을 말한다.

이런 음양의 이치를 관상에서의 남녀궁합을 맞추는 데도 이용했는데, 코가 큰 사람은 작은 사람과, 입이 작은 사람은 입이 큰 사람과 짝을 맞추는 식이다. 그러나 이 방법이 꼭 맞아 떨어지지 않는다는 것을 주장하고 싶다.

필자가 좋은 상이란 이러저러하게 생긴 모습이라고 말하니까 남녀 사이의 애인이나 배우자 감으로 관상만 좋으면 당연히 궁합도 잘 맞을 거라고 착각하는 사람이 의외로 많다. 그러나 관상 좋은 것과 궁합 잘 맞는다는 의미는 전혀 별개 문제다.

언젠가 20대의 K라는 여자가 상담을 끝내고 자신의 애인이라며 사진 한 장을 꺼내 놓으며 궁합이 잘 맞겠느냐고 물어왔다. 남자의 신상에 대해서 이것저것 물어본 뒤에 내린 결론은 궁합이 전혀 맞지 않으니 하루라도 빨리 헤어지는 게 좋겠다고 말해줬다. 얼굴 관상이 좋으니 궁합도 당연히 잘 맞겠다는 답을 기대했다가 필자의 극단적인 말에 여자는 조금 당황해했다.

"저하고 궁합이 안 맞는다구요? 어디가 어때서 그런 거죠?"

"사진으로 본 남자의 관상은 상당히 좋은 편에 속합니다. 그러나 두 사람간의 궁합은 극과 극끼리 만난 형이라서 전혀 맞지 않으니 빨리 정리하는 게 좋겠습니다."

"결혼까지 생각하고 3년 동안 깊이 사귀고 있습니다. 그런데 이제 와서 헤어지라니 너무 의외네요."

"그동안 사귀면서 성격이나 사고방식이 잘 맞던가요? 심하게 다투거나 해 본 적은 없었나요?"

"남자 성격이 유별나고 저와는 많이 다르다는 것을 처음부터 느끼고 있었어요. 그래서 그런지 만날 때마다 아무 것도 아닌 일 갖고 크게 다투곤 했었어요. 어제도 크게 싸웠습니다. 그래도 그 남자는 내 첫사랑이고 이미 깊은 관계까지 가서 지금 헤어지고 싶어도 맘대로 안 돼요."

"나는 남의 결혼이나 궁합에 대해서 극단적으로 말하지 않습니다. 어지간하면 좋은 말로 덕담을 해 주는 스타일이지요. 그러나 이 남자와 댁은 물과 기름, 개와 고양이 같은 앙숙관계입니다. 그래서 이렇게 심한 표현을 쓰면서까지 관계를 정리하라는 겁니다."

"우리 사이가 그렇게까지 안 맞나요? 잘 맞지 않는다는 걸 우리 두 사람도 이미 알고 있었어요. 그래도 결혼하면 좋아질 거라고 생각하고 그걸 기대하고 있습니다."

"물론 연애할 때는 으르렁대며 싸우다가도 막상 결혼하면 잘 사는 사람들도 있어요. 그러나 댁과 이 남자는 결혼하면 연애기간보다 훨씬 더 심각한 성격차이 때문에 같은 지붕 아래에서 생활하기가 어려울 겁니다."

"힘들 거라는 예상은 했지만 그렇게까지는 생각을 안 해봤어요."

"내가 수많은 부부들을 상담했는데 죽지 못해 산다는 사람들의 궁합이 당신들과 한 치도 틀리지 않는 극단적인 궁합들이었어요. 지금은 한 지붕에서 살지도 않고 아직 어린애도 없으니까 괜찮지만 결혼하고 어린애가 생긴다면 그때는 애들 때문에 이혼하고 싶어도 할 수 없어서 평생을 한숨과 눈물을 흘리며 살아야 할 겁니다."

"어머나, 그렇게 까지나…… 무서워요."

문제는, 남자 친구나 K가 관상이 나빠서 그런 것이 전혀 아니라는 사실이다.

남자친구에게는 그에 잘 맞는 궁합의 여성이 따로 있고 K역시 궁합이 잘 맞는 남자가 다른 곳에 있다는 뜻이다.

K의 경우와는 반대로 각자의 관상이 비록 좋지 않더라도 궁합이 아주 잘 맞아서 부부의 연을 맺으면 상승효과가 생기는 커플도 있다.

그리고 얼굴 궁합이나 체형, 두 사람의 파장을 비교해봤을 때 전혀 맞지 않는 상극의 짝들이 가끔 있는데, 그들에겐 특별히 주의를 단단히 주든가 드물게는 야단을 치는 경우도 있다.

필자가 민감한 남녀 관계에 그토록 깊숙이 개입하는 이유는 오랜 상담사례와 인생 선배로서 어떤 확고부동한 노하우가 있고 그 방면에 자신이 있기 때문이다.

그런데 필자의 속 깊은 말뜻을 신중하게 헤아리지 못하고 결혼까지 하겠다고 우기는 고집스런 짝들을 볼 때마다 너무나 가슴이 답답하고 한심한 생각을 지울 수 없었다. 그들에게는 필자가 극단적인 용어를 사용하는데도 서슴지 않는다.

"좋습니다. 그렇게 죽고 못 사는 사이라면 내가 제 3자 입장에서 굳이 욕먹어가면서 말리고 싶은 생각은 없습니다. 그러나 내가 이토록 힘들여 얘기해 주는데도 그대들이 말귀를 못 알아듣는다면 더 할말이 없습니다."

이토록 목이 쉬도록 신신당부를 하는데도 불구하고 필자의 말뜻을 이해 못한다면 그들의 운명이라고 밖에 달리 해석할 도리가 없지 않은가.

옛날 조선시대 같으면 혼인 전 신랑 신부의 궁합을 맞춰본다는 것이 기껏 생년월일시를 놓고 사주를 비교해 본 뒤 가부를 결정하고는 서로의 얼굴도 한 번 못 보고 혼례를 치렀다.

그렇게 결혼해도 당시의 가부장적인 사회구조상 가능했을 터였고 일단 결혼을 하면 출가외인이라는 딱지가 여성에겐 붙게 되고 죽으나 사나 그 집 귀신이 되어야 한다는 철칙이 통했기에 그렇다.

'여자 팔자 뒤웅박 팔자'라는 말이 있다. 뒤웅박은 쪼개지 않은 박의 속을 파내어 주로 씨앗을 넣는 데 사용했다. 입구가 좁아 한번 넣으면 나오기 힘든 것에 빗대어 여자가 남자를 잘못 만나 헤어나기 어렵다는 뜻이다.

현세에 온몸으로 체험한 것과는 거리가 있는, 예전의 구닥다리 궁합법을 적용해서 요즘 세상에까지도 억지로 끼워 맞추는 남녀가 있다면 참으로 한심한 일이다. 소 뒷발에 참새 잡는 식으로 요행히도 궁합이 맞다면 천만다행이지만 그렇지 못하다면 너무나 상처가 큰 것일 터이다.

옛날, 남자는 의식주에 어려움 없도록 가정을 돌봤다면 가장으로서 무난했다. 그리고 아내는 시부모 봉양 잘하고 자식들 쑥쑥 잘 낳고 살림 잘하는 후덕한 여자를 최고로 쳤다.

그러나 요즘엔 그것만으로 각자의 본분을 다 했다고 보기 어렵다. 따라서 궁합을 맞추는 각도 역시 달리 해야 하는 것은 당연하다.

다른 관상가나 사주보는 사람들은 어디에 초점을 맞춰 궁합을 보는지 모르지만 필자는 무엇보다 두 사람의 성격을 비교하는 데 중점을 둔다. 성격이 서로 맞아야지 다투지도 않고 가정 내에서나 바깥에서나 개인의 능력을 극대화 할 수 있다고 보기 때문이다.

부부가 성격만 잘 맞는다면 숟가락 두 개로 신혼을 시작하더라도 죽이 척척 맞아서 아기자기하게 살 것이고 그것이 재산을 모으는 데도 큰 위력을 발휘하게 될 것이다.

그와는 반대로 많은 재산을 가지고 시작한 커플일지라도 성격이 맞지 않는다면 사사건건 의견 대립을 보이며 싸우게 될 것이고 나중엔 서로에게 큰 상처만 남긴 채 헤어지는 사태까지 갈 것이다.

현재 한국의 가정은 부끄럽게도 세계에서 가장 높은 이혼율을 기록하고 있다. 그 원인 중 하나가 농업위주의 전통사회로부터 급격한 산업사회로 바뀌는 과정에서 배우자 선택기준으로 성격이나 심성보다는 무턱대고 재산 상태와 직업에만 몰두해서 짝을 짓곤 한 결과다.

그런 잣대 기준으로만 부부의 연을 맺어서 가정생활을 하다 보면 결혼 전엔 대수롭지 않게 생각했던 상대방과 자신과의 생각과 가치관에서 엄청난 차이가 있다는 것을 알게 될 것이고, 그것이 살아가는 내내 심각한 갈등으로 연결되게 된다.

사고방식의 현격한 차이를 두고 어떤 사람들은, 살아가면서 맞추면 된다는 둥, 서로 대화로 풀면 극복할 수 있다는 둥하며 속편한 소리만 퉁퉁 하는데, 5분 이상 대화를 계속하면 할수록 더 크게 싸우는데 어떻게 대화로 풀라는 것이며, 그런 상대와 하루 이틀도 아니고 어떻게 수십 년을 한 지붕에서 맞춰 가면서 살라는 것인지 알다가도 모를 일이다.

각종 설문조사에서 괜찮은 남편감으로 직업과 재산의 유무가 다른 어떤 조건보다 우선순위에 올라있는 것을 볼 수 있다.

물론 재산이 많을수록 좋다는 것이야 누구든 아는 것이지만 필자의 궁합법은 재산이 많든 적든, 사회적 지위가 높던 낮든 그런 눈에 띄는 물질적 기준을 먼저 보는 게 아니라는 데 있다.

그런데 궁합에서 그렇게 중요하다는 상대방 성격을 알아내는 방법이 일반 사람들로서는 참으로 어려운 일일 터이다. 심지어 몇 년의 연애기간을 가졌는데도 불구하고 아직도 상대의 성격을 모르겠다고 답답해 하는 사람들이 부지기수다. 사소한 부주의로 자신의 일생에서 행, 불행이 갈린다면 얼마나 충격이 크겠는가.

성격은 그 사람의 사고방식과 연결이 되어 있고 그것이 행동으로 옮기는 전 단계이며 더 나아가 당사자의 다가오는 미래를 예측하는 결정적인 잣대가 된다.

그런 중대한 사안을 제쳐둔 채 잠깐의 겉껍데기에 유혹되어 덜컥 결혼을 하게 되면 너무나 위험 부담이 큰 결정이 될 것이다.

그러나 관상에서는 당사자의 성격을 나타내는 부위가 곳곳에 널려있다. 그 중 몇 가지만 예를 들어서 궁합과의 상관관계를 살펴보기로 하자.

첫째, 눈썹에서 성격을 파악하고 짝을 맞춰보는 방법이 있다. 눈썹 숱이 적당히 돋아있고 윤기가 나며 일정한 방향으로 나있는 커플이라면 궁합도 좋다고 본다. 그러나 남자의 눈썹 길이가 눈보다 짧고 여자 쪽이 긴 형의 커플이라면 꼼꼼하고 섬세한 여성 쪽이 남자의 괴팍스러운 성격 때문에 몹시도 마음고생을 하며 살아갈 것이다.

그런 눈썹의 남자라면 비슷한 유형의 여성과 짝 지우는 것도 괜찮으리라 본다. 그것은 서로가 한 성깔 하는 성격이어서 신혼 초에는 강하게 부딪히겠지만 살아갈수록 상대방이 자신과 흡사하다는 것을 느끼고는 타협하며 살아갈 것이니까 말이다.

또한 여성이 눈보다 눈썹 길이가 짧고 남성의 눈썹이 길면 적극적인 여성의 성격과 꼼꼼하고 소극적인 남성의 성격이 잘 보완돼서 괜찮은 짝이라고 본다.

두 번째, 인당과 전택궁(눈썹과 눈썹 사이)이다.

인당과 전택궁이 넓은 사람은 개방적이고 낙천적인 성격의 소유자이므로 배우자도 비슷한 류의 사람을 택한다면 불만이 없으리라 본다.

만일, 인당과 전택궁이 넓은 사람과 좁은 사람이 만나서 산다면 인당 넓은 사람 쪽에서 보면 상대방이 너무 꼼꼼하고 세심해서 답답증을 느낄 것이고 잔소리꾼으로 인식될 것이다.

반대로 인당 좁은 편에서 보면 배우자의 매사에 천하태평하고 변화무쌍함에 불안하게 느낄 것이다. 따라서 인당과 전택궁이 좁은 사람은 같은 류의 사람과 만나는 것도 좋다고 본다.

세 번째는 코의 길이에 의한 궁합이다.

긴 코와 높은 코는 생각이 깊고 강한 자존심의 소유자이고 짧고 낮은 코는 순발력 있고 처세가 좋다. 이 두 유형의 만남은 유형은 비록 반대이지만 서로 장점과 단점을 보완해 주는 궁합으로 손색이 없다.

길거나 높은 코의 소유자끼리 짝을 지우면 현실에 어두운 것을 커버할 상대자가 필요한데 서로의 강한 자존심에서 양보 없는 줄다리기를 하는 게 아닐까 생각한다.

네 번째는 입술의 두터움과 얇음, 작은 입과 큰 입은 성격적으로도 분명하게 나눠지고 궁합으로는 서로 보완해 주는 관계가 좋다.

두터운 입술끼리 한 지붕에 살면 강한 승부욕과 고집스러움으로 매사에 충돌이 일어날 것이므로 소심하고 수동적 성향이 있는 얇은 입과 적극적이고 행동파적인 두터운 입술의 만남은 이상적이다.

다섯 번째, 귀는 큰 귀의 신중함과 작은 귀의 즉흥성과 순발력은 좋은 보완관계에 있다. 다만 큰 귀끼리와 작은 귀끼리의 만남도 괜찮은 짝으로 본다.

단편적이나마 개인의 고유한 성격을 나타내는 부위의 궁합을 비교해 봤는데 같은 형끼리 맞춰야 무난한 관계를 유지할 수 있는 곳이 있는 반면에 반대의 상끼리 만나야 바람직한 형도 있다.

얼굴의 의한 궁합 외에 키가 큰 사람은 작은 배우자를 만나야 좋은 체형 궁합도 있다.

키가 큰 사람의 싱겁고 유들유들한 것을 일처리 야무지고 재빠른 키 작은 상대가 보완해 주면 상부상조하는 짝이 되는 것이나 뚱보 체질과 마른 체형의 만남 또한 이상적이다.

그러나 같은 체형끼리 만나도 잘 조화되는 경우도 있다. 동글동글한 얼굴에 짧은 손, 짧은 다리의 땅딸한 사람은 그와 흡사한 체형의 배우자를 만나면 매우 아기자기하게 잘 사는 걸 많이 봐 왔다.

이상과 같이 간단하게나마 관상으로 본 궁합의 상생과 상극을 나열해 봤다. 그러면 위에서 예를 든 관상 궁합법이 100% 정확하냐면 그렇지 않다.

위의 예는 어디까지나 참고 이라는 얘기다. 관상 궁합이든 사주 궁합이든 간에 음양오행의 틀 안에만 넣고 판단하기에는 인간과 인간 사이에 생기는 일들이 너무나 가변적이고 변화무쌍하다.

각 부위별 궁합법보다 더 정확한 것이 있는데, 앞의 K에게 적용한 것과 같이 서로 간의 에너지 파장을 비교하는 법이 그것이다.

그리고 앞서도 강조했지만 현대의 궁합은 성격을 맞추는 일이 최우선이다.

성격은 당사자의 인생 그 자체로 변화하기 때문에 성격만 맞는다면 그것이 가정의 화목과도 직결될 것이고, 가정이 화목하면 개별 관상에서는 나타나지 않는 알파의 에너지가 생성되면서 재산 형성에도 큰 역할을 하리라 본다.

주파수 궁합이란 무엇인가

언젠가 텔레비전에서 다음과 같은 프로를 본 적이 있다.

어느 동네에 아주 사나운 개가 있는데 주변의 개들은 물론이고 사람조차도 맘대로 가까이 못 간다는 거였다. 그래서 개장수 경력 20년 된 사내를 접근케 해서 이 개가 어떤 반응을 보일까 하는 실험을 했다.

개장수는 모자를 푹 눌러 쓰고 주머니에 손을 넣은 채 어슬렁거리며 다가갔다. 그러자 그 사납다는 개는 왈왈대고 짖기는커녕 먼발치에서도 알아봤는지 꼬리를 감춘 채 개집으로 들어가선 나오질 않는 것이었다.

아마도 개의 민감한 코가 개장수에게서 나는 특유의 냄새를 맡은 것이 아닐까 해서 개장수 냄새를 없애기 위해 찜질방에 들어가 묵은 때도 벗기고 향수를 뿌린 뒤, 넥타이에 양복을 쫘악 빼입고 개에게로 다가갔다.

그러나 이번에도 개는 낌새를 알아차리고 자기 집으로 기어들어 가서 꼼짝을 않는 것이 아닌가.

개장수가 개의 목덜미를 잡고 밖으로 당기자 그 사납다는 개가 꼬리를 사린 채 오줌까지 질금질금 싸며 순한 양이 되어 끌려나오는 것이었다.

실험에서, 냄새와 모습을 바꾸더라도 사람 몸에서 나오는 기는 변치 않는다는 것을 확인할 수 있었고, 개는 그것을 감지해낸다는 것이었다. 이것을 볼 때, 기라는 것은 인간의 눈엔 보이지 않지만 분명 존재한다는 것이 증명되는 것이다.

에너지의 파장으로 사람이 사람을 알아볼 수는 없을까? 자신과 상대가 궁합이 맞는지 틀린지를 아는 능력 말이다.

그러나 지구상에 나타난 지 수천, 수만의 세월이 흐른 지금 인간의 마음속에는 세월의 두께만큼이나 때가 덕지덕지 쌓이게 되었고, 태초에 갖고 있던 신에 준하는 능력은 퇴화 혹은 감추어져서 자기가 누구인지도 모른 채 살아가고 있다.

우리가 하느님을 믿든 부처님을 믿든 알라신을 믿든 간에 복을 받기 위해서나 천국에 가기 위해서가 아니다. 태초에 갖고 있던, 지금은 없어진 신적 초능력을 되찾는 데 원초적 목적이 있다.

그러나 일하고 먹고 배설하는, 눈에 보이는 표피적인 문제가 아니라 눈으로 볼 수도 없고 손으로 만질 수도 없는 정신의 문제이기 때문에 관심도 크지 않을 뿐더러 배움 또한 쉽지 않다.

그뿐 아니라 그런 에너지나 신적 기능이 있는지조차도 설왕설래 하는 판이다 보니 현대과학이라는 우물 안의 좁아터진 잣대로 보면 늘 벽에 부딪히고 부정되기 십상이다.

현재의 과학으로는 증명되기가 쉽지 않지만 앞으로 인류가 비약적으로 발전해서 우주여행을 할 정도가 되면 기(氣)라는 에너지가 과학적으로 증명되리라 본다.

기(氣)는 들짐승에게도 있고 식물에게도 있고 무생물이라는 돌덩이에도 있다. 그리고 그것은 예수나 석가처럼 에너지의 방사 폭이 강한 존재도 있고 약한 인간도 있는 등 차이가 조금씩 다르다.

이 기 속에는 사고방식, 성향, 취향, 행동양태, 그릇의 크기 등등은 물론이고 그 사람이 어떤 삶을 살아갈 것인가 하는 인생지도라는 중요한 정보까지 들어 있다고 본다.

각자가 살아가는 데 지대한 영향을 미치는 만큼이나 남녀궁합에도 결정적 역할을 하는 것은 당연하다.

필자는 기를 다른 말로 변형해서 주파수, 사이클, 파장으로 부르기도 하는데, 상담 손님에게 이해하기 쉽도록 하기 위해 나름대로 붙인 것이다.

필자는 전에 엉뚱한 문제로 고민을 해 본 적이 있다.
사람은 각자 자신의 인생이 어떤 식으로 살아가고 어떻게 흘러갈지를 태어날 때부터 정해 가지고 나오지 않았을까 하는 공상과, 인간의 몸 어딘가에는 마치 컴퓨터를 움직이는 칩 같은 것이 내장되어서 지도(地圖) 역할을 하지 않을까 하는 생각 말이다.

그래서 내린 나름의 추측이 있다. 우리가 완벽한 인간으로 생기지 못하고 여러 단점을 가진 채 태어난 원인은 전생의 업보나 어느 존재에 의해 강제로 등 떠밀려 나온 것이라기보다는 이 세상에 태어나기 전부터 이러저러한 인생을 살아가겠다고 자기 스스로가 계획을 세운 결과라고 생각한다.

왜 하필 이다지도 힘든 삶을 살도록 스스로의 인생지도를 그렸겠는가. 이 지구라는 별에서 치열한 삶을 산 만큼 다음 세계에서는 4차원, 5차원의 높은 의식으로 상승할 수 있기 때문이다.

그 인생지도가 밖으로 표출돼서 우리가 눈으로 볼 수 있는 것이 얼굴과 손금이고 눈으로 보이지 않는 물질이 기라는 에너지라고 한다면 지나친 비약일까?

하지만 각자에게 그려진 인생지도라는 것이 존재한다 하더라도 개인의 집념과 노력 등으로 약간씩 수정되고 발전되는 것이라고 생각한다.

주파수라고 하면 일반인들이 이해하기 쉽지 않을 것 같아서 라디오 주파수로 곧잘 비유해서 설명한다. 라디오를 켰을 때 주파수가 잘 맞으면 맑은 소리가 나오는 반면 주파수가 안 맞으면 시끄러운 잡음이 들리듯이 남녀의 궁합에서도 주파수가 최우선이 되어야 한다는 주장이다.

각 개인의 주파수는 약간씩 다르긴 한데 크게 차이가 나느냐 비슷한가에 따라 궁합에서 중요한 작용을 한다.

언론에 종종 보도되기도 하는 이야기 중에 일란성 쌍둥이가 어떤 사정으로 인해 어린 시절 서로 멀리 떨어져 살게 됐었는데, 수십 년의 세월이 흐른 뒤 상봉했을 때 흡사한 사고방식을 갖고 있다는 것과 비슷한 일을 겪으면서 살았다고 한다. 심지어 첫 만남의 자리에 나온 두 사람의 옷 색깔이나 머리 스타일이 미리 약속을 한 듯 닮아 있는 것을 보면 묘한 생각이 들곤 한다.

물론 쌍둥이라 해서 모두 같은 주파수일 리는 없다. 같은 핏줄을 타고난 형제 역시 전혀 다른 파장을 가진 경우도 흔하다.

주파수가 같다는 것은 흡사한 사고방식을 갖고 있다는 뜻이며 그것이 당사자들의 성향과 행동에 영향을 끼치게 되고 인생 역시 그렇게 흘러가도록 작용하는 것이라고 생각한다.

필자가 궁합에 대한 이야기를 하면 어떤 사람들은 정반대의 성격끼리 만나야 잘 사는 것 아니냐고 묻곤 한다. 그 말이 맞을 수도 있고 틀릴 수도 있다.

적극적이고 활동적인 사람과 내성적이고 조용한 사람과 짝을 이루면 서로 보완해 주는 관계이기 때문에 좋다고 할 수 있다.

그러나 주파수가 틀려서 나타나는 사고방식이나 성향이 다른 정반대의 사람들이라면 얘기가 달라진다.

한쪽은 동쪽으로 가고 싶은데 상대는 서쪽으로 가자고 우기고, 나는 서늘한 방에서 자고 싶은데 저쪽은 더운 방에서 자자고 하는 등 사사건건 의견이 맞지 않고, 나중엔 청개구리 심보가 되어 툭하면 옆길로 삐져나가려고만 한다면 이거야말로 난감한 인생들 아닌가.

주파수를 비교하는 것은 이런 반대되는 성향을 가진 상대를 가려내서 자신과 맞는 짝을 만나기 위함이다.

주파수 틀린 부부들의 삶을 많이도 상담해 온 만큼 그런 부부들이 가정 내에서 겪는 엄청난 고충을 필자는 잘 이해하고 있다. 그리고 그에 대한 생생한 예를 얼마든지 들 수도 있다.

숫자나 문자로 풀어서 궁합이 좋다 나쁘다고 하는 이론적 통계와 온몸으로 부딪혀 체득한 실전 지식의 통계가 어찌 같을 수가 있단 말인가.

기라는 것을 얘기하면 일반 사람들은 믿지도 않고 무슨 귀신 씨 나락 까먹는 소릴 하는가 하고 무관심해 하는 사람들이 많다.

기(氣)는 눈치로 대충 때려 맞추는 것과는 차원이 다르다.

만일, 손님의 이야기 내용에 따라 이리저리 말을 돌려 눈치로 때려 맞추는 사람이라든지 자신의 컨디션이 매일 변화되는 잣대로 다양한 손님을 잰다면 잘못 판단할 수가 있는 데 반해, 주파수는 세월이 흘러도 변하지 않는 것이기에 언제 어느 상황에서든 적용된다는 점에서 큰 차이가 있다. 다만, 그것이 눈에 보이지도 잡을 수도 없기에 이 자리에서 말이나 문자로 설명하기가 애매하다는 것뿐이다.

주파수의 흐름은 직선에 가깝게 뿜어내는 파장이 있는 반면에, 부드럽고 잔잔한 주파수, 큰 파동을 그리며나가는 주파수, 불규칙한 주파수, 짧고 빠른 주파수 등등 사람에 따라 제각각 조금씩 다르다.

개인의 기가 바깥으로 파장을 그리며 나가면 상대의 기와 어느 공간에서든 마주치게 된다.

공간에서 만난 기가 화합과 융합의 분위기가 이루어지면 이것이 인체의 오감에 전달되어지게 되고 말과 행동도 그에 따라 대응하게 된다.

그와는 달리 나의 주파수와 상대편 주파수가 안 맞으면 작고 하찮은, 아무것도 아닌 일에서도 틀어지게 되고, 화가 나고 자꾸 짜증이 생기게 된다. 그리고 세월이 흐르면 흐를수록 관계가 더욱 악화되어서 나중엔 서로에게 큰 상처를 주고받게 되는 것이다.

여기서 주파수가 다른 남녀가 만나는 과정과 결말을 예로 들어 보기로 한다.

노총각 N과 노처녀 Y는 결혼 정보사를 통해 만났다. 남자 N은 체격도 듬직하고 얼굴 역시 누구에게나 정감이 들 정도로 푸근한 인상이다. 직업은 기업체의 중간 관리자였고 생활은 안정적이었다.

20대 중반에 첫사랑을 만나 열렬히 사랑하다가 여자가 다른 남자와 결혼하는 바람에 큰 충격을 받은 뒤 독신으로 살 것을 결심했다고 한다. 그 뒤에도 몇 번 다른 여성을 만나 사랑을 나누었지만 결혼을 전제조건으로 사귄 것이 아니어선지 첫사랑만큼의 큰 상처는 받지 않았다.

부모 형제의 집요한 결혼 채근에도 꿋꿋하게 버티던 N은 서른 중 후반에 들어서면서부터 차츰 달라지기 시작했다. 자신의 아이를 갖고 싶다는 인간적 본능과 여자가 챙겨주는 식사를 하고 싶었고, 무엇보다 건강한 남녀라면 느끼는 성욕의 해소 문제에 어려움이 컸다.

그러나 여자를 오다가다 우연히 만나 사귈 만한 나이는 훨씬 지났던 터라 결혼 정보회사를 통해 한 여성을 만난 것이었다.

35세의 여자 Y는 키가 아담하고 땅딸한 체격이 핸디캡이지만 얼굴은 그런대로 괜찮은 미혼 여성이다. 전문직에 종사하고 있어서 혼자 살더라도 의식주에는 불편함을 몰랐기에 결혼을 차일피일 미루다가 나이가 들어버린 것이다.

그녀는 학창시절, 미팅 때 만난 남학생과 깊이 사귀게 되었는데 나중엔 양가 부모님도 찾아뵙고 결혼을 전제로 사귀기 시작했다. 캠퍼스 내에서 공개적으로 데이트를 해선지 학교 친구들 누구든 Y가 제일 먼저 웨딩마치를 올릴 거라고 했다.

그런 어느 날, 어제까지 멀쩡히 히히덕대며 다음날 경춘선을 타고 강촌으로 놀러갈 계획까지 세웠었는데, 이튿날 아침 병원 중환자실에 남자친구가 입원해 있다고 연락이 왔다. 그는 교통사고로 뇌를 크게 다쳐서 결국 회복치 못하고 세상을 떠났다.

뒤에 남겨진 Y에겐 극심한 정신적 충격이 오래도록 이어져서 안정을 취하고 마음의 상처가 가라앉히는 동안 세월이 훌쩍 가버린 것이었다.

홀아비 사정은 홀아비가 안다고 동병상련을 느낀 두 사람은 첫 만남부터 화기애애했다. 연령도 같은 세대로 적당히 맞는데다가 직업과 겉모습에서 느끼는 상대방에 대한 호감도 등에서도 만족하고 있었다.

첫 대면이라는 긴장에서인지 자주 술잔을 비워냈다. 그렇게 밤 9시부터 두런두런 이야기한 자리가 12시가 넘어서고 있었다. N은 주량 오버를 했는지 혀가 자주 꼬였다.

　Y 역시 남자한테만 술을 마시게 하는 것이 예의가 아닐 듯해서 조금씩 홀짝인 술이 어느 듯 정량을 넘어서고 있었다. 그들이 자리에서 일어섰을 때 N은 약간 비틀거렸고 Y가 얼른 부축을 해야 했다.

　그렇게 어찌어찌하다가 술김에 함께한 잠자리로 번거로운 첫 신고식을 치르게 되었다.

　남녀 간의 잠자리란 첫 시도가 어색하고 까다로워서 그렇지 그 관문만 넘기면 자연스러운 것인가 보다. 그날 이후 둘은 하루가 멀다 하고 전화를 해서 만났고 그런 날이면 스스럼없이 잠자리까지 이어졌다.

　'이게 속궁합이라는 걸까?'

　그렇게 두어 달이 지나는 동안 어느 정도 상대방에 대해서 알 것만 같았다. 여자가 왼손잡이라는 사실도, 남자가 의외로 내성적이고 꼼꼼하다는 것도. 어느 날인가 노래방에 갔다가 N은 크게 실망하고 말았다. Y가 음치였던 것이다. 음치라도 보통 음치가 아닌, 노래를 부른다기보다 국어책 읽는 수준이었으니 맘먹고 갔던 곳에서 흥이 깨져 버리고 말았다.

　Y쪽에서 상상했을 때는 N이 남성다운 박력과 리더십도 있고 카리스마도 있을 것으로 기대를 했었으나, 자신의 희망과는 정반대로 남자다운 매력은커녕 지나치게 내성적이고 소심한데다가 자신의 좀 덜렁대는 성격에 틈만 나면 제동을 걸어왔고 일일이 간섭하려 들었다.

　Y 자신은, 혼자 있을 때보다 많은 사람들이 모여 있을 때 용기가 나고 빛이 나는 형인 데 비해 남자인 N은 여러 사람들한테 나서기를 좋아하지 않고 꽁생원처럼 지나치게 조용한 것을 좋아한다는 점이 그녀를 갑갑하게 만들었다.

　그런 N이 첫 만난 날 밤에 그답지 않은 일을 벌인 것은 순전히 술기운 때문이었다는 것을 나중에야 알 수 있었다.

　두 사람은 그런 점만 다른 게 아니었다. 음식을 주문할 때도 N은 뜨거운 것을 싫어하고 약간 식은 음식을 좋아하는 데 비해 Y는 식은 음식은 입에 대지 않으려 했다.

　삼겹살집에서도 식성이 달랐다. N은 숯불에 살짝 익힌 고기를 좋아했고 Y는 숯검정이 되도록 고기를 바짝 구워서 먹는 것이었다. 그런 모습을 본 N이 한 마디 하자 Y가 발끈해서 목청을 높였다.

　"이게 내 식성이에요. 각자 자기 입맛대로 먹는 거지, 이것도 옆 사람 따라가야 돼요?"

　음식의 간에 있어서도 N은 맵고 화끈한 것을 좋아하는 반면 Y는 매운 것만 보면 절레절레 고개를 흔들었다.

　꼼장어나 미꾸라지 류를 잘 먹는 N에 비해 Y는 뱀처럼 길고 이상한 고기만 보면 질색을 했다.

　N은 자신의 세심한 성격대로 어떤 사물이나 일을 보면 작은 것부터 차근차근 분석하고 논리적인 데 반해 Y는 앞뒤 가리지 않고 행동부터 옮기는 형이어서 그런 상대에 대해 불만스러워했다.

　그렇게 눈에 보이든 드러나지 않든 간에 상대방의 성향에 대해서 이질감을 느끼는 동안 4개월의 시간이 흘렀다. 처음엔 만나는 횟수가 매일 혹은 2, 3일에 한 번씩 만났는데 세월이 흐를수록 일주일에서 열흘, 보름에 한 번씩 만날 정도로 눈에 띄게 줄어들었다. 번호만 누르면 통화할 수 있는 데도 바쁘다는 핑계를 대며 가능한 전화도 하지 않았다. 그것은 피차 마찬가지였다.

　그나마 만남의 명맥을 유지할 수 있었던 유일한 고리는 잠자리에서의 만족감이 아주 좋았기 때문이었다. 그러나 그 행위만 끝나면 이상하게 인제 그랬냐는 듯 상대에 무관심하게 대했고 까닭모를 스트레스가 밀려오는 것이었다. 이것은 만남을 가졌던 초기에는 전혀 없었던 현상이었다.

　날짜가 지날수록 틈이 점점 벌어지기만 하니 전에 약속한 양가 부모님을 만나 뵙는 문제는 누구도 먼저 꺼내지 않게 되었다.

　"우리들 사이에 무엇이 문제가 되서 이러는 걸까?"

　직업은 안정되어 있어 경제적인 불만도 없고 잠자리에서도 서로가 만족해

하고 있다. 그렇다고 각자의 개별적인 성격을 뜯어보면 이상하거나 모나지도 않다.

Y는 키가 좀 작아서 그렇지 활달하고 시원시원한 성품을 갖고 있어서 대인관계도 좋고, 음식솜씨가 보기 드물게 뛰어나다. 직업도 전문직이어서 결혼을 한 뒤에도 얼마든지 자신의 능력을 발휘할 기회가 있다.

"그런데 우리는 왜 이렇게 멀어지지?"

그런 식으로 고민에 고민을 하다가 필자의 사무실로 찾아 온 것이다.

"우리가 어디서부터 잘못돼 이러는 건가요?"

"서로 다른 언어와 동작을 가진 개와 고양이가 만나 아무리 친해지려고 해도 쉽게 안 되고 갈등만 커지는 경우와 비슷하다고 할 수 있습니다."

앙숙의 대표 개와 고양이.

유전학적으로나 생물학적으로나 개와 고양이가 서로 원수지간으로 지낼 만한 이유라곤 없다고 한다. 그러나 한쪽이 다른 측의 영역을 침해하면 공격 심리가 일깨워지게 되는데, 이것은 어느 동물에게나 흔히 있는 자기 방어적 습성이다. 하지만 확실히 개와 고양이 사이는 특이하다.

개와 고양이는 사람과 늘 가까이에 살고 있으면서 먹이사슬이 같다고 볼 수 없는데도 서로를 극히 싫어한다.

둘은 행동반경이 중첩될 때가 많아서 하루에도 몇 번씩 마주치게 되는데 이들이 마주쳤을 때의 동작을 보면 흥미롭다.

예를 들어, 개가 앞다리를 치켜세우면 "놀고 싶다"는 뜻이고 반대로, 고양이가 앞다리를 들면 "꺼지지 않으면 할퀴겠다"는 뜻이다.

또한 고양이의 "갸르릉" 하는 소리는 만족감의 표시인 데 비해, 개는 그 소리를 으르렁거리는 소리로 잘못 알아듣고 정반대로 해석해서 오해를 불러일으키기도 한다. 이것은 의사소통이 다른 데서 오는 원인이다.

고양이는 기분이 안 좋거나 전투태세 때 꼬리를 흔드는데, 개는 기분이 좋을 때 꼬리를 흔든다. 그리고 개는 상대에게 겁을 먹거나 하면 꼬리를 감춘다.

만일 고양이가 꼬리를 꼿꼿이 들고 개에게 접근하면 자신에게 도전해 오는 것으로 간주하고 으르렁대며 싸울 준비를 하는 것이다.

인간들 사이에서도 관계를 유심히 관찰해 보면 재미있는 현상들을 종종 만나게 된다. 내가 관심 있는 것은 상대편이 소가 닭 보듯 심드렁해 하고, 상대가 관심 있어서 침을 튀겨가며 열변을 토하는데 듣는 사람은 왜 저런 바보 같은 생각을 하는지 참 답답하고 한심하게 생각할 때가 있다.

그것을 두고 필자는 타고난 주파수가 다르기 때문이라고 표현하는데, 주파수, 기, 에너지의 파동이라는 말은 같은 의미다.

사람 사이에 취향이 다르고 성격이 다른 것은 흔한 일이다. 한 부모에게서 한날한시에 태어난 쌍둥이조차도 틀린 법인데 하물며 주변 환경과 성장 과정이 다른 사람들의 만남이야 오죽하겠는가. 보통의 사람들은 자신과 상대방의 다른 부분을 인정하기도 하고 교정을 요구하기도 하면서 차츰 동류가 되어 그럭저럭 살아간다.

하지만 주파수가 틀리다면 그것이 상대방의 작은 말, 행동도 자꾸 거슬리는 일이 잦은데, 이 두 남녀 역시 하찮은 일까지 사사건건 크게 확대되는 짝이다.

그것은 말이나 글로도 표현하기가 어렵고 손에 잡히지도 않고 보이지도 않는 그 무엇을 설명해야 하는데, 그들의 친지 등 제 3자에게 문제점을 하소연하면 그까짓 사소한 문제 때문에 그런다고 가볍게 웃어넘길 뿐 심각하게 받아들이지 않을 정도로 설명이 어렵다.

똑같은 말이라도 주파수가 다른 사람들을 상담할 때의 필자는 이리지리 말을 돌리지 않고 직선적으로 이야기한다. 당사자들이 나의 말귀를 제때 알아듣고 고개를 끄덕이며 쉽게 수긍하기 때문이다. 그만큼 그들이 갈등을 일으키는 원인에 대해 수많은 분석과 고민을 했다는 반증이다.

상극의 주파수 즉, 앙숙의 관계라 할지라도 직장 동료나 친구는 애인이나 부부관계와는 상대적으로 영향이 덜한 이유가 있다. 각자가 거주하는 공간이 다르기 때문이다. 다시 말해서, 같이 먹고 잠자고 배설하는 좁은 공간이 아니라 대부분 업무를 보는 낮 시간대에만 얼굴을 맞대기 때문에 얼마든지 가면의 얼굴을 만들어 대할 수 있고, 행여 배짱이 맞지 않으면 헤어져도 인생에 그리 타격을 받지 않기에 그렇다. 한 마디로 부담이 크지 않은 상대라는 말이다.

그러나 한 지붕 아래에서 같은 방을 쓴다면, 자신과 상대방이 서로의 장단점을 속속들이 알고 있기에 가식과 가면의 얼굴이 통하지 않고 모든 게 적나라하게 드러나게 되어 있다.

집 바깥에 나가서 타인을 상대로 고고한 척하면 그것이 통할지 모르지만, 한 방을 쓰는 사이라면 시도 때도 없이 터져 나오는 방귀 소리는 물론이려니와 잠잘 때 드르릉거리며 코고는 소리 등등 사소한 것에서부터 모든 생각과 일거수일투족이 아주 적나라하게 드러나는 것을 감출 도리가 없다. 세월이 흘러 묵은 부부일수록 일심동체라는 말이 그래서 실감 나는 것일 터이다.

상극의 주파수를 가진 친구나 동료는 일정한 거리를 두고 사귀기 때문에 별 탈 없이 관계를 유지할 수 있는 데 반해 부부는 그것을 피할 수 없다는 뜻이다.

개는 개이고 고양이는 고양이지 어느 날 환경이 바뀐다고 해서 타고난 주파수가 바뀔 리도 없고 앙숙관계가 사라지지 않는다고 본다.

보통의 부부는 그 누구든 의견차이로 다툴 수도 있는데, 그것은 자라온 환경이 다른 만큼 생각이 조금씩 다르기 때문에 일어나는 자연스런 현상이다.

그러면서 상대를 이해하고 화해하면서 어울렁더울렁 살다 보면 닮은 꼴 부부가 된다.

보통의 부부들은 시간이 흐르면 갈등도 줄어들고 점차 나아지게 마련이어서 희망을 갖고 살지만 주파수가 맞지 않는다면, 세월이 흐르면 흐를수록 점점 사이가 벌어지는 현상이 일어난다.

그 후, 원수 같이 시도 때도 없이 싸우는 게 넌덜머리 나서 각자 말이나 행동을 자제하고 조심하는 시기가 오게 된다.

그런 시기가 되면 상대방 눈치를 보며 하루에 몇 마디 하지 않게 되는데, 말이나 행동을 하지 않는다고 해서 신경이 곤두서지 않는 것은 아니다.

주파수 즉, 기(氣)라는 것은 공간을 향해 파장을 그리며 나가게 되어 있기에 나의 기와 상대의 기가 집이라는 좁은 공간에서 늘 마주치게 되어 있다.

화합하고 융합하는 주파수끼리라면 기분이 편안해지고 온화해지는 반면 맞지 않는 주파수끼리라면 눈에 보이지 않는 공간에서도 주파수끼리의 갈등이 일어난다.

이때 어느 한쪽에서 "식사해요." 혹은, "커피 한 잔 줘요."라는 지극히 일상적인 한마디가 엉뚱한 방향으로 폭발하고 만다. "지금이 몇 신데 밥을 먹으라고 그래?"라고 불씨를 지피게 된다. "당신은 지금 내가 바쁜 거 알면서도 커피를 타 달래요? 그런 간단한 일은 당신이 해도 되잖아요. 손이 없어요?" 이런 식으로 어긋나게 되고, 이어서 "그래! 난 손도 없는 병신이다. 저런 게 여자라고……."

이러면 다음의 결과는 불을 보듯 뻔하다. "뭐요? 이 세상에 당신 같이 괴팍스런 남자한테 맞는 여자가 있을 줄 알아요?", "흥! 내가 눈이 삐었지. 저렇게 나무토막 같이 무뚝뚝한 여자를 여편네라고 데리고 사니……."

상극의 주파수가 만나 살다 보면 이렇게 가시 돋친 대화는 수시로 일어난다.

남들이 보기에 웃으며 지나칠 만한 가벼운 문제라도 매우 심각한 대립을 하게 되는데, 자녀나 친척, 직업, 재산 등 집안의 큰 사안에 다다르면 더욱 극렬한 불꽃이 튈 것이다.

완력을 동원한 싸움만이 싸움이 아니나. 신체적인 접촉을 안 해서 그렇지 내면에는 날카로운 비수가 숨겨져 있어서 말 한 마디 한 마디가 상대에게 치명적인 상처를 줄 수도 있다.

이런 상태가 신혼 초에 있을 수 있는 일시적인 현상이라면 별 문제가 없지만, 상극의 주파수끼리 만난 부부라면 거의 평생 동안 이어지는 것을 많이 봤다. 어떤 부부는 죽는 그날 아침까지 싸우는 걸 본 적도 있다.

서로 행복한 인생을 살자고 하는 게 결혼인데 그 정도라면 지옥도 그런 처참한 지옥이 없고 각자에게는 망친 인생이라 해도 과언이 아니다.

비슷한 상처를 주고받더라도 남편 쪽은 아침에 횅하니 출근해서 부부간의 쌓인 불만을 바깥활동을 하며 풀든가 퇴근 때 동료들과 술을 마시면서 해소할 수도 있어서 상대적으로 부인에 비해 스트레스가 덜 쌓인다고 볼 수 있다.

부인의 경우, 대못으로 자신의 가슴에 상처를 남기고 출근해 버린 남편을 원망하며 온종일 끙끙 속앓이를 하며 보낸다. 특히 눈썹이 짙으면서 인당 좁은 내성적인 성격의 소유자라면 더 말할 나위도 없다.

집안 청소, 빨래를 하면서도 시장을 보면서도, 차 한 잔 마시면서도 가슴 속에 맺힌 응어리가 쉽게 해소되지 않고 눅진히 누르고 있다.

그게 하루, 이틀이 지나고 한 달, 1년, 5년, 10년 이렇게 세월이 쌓이다 보면 몸이 무쇠덩이라 해도 무너지게 되어 있다.

급기야는 우울증으로 정신과 의사와 상담하게 되고 항우울제를 복용하며 살아야 한다. 그나마 병원에 갈 여건이나 용기라도 있으면 다행이다. 대부분은 어디 누구한테 하소연도 못한 채 속으로만 끙끙 앓는다.

장기적인 스트레스는 화병에 이르게 되고 몸의 이곳저곳에 이상신호가 오게 만든다. 그것이 진전되어서 위암, 유방암, 자궁암 등의 큰 병에 걸리는 원인이 된다고 볼 때, 그 폐해가 어느 정도인지 알 만하지 않은가.

주파수가 맞는 부부라면 다투는 일이 생기더라도 금세 화해하고 관계를 쉽게 복원한다.

그 이유는, 타고난 성향이 비슷하기 때문에 상대방의 입장을 자신의 흡사한 경험에 비추어 이해하게 되고, 혹시 부인이 홧김에 친정에 가서 오지 않더라도 예전의 관계를 회복하는데 어렵지 않게 되는 것이다.

남녀 간의 애인 궁합이나 결혼 궁합은 인생의 성패와도 직결되기 때문에 그것을 어떤 금전으로도 환산할 수 없다.

결혼까지 생각하고 사귀는 남녀가 들어와서 궁합을 봤을 때 아주 나쁜 궁합이라면 필자는 어떤 식으로든 그들의 결혼을 미루게 해서 각자가 깨우치는 기간을 두게 하든가 막으려 애썼다.

 그것은 책에서 배운 이론에 의한 것이 아니라 필자가 살아오는 동안 주변 인물들과 수많은 상담 전례를 통계 내서 근거한 것이기에 자신 있게 개입하는 것이다.

 궁합이 극단적으로 나쁘다면 당사자들의 인생만 어긋나는 게 아니다. 그에 딸린 가족에게도 그렇고 더 나아가서는 사회적으로도 커다란 손실이다.

관상

눈썹의 생김만 보고도 상대방의 성격을 알 수 있다

눈썹과 인당의 중요성

눈썹 숱에는 당사자의 타고난 성격이 들어있다

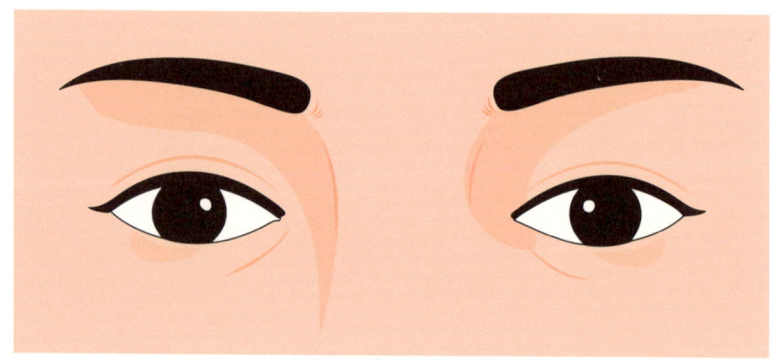

기본적인 눈썹의 형태

일반인들은 얼굴에서 눈썹과 인당(미간)이 차지하는 관상적 중요성을 너무 가볍게 보는 것 같다.

눈썹과 인당의 생김에는 당사자의 중요한 기초정보가 모두 들어있는 만큼 인생에서 차지하는 비중은 실로 막중한 것이다.

따라서 관상을 전혀 모르는 사람이라도 상대의 눈썹과 인당 모습만 척 보아도 그 사람이 어떤 유형의 인간인가를 정확히 알 수 있는 부위다. 다시 말해 상대의 성격은 눈썹과 인당 안에 대부분 들어 있다는 뜻이다.

눈썹을 가볍게 보지 마라

보통사람들의 눈썹에 대한 인식은, '눈 위에 붙어 있는 수염보다 짧은 털' 정도로 대수롭지 않게 생각한다. 하지만, 눈썹을 면도기로 싹 밀어버리고 거울을 바라본다고 가정해 보자. 거울에 비춰진 자신의 모습이 어떤 모습일까?

반대로, 눈썹을 숯검둥이처럼 짙게 그린 후 거울을 보자. 그리기 전과 후의 모습이 어쩌면 그렇게 다른 이미지로 보이는지 놀랄 것이다. 그것은, 비록 겉모습에 보이는 느낌만 그런 것이 아니라 당사자의 얼굴에 나타난 관상적 의미와도 직결된다.

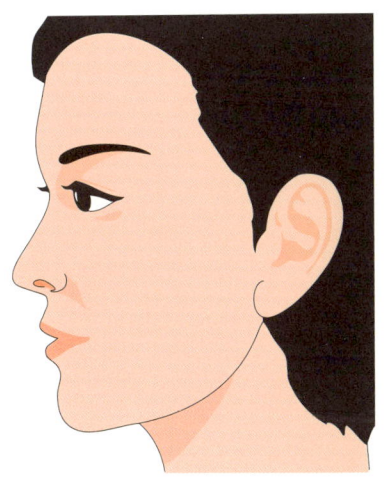

옆모습으로 보이는 눈썹

즉, 눈썹이 어떤 형태로 생겼느냐에 따라 개방적이고 넓은 마음의 소유자도 될 수 있고 속 좁고 옹졸한 사람이 되든가, 의리 있고 대쪽 같은 이미지나 변화무쌍하고 믿을 수 없는 변절자의 관상도 되는 것이다.

눈썹의 생김이 그게 그것 같고 엇비슷하게 보이지만 자세히 관찰해 보면 의외로 사람마다 각기 다른 다양한 모양새를 갖추고 있다는 것을 알 수 있다.

눈썹 숱이 짙은 사람과 옅은 사람, 짧은 사람과 긴 사람, 윤기가 흐르는 사람과 거친 사람, 눈썹 속에 점이나 흉터가 있는 사람과 없는 사람, 팔자형의 눈썹과 직선으로 뻗은 사람, 왼쪽과 오른쪽 눈썹의 높이가 다른 사람, 눈썹 끝의 뼈(미구, 眉丘)가 도드라진 사람 등등 많은 종류가 있는데, 이 작고 하찮은 생김의 차이에서 각자의 인생길에 결정적 역할을 한다고 봐도 결코 지나치지 않다.

한 가지 알아둬야 할 점은, 눈썹을 밀고 문신을 했든지 아니면 화장을 했든지에 상관없이 여기서는 성형하거나 다듬기 전의 원래 눈썹에 의거한 관상 평임을 밝혀둔다.

그리고 눈썹은 나이가 들면 숱이 자연히 빠지는 것을 볼 수 있다. 나이가 들어서 빠진 눈썹은 관상에서 그리 큰 영향이 없다. 따라서 아래의 내용들은 눈썹 숱이 빠지기 전의 관상 내용이다.

눈썹 숱이 짙은 사람

눈썹 숱이 짙은 사람
- 보수적이다.
- 섬세하고 꼼꼼하고 완벽주의자다.
- 배타적인 편이다.
- 강직하고 고지식하다.
- 책임감이 강하다.
- 고른 성품의 소유자다.
- 매우 성실한 노력파다.
- 현실주의자다.
- 안정지향형이다.
- 내성적인 편이다.
- 사업을 하려면 혈육 등과 함께 하되 혼자서 하는 사업은 피하는 게 좋겠다.

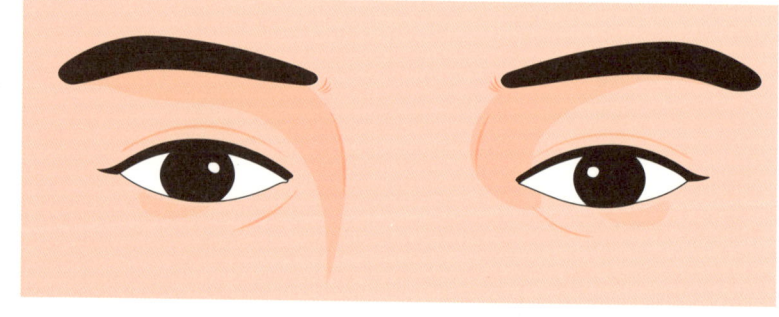

이 눈썹 형은, 요즘 세상같이 하루에도 많은 사람들을 접촉하면서 상황에 따라 변화무쌍하고 능동적으로 대처해야 하는 시대에서는 융통성 부족으로 인해 답답하다는 평도 들을 것이고 타인에게 이용당할 수도 있다. 쇠덩어리든 사람이든 너무 강하면 부러지기 쉽다.

현대사회에서는 자존심 상하더라도 물러서거나 버드나무가지처럼 휘어질 때도 있어야 하고 상황에 따라서 처신을 잘하는 사람이 수완 좋다는 평을 들으며 살 수 있는데, 눈썹 숱이 짙은 사람은 성격이 좀 경직되다 보니 변화에 대한 대처능력이 떨어지는 것이 단점이다.

다만, 미간(눈썹과 눈썹 사이)이 넓거나 눈빛이 살아 있다면 위의 단점들을 충분히 상쇄시킬 수 있다.

- 섬세하고 여리면서도 들쭉날쭉하지 않고 고른 성품을 갖고 있다.
- 이리저리 흔들리지 않는 안정적인 성격으로 인해 오래 사귈수록 상대에게 신용과 믿음을 줄 사람이다.
- 대인관계에서의 의리와 혈육 간의 정이 두텁다.
- 예측 가능한 성격의 소유자이기에 주변 사람들이나 배우자를 정서적으로 안심하게 만들고 가정을 매우 중히 여긴다.
- 덩치가 크든 작든 상관없이 겁이 많은 만큼 모험이나 변화를 좋아하지 않는 스타일이다.
- 관리자형으로서 일을 꼼꼼히 챙기는 완벽주의자의 전형이라고 할 수 있다.
- 직업으로는, 변화무쌍하거나 계산 복잡한 일 혹은 앞으로 치고 나가 크게 판을 벌이는 일 등에는 적합지 않다.
- 큰 재산을 모으려고 갑자기 일을 확장하거나 주식투자 등 투기성 모험은 피해야 한다.

한 계단, 한 단계씩 설차를 밟아 알뜰하게 재산을 증시한다면 세월이 흐를수록 실속 있는 재산이 모일 것이며 인생 전체로 봐서는 큰 굴곡이나 어려움 없이 평탄하고 안락한 삶을 살아갈 형이다.

더 쉽게 말해 '안전빵'으로 산다고 생각하며 살아야 한다는 뜻이다.

눈썹 숱이 엷은 사람

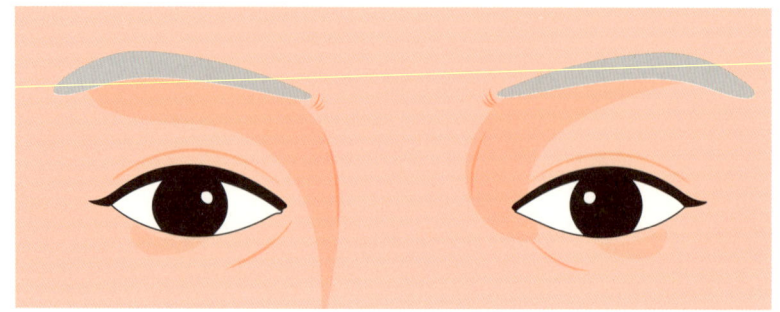

눈썹 숱이 엷은 사람
- 순발력과 임기응변이 좋다.
- 적극적인 편이다.
- 일에 대한 추진력, 경쟁심, 투쟁심, 도전정신이 발달해 있다.
- 혈육의 일부 혹은 전체와의 인연이 그리 좋다고 볼 수 없다.

숱이 짙은 사람과는 대비되는 모양이다.

눈썹이 있어야 할 자리에 맨살이 훤히 드러나 보이든가(특히 눈썹의 끝부분) 숱이 있더라도 드물게 나 있는 형상을 말한다.

• 변화에 대처하는 순발력과 임기응변이 매우 좋으며 일에 대한 적극성과 응용력, 추진력, 도전정신, 어려움을 헤쳐 나가는 돌파력이 뛰어나다. 하지만 그 좋은 장점을 지나치게 남용하든가 우쭐해 하면 도리어 대인관계에서 나쁜 영향을 끼칠 수 있다.

• 말주변이 좋고 상황에 대처하는 약삭빠른 수완도 좋은데다 가끔은 성격도 불같은 나머지 타인에게는 자칫 성격변화가 심한 사람으로 비쳐질 수 있어서 잔머리를 굴리며 말만 번지르르 잘하는 등 믿을 수 없는 변절자라는 오해를 받을 소지가 있으니 조심해야 한다.

• 인생에서 대인관계가 나쁘면 일에 대한 성공과 실패의 부침이 잦고 그만큼 굴곡진 삶을 살기 마련이다.

그것을 극복하면서 단점을 커버할 수 있는 방법은, 생각을 말이나 행동으로 옮기기 전에 호흡을 길게 가지고 한 박자 늦게 언행을 하는 습관을 들이는 게 좋겠고, 황소걸음 같이 뚜벅뚜벅 신중한 모습을 보여주는 것이 좋겠다.

관상적으로 이상적인 눈썹의 형상

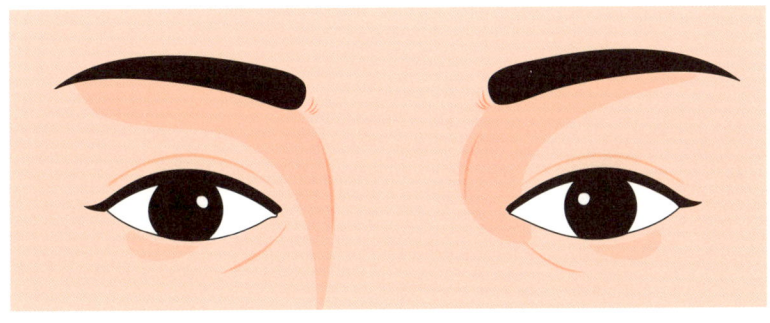

이상적인 눈썹
- 숱이 지나치게 짙거나 옅지 않아야 한다.
- 숱이 뒤엉키지 않고 가지런해야 좋다.
- 눈썹 숱에서 윤기가 흐르면 좋다.
- 눈썹의 길이가 눈 길이보다 길면 길수록 좋다.

눈썹을 주택에 비한다면 비바람을 막아주는 지붕과 같은 장소로 숱이 지나치게 짙거나 옅지 않으면서 윤기가 흐르고 눈의 길이보다 눈썹의 길이가 길어서 보호해 주는 역할을 하는 형상이 이상적이다. 이런 눈썹의 소유자는

- 성격변화가 크지 않고 의리도 있고 온화하고 정의로운 품성을 갖고 있다.
- 섬세하고 책임감이 강하다.
- 혈육, 부부, 대인관계가 좋다.
- 무리수를 두지 않는 안정된 인생을 보낼 눈썹이다.
- 몸에서 뿜어져 나오는 에너지(기)의 파동이 혼탁하지 않은, 맑고 깨끗한 기(氣)의 보유자이다.
- 눈썹이 뒤엉켜 있지 않고 일정한 방향으로 잘 쏠려있는 눈썹이 좋다. 기와 파동에 대해서는 뒤에 보충 설명하기로 한다.

눈 길이보다 짧은 눈썹

눈 길이보다 짧은 눈썹
- 추진력, 경쟁심, 투쟁심, 승부사기질, 생명력이 강하다.
- 열혈성격이다.
- 예측불허의 돌출행동을 하는 편이다.
- 강한 에너지를 보유하고 있기 때문에 몸을 사용하는 활동을 많이 하여야 신체 내부에 잠재돼 있는 기가 밖으로 많이 배출된다. 그렇게 살아야 스트레스도 안 받고 운이 트인다.

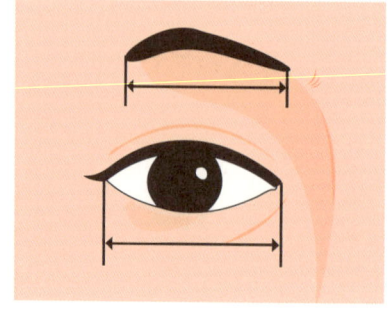

눈 길이보다 짧은 눈썹

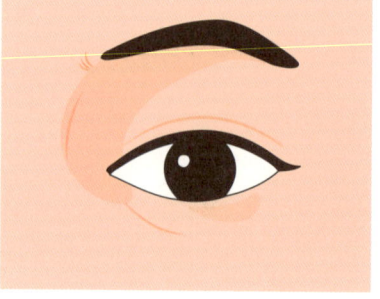

눈 길이와 비슷한 눈썹

- 혈육 혹은 부부관계가 그리 좋지 않을 상이다.
- 여성의 경우는 이상적인 남성과 결혼했어도 남편과의 갈등을 일으키는 한 성깔 하는 눈썹이다.
- 남성은, 어디로 튈지 모르는 럭비공 같이 예측 불허의 성격인데다 자존심 강하고 괴팍스럽고 불같은 열혈 성격이어서 주변을 늘 불안하게 만든다.

이런 단점을 커버하려면 명상이나 호흡법을 배우든가 곰처럼 느긋하게 언행하는 습관을 들이는 게 좋겠다.

- 장점이라면 뭐니 뭐니 해도 일에 대한 추진력, 돌파력이 강하고 경쟁심, 투쟁심, 승부사 기질, 강한 생명력 등을 들 수 있다.
- 독특한 기질과 승부욕 등을 감안할 때, 남에게 일일이 지시 받으며 하는 일보다는 개인의 능력을 개발할 수 있는 직종이 더 어울릴 것이다.
- 한 군데 붙박이로 머무르거나 가만히 앉아서 하는 직업보다는 몸을 되도록 많이 움직이는 일이 잘 맞는다.
- 변혁과 혁명가적인 기질이 있어서 자신의 장단점을 잘 활용하거나 때만 잘 타고 났다면 한 자리 차지할 수 있는 큰 그릇이다.

윤기가 흐르는 눈썹

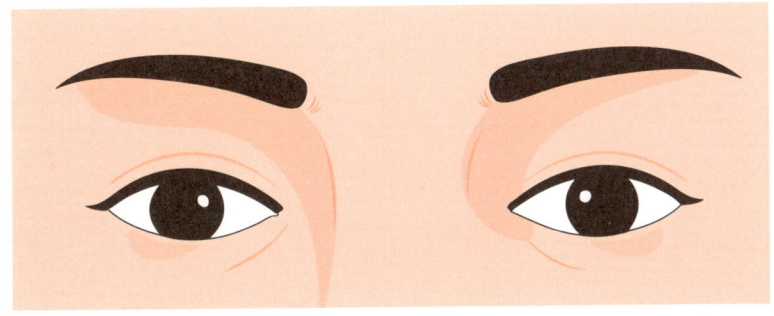

윤기가 흐르는 눈썹
- 마음 씀씀이가 바르다.
- 에너지(기)가 맑다.
- 진취적이다.
- 대인관계가 좋다.

머리칼에 윤기가 흐르는 사람이 있다. 머리칼은 영양상태에 따라서 거칠거나 윤기가 없을 수도 있지만 눈썹은 머리칼보다 훨씬 더 각자의 심성이 드러나는 부분이다.

사람들 눈썹을 자세히 관찰해 보면 윤기가 흐르고 은은하게 빛이 나는 눈썹이 있다. 눈썹에 빛이 난다는 말이 이상하게 들릴지 모르지만 실제로 밝은 느낌의 빛남이 존재한다. 이런 눈썹의 소유자는,

- 마음이 바르고 몸 안의 에너지(氣)가 맑은 사람이다.
- 대인관계에서 큰 무리가 없고 현재 하는 일이 희망적이라 볼 수 있다.

이와는 반대로 눈썹에 빛이 없고 푸석푸석한 느낌을 주는 형이 있다.

- 평소의 마음 자세나 몸 안의 에너지가 안정되지 못했을 때 눈썹이라는 외적 형상으로 나타난 결과다.
- 호흡이 짧으면서도 강한 만큼 성격이 급하고 말과 행동에서 부정적이고 거친 사람으로 비춰질 수 있다.
- 세상은 자기 생각대로 굴러가는 것도 아니고 자기주장만 옳은 것도 아니다.
- 지금 당장 하고 싶은 말이 불 같이 치밀어 오르더라도 가슴속에

서 한 번 더 숙성시킨 다음에 표현하는 것이 실수를 줄이는 길이다.

숱이 뒤엉켜 있는 눈썹

숱이 뒤엉켜 있는 눈썹
• 사고방식이 부정적 성향이 강해서 사물을 보는 각도가 바르지 못하다.
• 혁명적이고 반골 기질이 있다.
• 그럴싸한 달변의 소유자이다.
• 언행에서 신중을 기하며 살아야 한다.

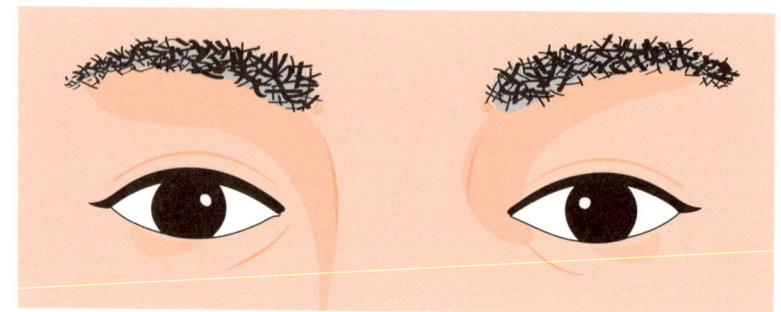

• 들풀처럼 산만하고 뒤엉킨 눈썹이다.
• 사고방식이 부정적 성향이 강해 멀쩡한 사안에서도 스스로 긁어 부스럼을 만든다.
• 쉽게 풀릴 일도 대인관계에서 더욱 꼬이게 만드는 악순환이 잦을 가능성이 있다.
• 그럴싸한 달변을 앞세워 순발력 있는 처세로 넘기기보다는 먼 장래를 염두에 두고 내가 손해 본다 생각하고 시야를 길게 봐야 한다.
• 어떤 일이 있을 때마다 타인 입장에 서서 판단을 해야 하고 자신보다 남을 먼저 배려하는 습관을 들이는 게 좋겠다.

이 눈썹이라 해서 단점만 있는 게 아니다. 변혁과 치고 나가는 돌파력, 도전정신이 남달라 침체된 일에 활력을 불어 넣는 역할도 하고, 꼬인 문제를 뒤집어 생각해 좋은 아이디어를 창출하는 능력도 있다.

미구(眉丘, 눈썹의 뼈나 살집)가 도드라지게 나온 사람

언젠가 20대 후반의 청년이 누렇게 뜨고 초조한 얼굴로 필자를 찾아 온 적이 있었다.

"누구든 알아주는 최고 일류 대학을 나왔는데 아직도 뚜렷한 직장을 잡지 못하고 방황하고 있습니다."

이 사람의 관상적 특징은 미구(眉丘)가 많이 발달한 상이었다.

"보통사람에 비해 강한 에너지를 갖고 있습니다. 이 에너지를 적절히 소비를 해야 마음과 몸이 원활해지고 일이 잘 풀릴 겁니다."

"어떻게 하면 에너지 소비가 되는가요?"

"몸 활동 혹은 신경을 많이 쓰는 일을 하는 게 좋겠어요. 지금 특별히 하는 일이 있습니까?"

몸 활동을 많이 하라는 뜻은, 그렇게 하다 보면 몸 안의 에너지가 바깥으로 많이 배출되기 때문이다. 그는 기운 없는 작은 소리로 대답했다.

"매사에 자신이 없고 거의 자포자기 심정이 되어 방안에서만 지내고 있습니다. 현재 부모님이 하는 일도 어려워져서 누구한테 기댈 곳도 생활비를 빌릴 데도 없습니다."

"에너지가 강한 사람이 움직이지도 않고 방안에서만 지내면 화병 생겨요. 특히 인터넷에서 게임이나 고스톱에 중독되면 더욱 힘들어지지요."

청년은 가늘게 한숨을 내 쉬었다.

"……"

"취직도 중요하지만 우선 매일 아침저녁으로 땀을 흠뻑 흘릴 정도로 조깅이나 등산을 하세요. 그래야 에너지 소비가 되고 신선하고 새로운 기운이 몸 안으로 들어옵니다. 그러면 자신감도 생기고 전에는 보이지 않던 좋은 아이디어도 떠오를 겁니다."

미구가 도드라지게 나온 사람

- 급하고 예민한 성격이다.
- 자존심이 강하다.
- 열혈성격이다.
- 운동신경이 좋다.
- 감수성이 발달해 있다.
- 직감력, 예지력이 있다.
- 경쟁심, 투쟁심, 승부욕이 강하다.
- 자신의 강한 에너지를 어떻게 활용하느냐에 따라 인생의 승패가 갈린다.
- 경찰, 검찰, 군인, 스포츠 분야, 건설업 등 몸 활동을 많이 하거나 매일 변화무쌍한 일이 벌어지는 직업이 잘 어울린다.

필자의 의견에 그는 별로 탐탁지 않은 듯 건성으로 듣는 것 같았다. 그러면서 퉁명스런 말로 툭 던졌다.

"제 얼굴 관상이 나쁜가요?"

이 사람은 얼굴의 관상적 균형이나 몸의 골격은 좋은 상이었다. 다만 넘치는 에너지를 적절히 내보내지 못해 스스로 무너지고 있는 형국이다.

일이 꼬일 때 풀리지 않는 원인이 사람마다 각기 다르지만, 이 청년에겐 위에서 말한 내용이 결정적인 작용을 하는 관상임이 틀림없었다.

하지만 필자의 진단을 하찮게 생각하고 다른 데서 탈출구를 찾으려 한다면 어려운 세월을 그만큼 더 보내야 할 것이고 계속 힘들어질 것이 뻔해 보였다.

젊고 능력도 있어 뵈는 사람이 방황하는 게 안타까워서 보통 때보다 많은 시간을 들여 열성적으로 설명해 주는데도 당사자가 깨치지 못한다면 필자 입장에서 참으로 답답하고 환장할 노릇이 따로 없다.

"아직도 내 말에 이해가 안 됩니까?"

필자의 채근에 그는 잠시 머뭇거리면서 한다는 말이,

"제가 20대 초반에 머리숱이 많이 빠졌었습니다. 병원에서도 원인을 모르겠다고 하더라고요. 당시에는 이유 없이 스트레스가 많이 쌓였습니다."

"허! 그게 바로 넘치는 에너지를 보유한 사람이 에너지 소비를 못해서 일어나는 스트레스성 탈모현상이라는 겁니다."

필자의 갑갑해 하는 말에 그는 작게 고개를 끄덕였다.

"내 말에 속는 셈 치고 내일 당장부터 매일 같이 조깅이나 운동 혹은 등산을 하면서 땀을 빼세요. 그러면 아마 길어야 보름 안에 좋은 변화가 일어날 겁니다."

미구(眉丘)란 무엇인가

일반인들의 눈에 눈썹이 나있는 부분이 그냥 평평하게 보일런지 모르지만 그렇지 않다. 살이 도독이 올라 있거나 양쪽 눈썹 끝 부위에 뼈가 돌출되어 있는 사람이 있다. 이것을 눈썹 미(眉) 자에 언덕 구(丘)를 써서 미구라 부른다.

눈썹 살이 있으면 어떻고 뼈가 솟아오른들 무슨 상관이 있겠냐만, 그러나 관상에서의 이 작은 차이는 인생에서 큰 영향을 끼치는 것을 상담하면서 늘 보아왔다.

대부분의 사람들은 살이 없고 밋밋한 위에 눈썹이 돋아 있다. 하지만 미구가 두둑히 솟아 있고 그곳에 눈썹이 나 있는 사람도 많다.

미구가 발달한 사람의 특징은,
- 자존심과 남에게 지기 싫어하는 경쟁심이 매우 강하다.
- 한 성깔 하는 열혈한 성격의 소유자다.
- 성미가 급하고 격렬한 단점 때문에 수습키 어려운 엉뚱한 일을 종종 벌이기도 한다.
- 감수성이 뛰어나다.
- 분석력과 관찰력, 직감력이 발달해 있다.
- 투쟁심, 경쟁심, 승부사 기질, 추진력, 운동신경 등이 남달라 이런 점을 잘만 활용하면 무에서 유를 창조하며 인생을 활기차게 살 수 있는 상이다.
- 큰 그릇이 될 소지를 안고 있다.
- 강한 에너지(氣)가 몸 안에 잠재해 있다.

기(氣)라는 것은 누구든 가지고 있다.

다만 3차원의 세계에선 손에 잡히지도 않고 눈에 보이지도 않기에 없는 것으로 착각할 뿐이다.

사람에 따라서 강한 기를 갖고 있는 사람이 있고 약한 기를 보유하고 있는 사람이 있다. 강한 기를 가졌다 해서 인생을 살아가는 데 좋은 역할을 하고 약한 기라 해서 나쁜 것도 아니다. 다만, 자신이 보유한 기가 어떤 유형이냐에 따라서 그것을 활용하는 방법을 알아야 어려움 겪지 않는다. 특히 미구가 발달한 사람들 대부분이 강한 기를 갖고 있는데, 본인 스스로는 그것을 잘 알지 못한다.

강한 기를 가진 사람은 몸 안에 넘치는 에너지가 있다는 뜻인데, 이것을 바깥으로 적절히 소비를 하며 살아야 스트레스도 안 받고 하는 일이나 몸에 부작용이 안 생기는 것이다.

다양한 사람들의 삶을 살아가는 유형을 관찰해 보면 여러 가지가 작용되어 인생에서 큰 영향을 끼치는 것을 볼 수 있다. 무슨 말인가 하면, 자신의 성격이 인생 항로에 결정적 작용을 하는 사람이 있는 반면 타고난 에너지의 강약이 삶에 큰 줄기를 이루는 사람도 있다. 또한 주변의 인덕을 받고 못 받는 데서 삶이 갈리는 인생도 있는 등 다양하다.

관상을 본다는 행위가 이목구비 잘생기고 못 생긴 것만 따지고 평하는 간단한 학문이 아니다. 얼굴에 나타난 특성 중 성격이 특출하게 드러나는 얼굴이라면 그것이 바로 당사자가 인생을 살아가는 데 큰 영향을 끼치는 유형이고, 타고난 에너지의 파동이 제일 먼저 눈에 띄는 관상이라면 그것이 당사자의 삶 내내 따라다니며 행, 불행을 결정짓는다고 봐도 무방하다.

성격에서 비롯될 인생이라면 자신의 성격이 어떤 점이 장점이고 단점인가를 정확히 안 뒤 적절히 대처하고 활용하면서 산다면 성공한 인생을 살 수 있을 것이다.

이 청년은 넘치는 에너지의 파장을 자신의 삶에 어떻게 이용하고 활용하느냐에 따라 인생이 갈리는 형이었던 것이다.

강한 에너지를 가진 사람이 자신의 기를 바깥으로 내보내지 않고 억누르며 살아간다면 어떤 현상이 일어날까?

이유 없이 울화증이 잦을 것이고 활동하고 싶어 몸이 근질근질하는 일도 생길 것이다. 심하면 자신의 몸을 스스로도 모르게 극도로 혹사시키려고 하는 심리가 나타나든지 병원에서는 아무 이상이 없다는데도 이상하게 잔병치레가 잦을 수도 있다.

그것은 몸 스스로가 알아서 에너지를 발산해 내부의 기운을 순화시키려는 자연발생적으로 일어나는 현상이라고 볼 수 있다.

강한 에너지를 보유한 사람이 그것을 적절히 배출하고 소비하지 못한다면, 이유 없는 짜증 등 스트레스로 인해 주변 사람들과의 대인관계가 나빠질 수 있고 그것이 직장에서든 사업에서든 나쁜 영향을 끼친다고 볼 때 결코 가볍게만 볼 일이 아닌 것이다.

미구가 발달한 사람은 관상적 성향을 잘만 활용하면 대성할 소지를 안고 있다. 하지만 그 특성을 직업으로 이용하지 못한다면 보통 사람에 비해 훨씬 어려운 세월을 보낼 가능성도 있다는 걸 알아야 한다.

즉, 급하고 예민한데다 자존심 강한 열혈성격이어서 자칫 옆길로 빠질 우려도 있고, 살아가면서 에너지 소비를 적절히 해주지 못하면 불덩어리를 가슴에 달고 사는 형국이기 때문이다.

적성에 맞는 직업으로는 경찰이나 검찰 등 법을 다루는 일이나 군인, 스포츠, 건설업 등 몸 활동을 많이 하는 직업도 괜찮으리라 본다.

잘 맞지 않는 일로는, 사무실에 갇혀 지내다시피 하며 에너지 소비를 못하는 직업이다. 만일, 그런 직업을 갖고 있거나 가질 예정의 사람이라면 하루 온종일 말을 많이 하는 직종을 택하든가 아니면, 직업 이외에 따로 아침저녁으로 매일 같이 가벼운 운동을 하며 사는 게 좋겠다.

눈썹의 좌우 높낮이나 생김이 다르면?

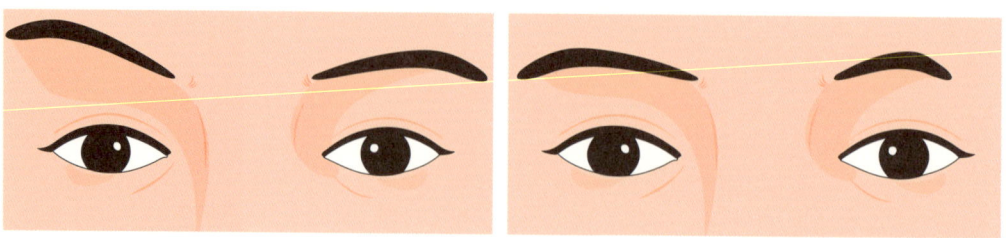

눈썹의 좌우 높낮이가
다른 경우
• 한쪽 부모와의 인연이 멀
  었다는 것을 나타낸다.

언젠가 20대 초반의 얌전하게 생긴 여학생이 친구들과 함께 필자를 찾아왔다. 여학생의 좌우 눈썹 높낮이가 지나치게 층이 나는 것이 한눈에 띄었다.

여성들 대부분은 기존의 눈썹을 밀어버리고 문신을 하든가 화장으로 그리기 때문에 잘못 손질 하는 경우도 종종 있다.

하지만 이렇게까지 차이 나게 그릴 리가 없을 거라고 생각하며 물었다.

"눈썹이 원래 그런가요?"

"네. 제 딴에는 제대로 그리려고 아무리 노력해도 워낙 차이가 나서 이 정도밖에 교정이 안돼요. 이런 것도 관상에서 영향이 있나요?"

다른 얼굴 부위는 참하고 복스럽게 생겼고 탈 없이 잘 살아갈 관상을 갖고 있는데 어쩌다가.

이런 경우는 원체 뚜렷하기 때문에 얘기하지 않을 수 없다.

"어렸을 때 부모님 중에 한쪽하고 인연이 멀었던 상이네요. 그렇지요?"

"어머나! 그걸 어떻게 아세요?"

학생은 큰 눈을 동그랗게 떴고 같이 온 옆의 친구들도 놀라워했다. 동시에 옆의 친구 중 하나가 필자에게 질문을 했다.

"엄마 쪽 같아요, 아빠 쪽인가요?"

아마 이 관상가가 어디까지 정확히 맞추는가를 시험해 보는 것이리라. 필자는 간단하게 답했다.

"어머니 쪽이죠?"

"아!!"

필자의 말에 모두들 감탄을 했고 학생은 금세 눈시울을 붉히며 고개를 푹 떨구었다. 그리고 작은 소리로 말했다.

"엄마가 일찍 돌아가셨어요……."

오른쪽 눈과 왼쪽 눈의 생김이 똑같은 사람이 없듯 눈썹 역시 양쪽 높이가 누구든 약간씩 차이가 있다.

그러나 위의 학생처럼 지나치게 편차가 나는 눈썹은 한쪽 부모와의 인연이 멀었을 때 생기는 현상이다. 물론 어렸을 때(사춘기 이전) 부모와의 인연은 눈썹에서뿐 아니라 사람에 따라서는 이마나 귀 혹은 얼굴의 점이나 흉터만 보고도 쉽게 알아볼 수 있다.

비단 이 학생뿐 아니라 어느 유명 소설가도 이런 눈썹의 소유자인데, 그도 아주 어렸을 때 한쪽 부모를 일찍 여의었다고 들었다.

팔자(八字) 눈썹

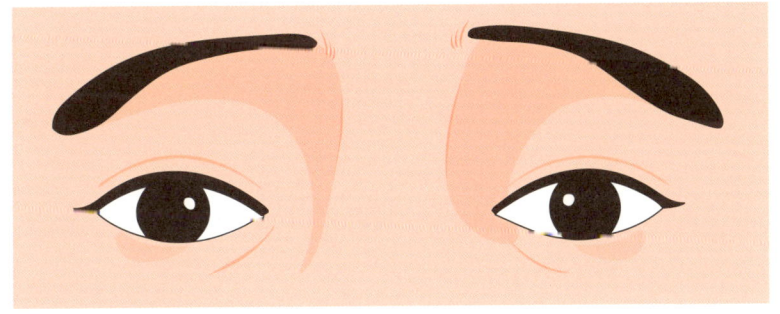

팔자(八字) 눈썹
- 사교성이 좋다.
- 낙천적이고 느긋한 성격이다.
- 임기응변이 좋다.
- 끊고 맺음을 잘 해야 한다.
- 여성은 결혼을 늦게 하는 경향이 있다.

팔자 눈썹이란 한문으로 여덟팔(八) 자 모양 같이 양쪽 눈썹 끝부분이 아래로 처진 생김을 말한다.

이런 눈썹을 가진 사람을 보면 어딘지 좀 모자라 보이고 어수룩하게 비춰질런지도 모르겠다.

하지만 관상적으로는 바보 같기는커녕 사교성 좋고 낙천적이며 느긋하고 호방한 성격에 주변 사람들과 화합을 잘하는 장점을 갖고 있다.

다만, 끊고 맺는 것을 잘 못해서 시작은 잘하지만 끝마무리를 흐지부지하며 암팡지지 못한 면이 있다.

여성의 팔자 눈썹은, 낙천적이고 명랑하며 부모를 위하는 마음이 강하지만, 결혼을 늦게 하는 경향이 있다.

초승달 모양으로 둥근 곡선의 눈썹

둥근 곡선의 눈썹
- 성급하고 가볍다.
- 여성은 밝고 명랑한 성격이다.
- 남성은 바람기가 있을 수 있다.

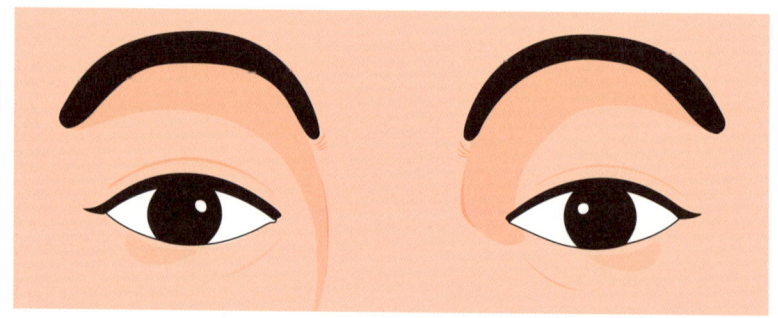

남성이 이런 눈썹을 가지고 있으면, 총명하긴 하지만 성급하고 바람기가 좀 있는 게 흠이다.

여성인 경우는 다르다. 약간 가벼운 면이 있지만 영리하고 명랑하며 사교성이 좋다.

눈썹 속에 난 점

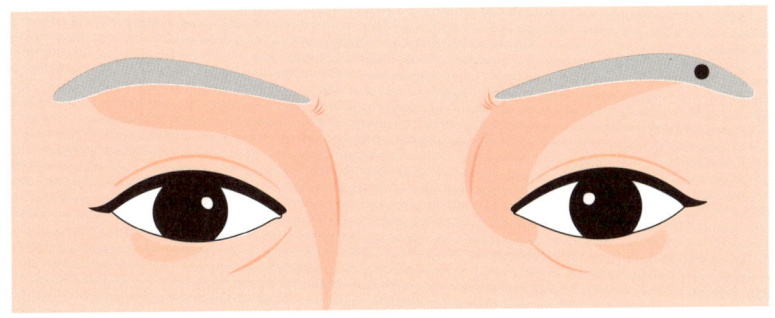

눈썹 속에 난 점
- 강한 자존심이 있다.
- 지혜롭고 영리하다.
- 예술적 재능이 있고 인기를 얻는다.

　얼굴에 있는 점은 인생에서 나쁜 영향을 주는 게 대부분이지만 귀나 눈썹 속에 있는 작은 점은 좋은 작용을 하는 점이다. 그러나 눈썹의 점도 점 나름이다.
　사마귀나 콩알 같이 큰 점은 미용상으로도 그렇고 혈육이나 부부 사이에서도 해롭다.
　눈썹 속에 보일 듯 말 듯한 작은 점은 자존심이 강하다는 것을 나타내기도 하지만 예술적 재능이 있고 지혜롭고 영리하며 사람들한테 인기를 끌 수 있는 의미의 좋은 점이다.

앞부분(눈썹 머리)이 짙은 눈썹

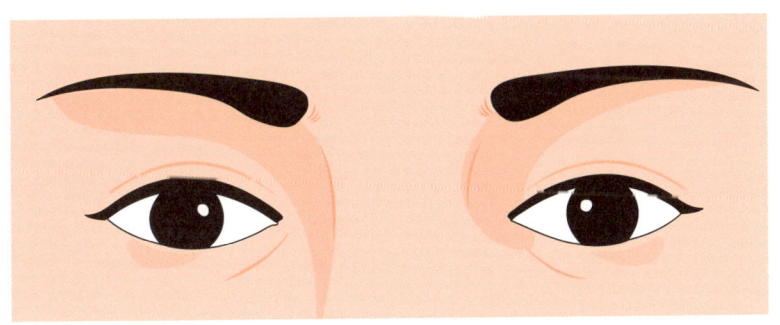

앞부분(눈썹 머리)이 짙은 경우
- 강한 자존심과 고집이 세고 급한 성격에 성깔도 있는 형이다.
- 일의 추진력, 투쟁심 등이 좋다.

눈썹 끝이 짙은 눈썹

눈썹 끝이 짙은 경우
- 지능이 좋다.
- 살아갈수록 운이 좋아진다.

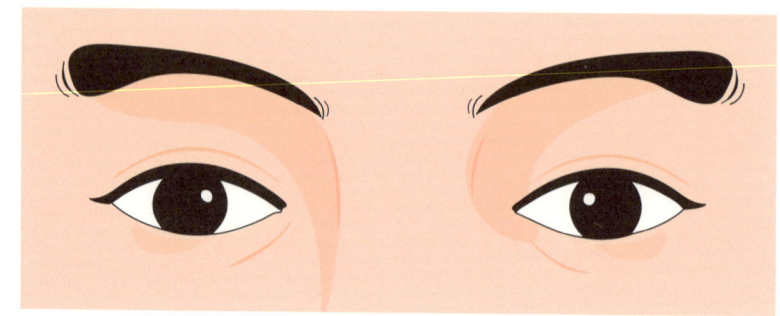

눈썹의 채(彩)

눈썹의 채(彩)

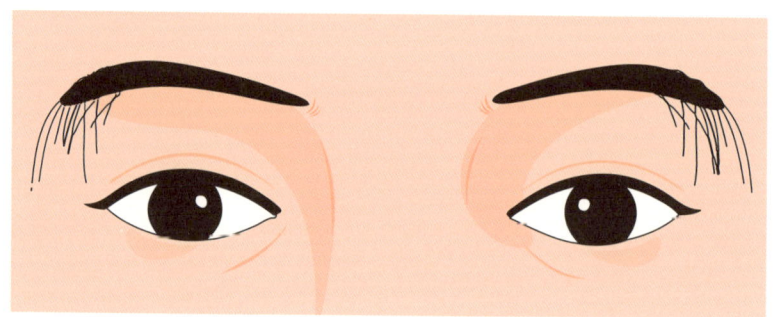

채란 머리카락같이 몇 가닥으로 길게 자란 눈썹이라는 뜻이다.

옛날 중국의 공자 등 유명 인물들의 얼굴그림에 이 채가 그려져 있는 것을 볼 수 있다.

눈썹에 채가 있으면 좋은 징조의 뜻으로 귀인을 만나 도움을 받든지 높은 벼슬에 오른다고 알려져 있고, 승려의 눈썹에 채가 있으면 조사(祖師)로 이름을 길이 남기든가 성불할 상으로 알려져 있다.

얼굴에서 최고의 명당 터,
인당

인당의 위치

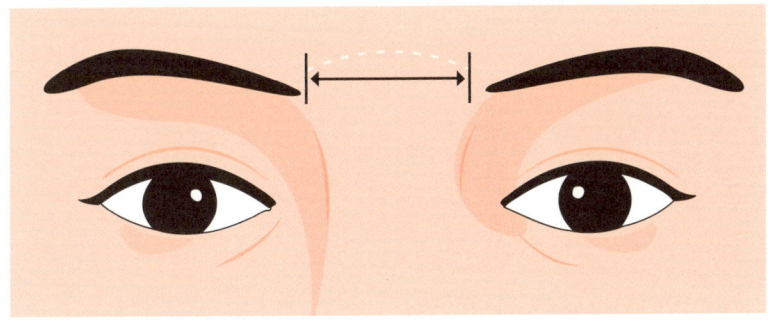

　인당은 눈썹과 눈썹 사이를 말하는데 흔히 미간이라고 부르는 곳이다.
　인당이 넓은 사람과 눈썹의 잔털이 이어져 좁은 사람, 살결이 거친 사람과 윤기가 나는 사람, 색깔이 밝은 사람과 어두운 사람 그리고 눈썹 생김과의 상관관계 등등 그에 따른 해석이 다양하다.

인당의 중요성과 인당이 차지하는 비중

인당(미간)에는 그릇 크기, 성격, 지능, 대인관계, 학업운, 에너지의 강약, 재산, 궁합, 수명 등 평생의 운명에 지대한 영향을 끼친다.

일반사람들이 상대방을 보고 평가하는 얼굴 부위 중 가장 먼저 눈길이 가는 곳을 순서대로 꼽으라면, 눈은 크고 시원하게 생겼는가, 귀가 큰지 작은지, 코는 어떻게 생겼는가, 이마가 시원하게 생겼는지, 입술은 앵두처럼 탐스러운가.

이런 순서대로 눈길을 준 다음, 재산 복이 있겠다는 둥 장군감이라는 둥 미스코리아 감이라는 둥 정력적이겠다는 둥 하며 나름의 얼굴 평을 해봤으리라 본다. 과연 그럴까?

필자같이 전문으로 사람의 얼굴을 보고 평하는 직업을 가진 사람이 가장 먼저 눈길을 주는 곳이 어디라고 짐작하는가.

물론 관상가에 따라 다르겠지만, 필자가 대인관계에서나 상담 손님을 상대하면서 가장 먼저 살피는 곳은 인당과 눈썹의 생김이고 다음이 두드러진 얼굴의 특징, 눈빛, 몸에서 나오는 에너지의 파동과 얼굴에 나타난 피부색 순이다.

인당과 눈썹이 어떻게 생겼느냐의 작은 차이가 성격은 물론이고 그릇 크기, 대인관계, 지능, 학업 운, 타고난 에너지의 강약, 재산크기, 애인 혹은 부부 사이의 궁합 그리고 더 나아가 단명과 장수, 평생의 운명까지 좌우한다고 하면 지나치다고 할까?

필자가 수많은 다양한 사람들을 상담하면서 늘 느낀 점은 인당의 생김에 따라서 당사자의 인생에 결정적 역할을 한다는 것이다.

독자 여러분은 그깟 하찮은 인당과 눈썹을 두고 인생까지 들먹이느냐고 하는 분도 있을 테고, 당신이 남의 인생사는 걸 옆에서 지켜봤느냐고 할런지도 모르겠다. 그에 대한 답을 하자면 이렇다.

50년, 60년, 70년 이상의 세월을 살아낸 분들의 얼굴을 보면 당사자의 여태 살아온 세월이 나타나 있다. 즉, 코나 귀가 이렇게 생겼으니 어떤 세월을 살았을 것이다라든지 입, 눈썹, 이마가 저렇게 생겼으니 어떤 성격이고 대인관계가 어땠을 거라는 것은 쉽게 짐작할 수 있다. 그것을 관상이라는 학문은 이론만을 내세우는 게 아니라 언제든 눈으로 직접 보고 체험할 수 있는 특성과 누구든 다른 정보를 수정하고 자유롭게 고칠 수 있기에 완성도가 높다.

이것이 바로 관상이 다른 어떤 운명학 분야보다 정확도를 신뢰할 수 있는 이유다. 따라서 2, 30대 나이의 사람들이라도 앞서 산 사람들의 얼굴에 대한 통계자료를 적용한다면 자신의 얼굴 생김에 따라 앞으로 살아갈 삶을 예측 가능한 일이 아닌가.

물론, 사람의 인생이라는 것이 수학 공식의 답처럼 딱 떨어지는 간단한 문제는 아니다. 그 가변적인 문제들은 각자가 쌓은 경험과 이 책에 등장하는 여러 내용들을 잘 조합해 적용한다면 보완이 될 것으로 본다.

부언하자면, 인당이 넓다고 해서 좋고, 좁다고 해서 무조건 나쁜 것은 전혀 아니다. 즉, 짚신도 제 짝이 있어야 구실을 하듯이 관상이라는 학문이 인당 한 곳만이 아니라 눈빛이나 찰색 등 다른 부위와의 상호 작용을 종합적으로 보고 판단하는 것이므로 인당의 각 생김 나름의 일장일단이 있고 그 쓰임이 따로 있다는 뜻이다. 장점은 살리고 단점은 보완하며 살아가게 하는 것이 관상을 보는 최고의 목표임을 강조해 둔다.

넓은 인당

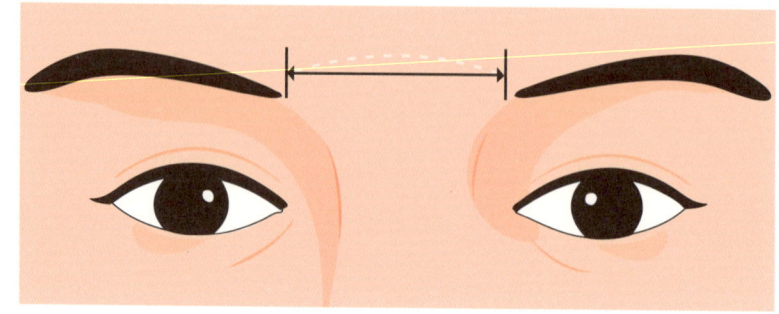

넓은 인당
- 지능이 좋다.
- 사물에 대한 응용력, 이해력, 창조력이 뛰어나다.
- 개방적이고 사교성이 좋으며 낙천적 성품을 갖고 있다.
- 예능방면이나 새로운 것을 창조해내는 직업이 잘 어울린다.
- 단점은 끊고 맺음에 능숙치 못하고 지나치게 인당이 넓으면 기초질서, 책임감, 도덕심이 결여된 사람도 있고 그것이 돌출행동으로 비쳐진다.

일반 사람들은 이마만 넓으면 머리가 좋은 줄 착각하는 것을 많이 봤다. 물론 이마가 좁은 것보다야 넓은 게 좋지만 이마만 넓다고 해서 관상적으로 무턱대고 좋은 것도 아니고 머리가 좋다는데는 더더욱 동의하지 않는다. 관상에서의 지능을 나타내는 부분은 이마가 아니라 인당이다. 인당이 넓어야 지능이 좋다는 말이다.

그런데 인당의 생김이 사춘기 이전의 어린 시절에 공부 잘하고 못하고와는 그리 큰 영향을 끼치시 않는 걸 흔히 봤다. 어린 시절에는 부모 등 가까운 사람들의 부추김 등으로 인해 자신의 능력보다는 외적인 요인들의 작용이 큰 시기이기 때문인데, 자기 인생이 아니라 타인에 의해 삶을 배워나가는 나이여서 그렇다.

그러나 사춘기 이후부터는 인당의 생김에 따라 학문적 성과와 성격 등이 본래 자신의 얼굴 모습대로 나타나기 시작하며 세월이 흐를수록 그런 현상은 더욱 뚜렷해진다.

인당이 넓으면 학문적 성과뿐 아니라 사물에 대한 이해력과 응용력이 좋아서 창조력을 요하는 직업이나 예능 방면에서도 두각을 나타낸다. 하나를 알면 셋 넷 이상의 것을 상상해서 활용하는 능력을 갖추고 있기 때문이다.

세상을 바라보는 시야도 넓게 트였고 에너지가 충만하며 개방적이고 사교성도 있다. 그리고 사고방식의 품이 넓고 낙천적인 성향이 강한데, 이런 특징들이 인생에서 큰 영향을 끼치는 걸 볼 수 있다.

사람은 살아가다 보면 누구든 수많은 굴곡을 만나기 마련이다. 씽씽 잘나가는 세월도 있을 것이고, 생각처럼 풀리지 않아 어려움을 겪으며 한숨짓는 일들도 만난다. 같은 사안의 어려움이라도 인당 넓은 사람은, 고민과 한숨만으로 시간을 보내며 우왕좌왕하기보다는 특유의 타고난 낙천성 때문에 긍정적으로 사물이나 현상을 바라보면서 꼬인 실타래를 풀어나가는 형이다.

고민은 또 다른 걱정거리를 만들지만, 긍정은 세상의 밝은 면을 돋보이게 만드는 법이다. 이것이 평범하고 작은 차이 같지만 어려움을 극복하고 탈출하는 데 있어서 매우 큰 작용을 한다.

하지만 인당이 너무 지나치게 넓으면, 위에 나열한 많은 장점이 있음에도 불구하고 조직 등 틀에 얽매이는 걸 싫어하거나 책임감과 질서, 도덕심이 결여된 사람도 개중에는 있다. 그리고 사람 좋다는 평을 듣기도 하지만 끊고 맺는 걸 잘못하는 것을 볼 수가 있다.

인당이 넓은 것에도 여러 유형이 있는데, 크게 두 가지 예가 있다. 눈썹이 짙으면서 인당이 넓은 경우와 숱이 옅으면서 넓은 인당이 있다. 물론 어떤 경우든 위에 나열한 장단점은 공통으로 갖고 있지만 약간 다른 점도 있다.

짙은 눈썹의 넓은 인당

짙은 눈썹의 넓은 인당
- 지능이 좋다.
- 호방한 성격이다.
- 사물이나 사람에 대한 이해심이 좋다.

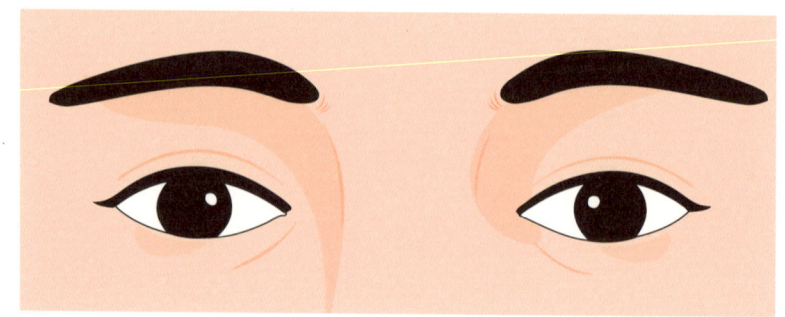

짙은 눈썹에 넓은 인당은, 성격이 호방한 만큼 아량도 넓고 이해심이 많아 웬만한 일에는 갈등 없이 잘 넘긴다. 몸에서 뿜어져 나가는 에너지가 맑으며 혈육이나 주변 사람들과의 의리를 잘 지키고 좋은 관계를 맺으면서 살아갈 상이다.

옅은 눈썹에 넓은 인당

옅은 눈썹의 넓은 인당
- 지능이 좋다.
- 짙은 눈썹에 비해 모험심, 투쟁심, 추진력, 경쟁심이 있다.
- 환경변화에 대한 적응력, 순발력이 좋다.
- 약속을 반드시 지켜야 한다는 신조로 살아야 한다.

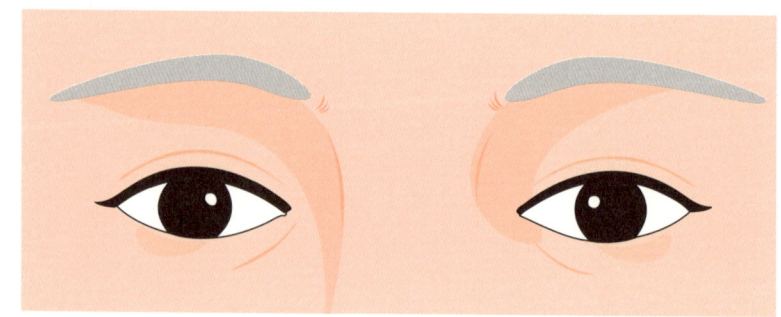

말솜씨의 능란함은 활용에 따라 장점도 될 수 있고 단점도 된다. 꼭 지켜야 할 약속을 잘 이행하면서 사는 게 좋겠다.

적응력이 좋다. 코미디언이나 개그맨들의 인당을 보면 넓은 것을 볼 수 있다. 그만큼 환경이나 조건, 분위기가 바뀌더라도 그때그때 대처하는 순발력이 좋아서 적응을 빨리 한다는 뜻이다.

모두에게 해당되는 말이지만 자신의 능력 이상의 지나친 자만심은 금물이다. 잡히지도 않을 무지개나 뜬구름만 쫓다보면 인생이 현실적이지도 않고 알차지 못한 채 겉돌 가능성도 있으니 조심해야 한다.

좁은 인당

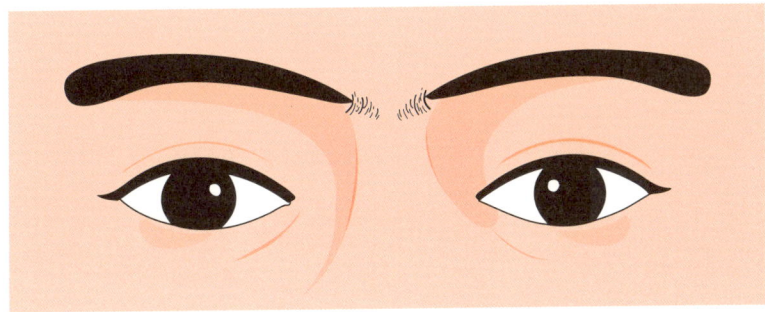

좁은 인당
- 고지식하고 융통성이 부족하다.
- 세상을 보는 시야가 좁다.
- 작은 일에도 사서 걱정한다.
- 소심하고 신경질적이다.
- 기억력이 그리 좋지 못하다.
- 고집이 세다.
- 창조성이 부족하다.
- 매우 성실한 노력파다.
- 현실주의자다.
- 계산 복잡하거나 변화무쌍한 직업보다는 반복적이고 간단한 일을 하는 직업이 잘 맞는다.

인당이 좁다함은, 눈썹과 눈썹이 서로 맞붙어 있는 생김을 말한다. 우리가 흔히 쓰는 '미련'하다는 말이 바로 인당의 모양에서 비롯됐는데, 미련에서의 '미'는 눈썹 미(眉) 자를 쓰고 '련'은 잇닿을 련(連)을 쓴다. 즉, 눈썹이 이어져 연결되어 있을 때 미련하다고 한다.

경험 많은 사람 혹은 앞장서 치고 나가 판을 벌이거나 리더십 있는 사람과 짝을 맞춰 일을 하면 서로가 단점을 보완해 주는 관계이기 때문에 잘 맞으리라 본다. 인당 넓은 사람은, 어떤 계획을 큰 틀에서 짜는 데는 유리한 능력을 갖고 있지만, 세분해서 검토하는 일엔 인당 좁은 사람이 낫지 않을까 생각한다. 인당 좁은 사람은 허황된 이론보다는 매우 현실적 성향을 갖고 있기 때문이다.

- 인당이 좁은 사람은 사서 걱정한다.

고민거리가 없으면 스스로 만들어 하기도 한다. 어쩌면 그 증상이 지나쳐 걱정하는 일을 취미로 즐기지 않나 할 정도다. 밤이나 낮이나 일할 때나 식사할 때나 아무것도 아닌 일을 갖고 걱정을 달고 사는 것이 인당 좁은 사람의 가장 큰 단점이다. 걱정거리나 고민은 긍정적인 생각이 아니라 부정적인 사고방식이다. 이 부정적인 생각을 하루 이틀로 끝내는 게 아니라 한 달이 모여 1년, 5년, 10년, 20년 등 거의 평생을 달고 산다고 하면 어떤 인생이 되겠는가. 부정적인 사고를 밤낮없이 오랜 세월 동안 하고 산다면 스스로에게 자기최면 현상이 생겨서 무엇을 해도 안 될 거라는 패배의식에 사로잡힐 가능성도 있고 이것이 큰일을 추진하지 못하게 하는 악순환을 만든다.

바둑이나 장기를 둘 때, 두세 번 지고 나면 또 지게 될 거라는 자기최면에 걸릴 수 있다. 그러면 제아무리 이기려고 발버둥 쳐도 좀체 뜻대로 되지 않는다. 걱정도 걱정 나름이다. 밤에 잠자리에 들어서 하는 걱정과 아침에 잠이 깨기 전 비몽사몽간에 하는 고민은 더욱 나쁜 영향을 끼친다.

이 시간대는 종교에서 말하는 소위 '기도빨'이 가장 잘 먹히는 시간인데, 이런 시간에 부정적인 생각(걱정)을 습관적으로 하다 보면 잘 풀릴 일도 더욱 꼬이게 만들 것이고 인생 전체로 봐서도 악영향을 끼치는 나쁜 습관임이 분명하다. 따라서 잠자기 전과 깨기 직전의 정신이 몽롱한 이 시간대에는 여태껏 살아오면서 가장 재미있었던 일을 기억한다든지 아니면, 꽃이든 귀여운 짐승이든 자신이 제일 좋아하는 것을 떠올리며 잠들고 일어나기 습관화를 권한다.

누구든 크고 작은 고민은 다 하며 살아간다. 보통 사람은 하루에 잠깐 걱정을 한 뒤 일하는 데 정신을 집중하느라 잊어버리고 사는 데 비해 인당 좁은 사람은 그렇지 않다는 점이 문제다. 인생이 좌우

되는 큰일은 주변의 경험 많은 사람한테 자문을 구해서 해결해야 하고 자질구레한 일상적인 고민은 그냥 내버려 두고 일하는 데만 집중하기 바란다. 시간이 흐르면 저절로 해결되기 마련이기 때문이다. 그리고 작은 일에 너무 아등바등 매달리지 말고 약간 느슨하게 산다 생각하고 낙천적으로 살아가는 것도 도움이 될 것이다.

인당 좁은 사람이 기억력 나쁘고 지능이 그리 좋지 못한 원인도 쓸데없이 사서 걱정하는 습관에서 비롯된 면도 있다. 정작 꼭 기억해야 될 것은 제쳐두고 잔 고민을 늘 달고 사느라 그런 것이다.

• 똥고집이 강하다.

누구든 고집 없는 사람은 없다. 그러나 고집도 고집 나름이다. 여기서 말하는 똥고집은 남의 이야기를 여간해서 잘 듣지 않는 나쁜 고집을 말한다. 자신이 알고 있는 지식이나 경험만 갖고 살다 보면 자칫 우물 안에 개구리가 될 수 있다. 세상 살다 보면 내가 알고 있는 지식이나 경험만이 전부가 아니라는 사실을 잘 알 터이다.

나와 맞지 않는 상대방의 이야기 속에도 살아가는 데 도움이 되는 중요한 정보들이 들어있다. 그것을 잘 청취해서 내 생활에 활용하며 산다면 큰 도움이 될 것이다.

• 인당 넓은 사람은 인당이 좁은 사람을 상대로 하는 잦은 농담은 되도록 피하고 말도 가려서 해야 한다. 인당 넓은 사람 특유의 개방적인 성격과 낙천성으로 유머가 많은데, 그 삿내로 융통성 부족하고 고지식한 성격의 인당 좁은 사람한테 농담을 자주하면 그것을 수용 못하고 자신을 놀림감으로 보는 게 아닌가 하는 반발을 불러일으킬 수 있다. 인당 좁은 사람의 장섬인 진실한 성격을 최대한 살려줄 필요가 있고, 따라서 늘 진지한 자세로 대하는 것이 좋은 관계를 유지할 수 있는 방법이다.

인당도 눈썹 숱이 짙으면서 좁은 형이 있고 옅으면서 좁은 형이 있는데 여기서도 해석의 차이가 크다.

- 성격의 변화가 크지 않는 고른 성격이다.

상황이 바뀌더라도 자신이 갖고 있는 주장과 가치관을 유지하는 형이다. 들쭉날쭉하지 않고 예측 가능한 성격이기에 배우자 등 상대방을 당황케 하거나 불안하게 만들지 않는다.

- 성향으로 봐서는 운이 약간 늦게 트일 가능성이 있기에 오랫동안 월급직 등의 직장생활을 하다가 개인 사업은 중년이 넘어서 되도록 늦게 해야 된다.

만일 일찍 개인 사업을 하려면 부부 혹은 혈육 등 가까운 사람들과 합작이나 동업을 해야 한다.

왜 동업을 해야 하는가 하면, 남의 의견을 참고하지 않는 똥고집에다 융통성 없는 고지식하고 경직됨과 소심, 지나친 도덕심, 쓸데없는 잡념을 달고 사는 것 때문인데, 이런 유형은 한번 운이 막히면 탈출하는데 많은 시간이 걸린다.

- 현실 적응력이 떨어진다.

환경이나 조건이 바뀌면 상황을 판단하는 능력이 약간 늦어서 주변으로부터 답답하다는 말을 듣기도 한다. 하지만 일단 적응을 하면 집중을 잘한다.

- 모험가 형이 아닌 안전 지향형이다.

큰 재산 모으려고 일을 갑자기 크게 확장시키지 말 것이며 주식투자 등이나 요행수를 바라면 안 된다. 알뜰하게 재산이 모이는 든든한 실속형 재산상이어서 모험만 하지 않는다면 어려움이나 큰 굴곡 없이 평탄하게 잘 살아갈 것이다.

- 약속 잘 지킨다.
- 인내심이 강하다.
- 일에 집중하면 한 눈 팔지 않고 매우 성실하며 대단한 노력파다.

- 대인관계에서 진지함이 있다.
- 여리고 겁 많고 소심한 성격이다.
- 스스로가 인생을 헤쳐 나가는 개척가 형이 아닌 전형적인 가정주부 상이다.
- 모든 사람들이 다 마찬가지지만 특히 이 유형의 여성인 경우엔 남편감을 고를 때 매우 신중해야 한다.
- 배우자를 어떤 사람을 만나느냐에 따라 인생의 성패가 크게 좌우될 정도로 남편의 영향을 절대적으로 받는 삶을 살아갈 성격이다.
- 연하의 남자보다는 나이차가 많이 나는, 포용력 있는 연상남자가 남편감으로 더 어울린다.

필자가 상담한 여성 중에는 이런 유형의 여성들이 여럿 기억에 남아 있다. 늦은 나이에 만난 남자가 성격도 활달하고 시원시원해서 자신의 소심하고 내성적인 성격과 궁합이 잘 맞을 것 같아 결혼했다고 한다. 그런데 알고 보니 이 남자는 이미 이혼한 전력이 있고 전처 소생의 아들이 둘이나 딸려있다는 걸 결혼 뒤에야 알았다. 남자가 그 사실을 속이려 아이들을 결혼 전까지 다른 사람한테 임시로 맡겨 두었던 것이다. 그러나 어쩌랴. 이미 결혼식도 올리고 혼인신고까지 마쳤는데. 자신의 팔자려니 하며 살아야겠다고 마음먹었다.

그러나 그것으로 끝난 문제가 아니었단다. 결혼 전에는 자신한테 그토록 잘 대해주고 활달한 사람이었는데, 막상 한 방을 쓰며 살아보니 얼굴만 마주치면 사사건건 신경을 곤두서게 만드는 것이었다. 부인은 남편과 자신과의 성격이 워낙 안 맞는 탓으로 돌렸다. 물론 성격 탓이 가장 크지만, 타고난 주파수가 정반대 유형끼리 만난 짝으로 보였다.

그뿐만이 아니었다. 천하의 노름꾼에 술주정뱅이였단다. 아무 연락도 없이 며칠 씩 집을 비우거나 새벽에 불쑥 들어오는 일은 예사였고 술만 먹으면 개 패듯 매질을 해댔다. 이웃의 소문을 들으니 전 부인도 그렇게 폭행을 당한 끝에 이혼했다고 한다. 참으로 엎친 데 덮친 격이었다.

아이들은 또 얼마나 속을 썩이는지 새 엄마인 자신의 일거수일투족을 감시하며 제 아비한테 전화로 일일이 일러바치질 않나. 그나마 살던 전세방도 노름으로 홀라당 날려서 오갈 데도 없어진 후에야 이혼을 결심했단다.

여리기만 하고 소심한 심성을 타고난 이 부인은 최악의 남편감을 만난 것이었다. 상담하는 내내 울먹이는 그녀가 너무 가엽고 안타까웠는데, 세월이 흐른 지금도 그녀를 떠올리면 가슴 한편이 아려온다.

궁합을 볼 때 가장 중요한 것은, 각자의 몸에서 뿜어져 나오는 에너지의 파장을 보고 비슷한 주파수(사이클, 파동)끼리 짝 지우는 게 최우선이지만, 일반인은 물론이고 전문 상담가조차 그에 대한 지식도 전혀 없이 띠나 생년월일, 얼굴의 겉모습만 보고 궁합이 좋으니 나쁘니 하며 잘못된 판단을 내린다. 참으로 위험천만하고 매우 안타까운 일이다.

사람의 몸에서 뿜어져 나오는 에너지의 주파수(파장)를 느낄 수 있는 전문가가 극히 드문 현실에서 인당 좁은 여성이 결혼 상대자를 만날 때, 비슷하게 인당이 좁거나 소심하고 내성적인 남자를 만나는 것이 그나마 실수를 줄이는 하나의 방법이 될 수 있다.

주파수에 대하여는 이 책의 남녀 궁합 상담 사례부문에서 실제의 일을 예를 들어 자세히 설명하기로 한다.

- 정조관념이 매우 강하다.

남성도 그렇지만 여성은 특히 더 하다. 인당 좁은 여성은 한번 사랑에 실패를 하면 평생 동안 그것을 떨쳐내지 못하고 가슴앓이를 하며 살아간다. 오랜 세월이 흘러 다른 남성을 만나 결혼을 하더라도 어딘지 모르게 늘 죄의식에 사로잡혀 주눅이 든 채 사는 걸 볼 수 있다. 그것은 본인의 인생이나 가정생활에 전혀 도움이 안 되니 빨리 잊을수록 좋다. 과거는 흘러간 바람이다.

사람이 살다 보면 많은 이성을 사귀게 되고 만남과 헤어짐이 있기 마련이다. 무려 열댓 명 이상의 이성을 만나 연애를 하면서 헤어지기를 반복하던 사람도 벼락 맞거나 죄받는 일 없이 결혼해서 탈 없이 잘 먹고 잘 사는 사람들 많다.

혹, 사랑에 실패를 하더라도 떠나간 남자를 못잊어 기다리든가 증오하는 자세를 어서 버려야 한다.

• 도덕심이 강하다.

안 보는 자리라고 해서 질서를 어기든가 남을 해치는 일 따위는 하지 않는 평화주의자이며 법 없이도 살 사람이다. 이런 사람들은 약속도 잘 지키고 오래 사귈수록 안정적이고 믿음이 가는 유형이다.

그러나 도덕심이 있다고 해서 무조건 좋은 것도 아니다. 물이 너무 깨끗하면 고기가 못 살지만 약간 흐릿한 물에 온갖 물고기들도 꼬이는 법이다. 그러니 조금은 흐릿하고 느슨하게 살 필요가 있다.

또한, 이런 장점을 잘 이해해 주는 사람이라면 상관없지만, 온갖 잔꾀가 난무하는 사람들이 판을 치는 세상이다 보니 자칫 그런 사람들한테 이용당하고 크게 상처를 받을 가능성이 매우 높으니 조심해야 한다.

• 결혼하면 부모나 혈육 등과 가까운 거리에 사는 게 좋겠다.

누구에겐가 정신적으로 기댈 만한 언덕이 있어야 안심하고 힘도 내는 형이기 때문이다.

• 배짱과 기개가 부족하고 통솔력과 사교성 또한 그리 좋지 못하다.

사람 하나 사귀려면 오랜 세월이 흘러야 할 정도로 배타적이어서 타인에게 쉽사리 마음을 열지 않는다. 하지만 의리가 강하고 상대가 해를 끼치지 않은 이상 오래 사귈수록 믿음을 주는 상이다.

• 직업으로는, 계산 복잡하거나 정신 어지럽고 신경 예민하게 쓰는 일을 장기간 하는 건 피해야 한다. 혹시 그런 일을 하는 직업을 가지고 있다면 적절한 휴식을 병행하면 괜찮으리라 본다. 꼼꼼하고 섬세한 일이나 오늘 했던 일을 내일도 하고 모래도 하는, 반복적이고 큰 변화가 없는 직종이 잘 맞는다.

• 인당 부위에 난 눈썹을 뽑거나 밀든지 해서 인당을 넓혔으면 좋겠다.

눈썹을 뽑는 행위 역시 성형의 일종이다. 눈썹을 뽑아 인당을 인위적으로 넓힌다고 해서 타고난 관상이 갑자기 좋아지는 건 아니지만, 성형을 하는 최대 장점인 정신적 자신감의 효과를 충분히 보리라 생각한다.

언젠가 동창회에 참석한 적이 있다. 어렸을 때는 온갖 개구쟁이 짓에다 말썽꾼으로 인식됐던 친구가 덩치는 황소만한데도 말수도 적고 내성적으로 변해 있었다. 짙은 눈썹에 인당이 좁은 걸로 봐서 역시 관상대로 겁 많고 소심한 성격이 그의 본래 모습이다.

사춘기 이전의 어렸을 때는 관상대로의 성격과 고유한 능력이 잘 나타나지 않는다. 부모 등 주변 사람들의 영향을 많이 받는 시기이기 때문이다. 그러나 대부분 사춘기 이후부터 세월이 흐르면 흐를수록 그동안 잠재되어 있던 성향이 드러나게 되는데, 누구든 나이를 먹어 갈수록 생긴 대로 살게 마련이다. 필자의 상담 경험으로 미루어 볼 때, 자신의 얼굴 관상대로 성격이나 기질이 본격적으로 나타나는 나이는 보통 20대 초반부터였다.

반대로, 어렸을 때는 말수도 적고 늘 남의 뒤꽁무니만 따라다니며 내성적이고 수동적이던 친구가 나이가 들자 매우 적극적이고 활달한 리더로 변한 것도 위와 같은 경우라 보면 될 것이다.

또 다른 이야기가 있다.

50대 중반 정도의 훤칠한 키의 사내가 친구인 듯한 사람과 함께 필자를 찾아왔다. 우선 눈에 띄는 게 눈썹이 짙으면서 인당이 좁은 상이었다. 그다음이 눈은 크지만 눈빛에 힘이 없고 기가 흩어진다는 느낌을 받았다.

눈썹이 짙으면서 좁은 인당의 관상에 대해 위에서 예를 든 내용을 설명해 주고 보충 이야기를 덧붙였다.

"그릇이 그리 크지 않게 태어난 상이어서 재산을 많이 모으든가 사람을 많이 거느리면 탈이 생길 염려가 있으니 적절히 안배를 하며 살아야 합니다."

필자의 말에 떨떠름한 표정으로 듣고 있던 사내의 친구가 말했다.

"그릇이 작으면 살아가는 데 나쁜 영향을 끼치는가요?"

"그릇이 작으면 나쁘고 그릇이 커야 좋은 건 전혀 아닙니다. 그러나 각 사람마다 어울리는 분수라는 게 있습니다. 지나치지 않는 것이 중요하죠."

사내가 뒤이어 질문했다.

"쉽게 말해서, 내가 작은 그릇이니까 재산을 많이 모으면 안 된다는 얘기군요. 재산 많은 것하고 그 때문에 탈이 생기는 것하고 무슨 관계가 있습니까?"

"사람마다 각각 그릇이 다르고 에너지의 크기 역시 차이가 있습니다. 작은 그릇과 약한 에너지를 가진 사람이 너무 많은 재산을 모으면 그 무게를 견디지 못하고 스트레스가 쌓여 건강을 해칠 수 있습니다."

사람은 누구든 에너지(기, 氣)라는 것을 갖고 태어난다. 강한 기, 약한 기, 보통의 기 등 여러 형태가 있는데, 기가 강해야 좋고 약하면 나쁘다고 보지 않는다. 다만, 강하면 강한 대로 약하면 약한 대로 그 나름의 장단점이 있기에 그것을 잘 이용할 줄 알아야 탈이 안 생긴다.

물론 눈빛 등 얼굴의 다른 여러 부위를 종합해서 봐야 되지만, 일반적으로 인당 좁은 사람은 약한 기를 갖고 태어난 경우가 흔하다. 기가 약하다는 것은, 몸 안에 내장되어 있는 에너지의 양이 적은 탓에 치고 나가는 동력이 약하다는 말이다. 이런 사람은 살아가면서 지나치게 몸을 많이 혹사하든가 신경 곤두세우는 일을 장기간 하면 안 된다. 왜냐하면, 몸에 저장되어 있는 에너지의 용량은 한정돼 있는데 에너지가 채워질 시간도 없이 소비를 갑자기 많이 하게 되면 고갈이 될 것이고, 그러면 정신과 육체가 약해질 가능성이 있기 때문이다.

필자의 설명을 듣고 있던 사내와 그의 친구는 동시에 깊은 숨을 내쉬었다.

"그래서 그런 일이 일어났을까요? 사실 이 친구는 앞날의 건강에 장담을 못할 정도로 깊은 병이 있습니다. 재산 역시 관상으로 본 그릇 크기에 비해 엄청 많은 재산을 모았습니다. 그렇다면 많은 재산을 모은 것이 건강에 탈을 불렀다고 보는지요?"

친구의 말에 사내는 어깨를 툭 치며 제지하고 나섰다.

"저에 대한 관상평과 제가 실제 살아온 인생하고는 정반대라는 생각을 했습니다. 오랫동안 옆에서 지켜본 이 친구가 잘 알다시피 학창 시절엔 성적이 전교에서 1, 2등을 다툴 정도여서 머리가 나쁘다고는 생각지 않았습니다. 성격도 활달하고 어지간한 자질구레한 것은 신경 안 쓰고 살아왔으니 겁 많고 사교성이 없다거나 사서 걱정하는 것도 틀린 이야기입니다."

그러니까 사내의 말은, 필자의 관상법이 터무니없다는 뜻이었다.

물론 수많은 다양한 사람들의 관상을 보다보면 약간씩 틀린 부분도 가끔은 있다. 하지만 앞서도 말했듯이 관상이라는 분야는 수백, 수천 년을 두고 실증된 통계자료에 의거한 운명학이어서 그 어떤 운명학과 비교해 볼 때 정확도 면에서 타의 추종을 불허한다고 자신한다. 따라서 이렇게 기초적인 것부터 틀린 경우는 한 번도 없었다. 아니, 이렇게 틀릴 확률은 수천, 수만 명에 한 명 있을까 말까 할 정도다.

그렇다면 어디서 무엇 때문에 이런 결과가 나왔을까? 사내가 필자를 곤란하게 하려고 일부러 거짓말을 하는 걸까? 그렇지 않다고 본다. 표정이나 관상으로 나타난 성향으로 봤을 때 장난칠 사람이 아니다. 더구나 옆의 친구가 똑같은 증언을 하는 것만 봐도 알 수 있다.

다리 짧은 뱁새가 긴 다리의 황새를 흉내 내면 가랑이가 찢어지고, 겨울철 나무가 여름철 나무 흉내를 내서 엄동설한에 잎사귀를 피우면 금세 얼어죽듯이 인간 역시 각자에겐 타고난 운명이 있다. 그것이 얼굴이나 손바닥에 적나라하게 나타나는데, 자기의 생긴 대로 사는 길이 자연스런 현상이라고 보는 것이다.

이 사내의 관상에 나타난 에너지와 그릇에 있어서 크기가 작은 사람이 분명한데 백억 대 이상의 큰 재산을 모았을뿐 아니라 당사자의 말대로라면 자신의 타고난 성향대로 살지 않고 정반대로 살아왔다고 보여진다.

관상적으로 지능이 그리 좋아 보이지 않은 사람인데 학교 성적이 뛰어날 정도로 잘 하려면 남들의 몇 배 노력을 했을 테고, 재산을 모으는 과정 역시 그랬을 것이었다. 그릇 작은 사람이라고 많은 재산을 모으지 말라는 법은 없다. 하지만 모으는 과정에서 오랜 세월을 두고 차츰차츰 모아야지 탈이 생기지 않는다. 왜냐하면 그릇 작은 사람도 세월을 두고 조금씩 다져지고 키워나가다 보면 그릇이 점차 커지면서 위에서 누르는 무게에 대한 내성이 생겨 무리가 가지 않는다.

이 사내가 타인과 치열한 경쟁을 하며 갑자기 많은 재산을 모았다면 지키는 과정에서 또한 얼마나 과도한 에너지 소비를 했을 것이며 스트레스는 또 얼마나 많이 받으며 살았겠는가 말이다. 그것이 바로 몸에 암 덩어리를 키웠고 명을 재촉하는 결과로 나타났으리라 보는 것이다.

옛말에, 눈에 정기가 없는데도 좋은 집에 살면 단명 한다고 했다. 인간도 자연의 일부다. 자연현상을 역행하면 탈이 생기는 법이다.

인당에 생긴 세로주름

남녀 사이(부부도 포함)에서 심각한 갈등이 오랜 세월 지속되었거나 가슴 아픈 사별을 겪었을 때 생겨나는 주름이다.

현침문과는 다른 인당의 세로주름

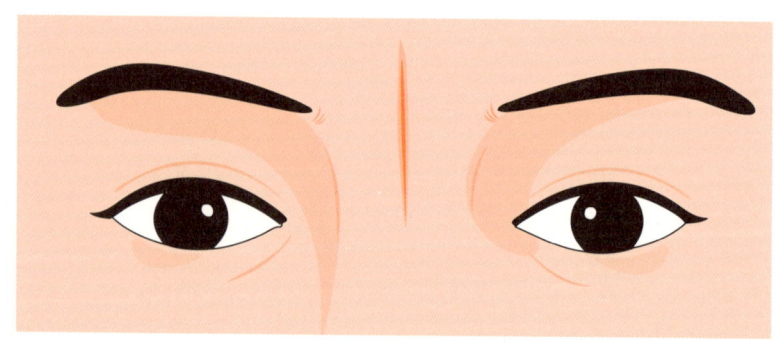

인당에 세로주름
- 자신의 배짱과 다른 상황이 오랜 세월 지속되었을 때 생긴다.
- 사고방식이 지나치게 고지식하고 완고한 사람한테도 생긴다.
- 반성심도 있고 사려심도 깊다.

인당에는 나이가 들거나 주변 환경 때문이거나 스스로의 사고방식에 따라서 세로주름이 한 개 혹은 두세 개씩 생기는 게 보통이다.

주름도 주름 나름이다. 눈에 보일 듯 말 듯한 가느다란 세로주름이 1~2cm 정도 희미하게 나있는 사람이 있다. 이것을 현침문이라고 한다.

이 현침문은 남성보다는 여성 쪽에서 더 많이 나타나는 것을 봤는데, 그것은 쌓인 스트레스와 마음고생을 그때그때 해소하지 못해서 생겨난 표시다. 남성은 집안이나 밖에서 쌓인 불만을 술이나 잡기로 풀 수 있는 공간이나 여건이 많이 널려있는 반면, 여성의 경우 사회적 인식이나 성향 상 그렇지 못해 속으로만 삭이는 데서 비롯된 것이라고 본다.

현침문이 있으면, 여러 의미가 있다.

• 부부 사이에 이혼이나 사별을 했을 때 현침문이 생긴다. 그래서 이것을 두고 생, 사별 주름이라고도 해석한다.

• 부부간에 심각한 갈등이 오랜 세월에 걸쳐 진행되고 있을 때 나타나는 주름이다. 결혼 생활하면서 싸우지 않은 부부란 없다. 그러나 여기서 말하는 갈등이란, 죽지 못해 살고 있거나 애인 혹은 부부 궁합이 매우 나빴을 때 일어나는 현상을 말한다.

• 결혼 전에 오랫동안 사귄 애인이나 동거 등을 하다가 가슴 아픈 이별을 했을 때도 이런 주름이 생긴다. 이 경우는 결혼 후에 사귄 애인과의 아픈 이별도 해당된다.

이 현침문의 주름은 한번 생기면 수십 년의 세월이 흘러도 없어지지 않는다.

그 외, 인당에 생기는 주름 중 현침문과는 달리 깊고 뚜렷하게 보이는 주름이 있다. 이 세로주름이 생기는 원인은,

• 자신의 배짱과는 다른 일이 오랜 세월에 걸쳐 진행될 때 생긴다.

- 사고방식이 지나치게 고지식하고 완고한 사람한테 나타나기도 한다. 하지만 반성심도 있고 사려가 깊은 면도 있다.
- 매사에 호흡을 길게 하고 마음을 느긋하게 가져서 낙천적일 필요가 있다.

사람은 각자 그릇의 크기가 있다. 여기서 그릇이라 함은 뜻하는 범위가 넓다. 재산의 크기도 물론 포함되지만 생각의 크기, 이해력의 폭, 세상 보는 시야, 정신력 등 인생을 살아가는 데 필요한 모든 사고방식의 크기를 총괄하기도 한다. 키가 크고 덩치가 우람하다고 해서 그릇이 크고 체구가 작다고 해서 그릇도 작은 것은 아니다.

그리고 그릇이 크다고 해서 무조건 좋고 작다고 나쁜 것도 아니다. 그릇이 크면 작은 일에 만족할 줄 모르고 자신의 능력이나 주변 상황은 고려치 않고 무턱대고 배포만 커서 일만 잔뜩 벌여 놓기 일쑤다. 그러다 보면 자신의 계획처럼 인생이 호락호락하지 않다는 것을 깨닫게 되면서 실망과 불만, 오기로 가득 찬 삶을 살아갈 가능성도 있는 것이다.

작은 그릇이라 해서 실망할 필요가 전혀 없다. 인생에서의 행복과 불행은 현실에 스스로가 얼마나 만족해하며 사느냐에 따라서 결정된다고 볼 때, 욕심내지 않고 작은 일에서 즐거움을 찾으며 살아가는 것이 어쩌면 더 현명하고 성공한 인생일 것이다. 다만 자신의 분수도 모르고 높은 지위나 많은 재산을 모으면 위에서 누르는 무게를 견디지 못하고 쓰러진다는 것을 알아야 한다.

그릇의 크기는 얼굴의 어느 부위를 보면 알 수 있을까? 기본적으로 턱이 지나치게 짧든가 코나 입, 귀 등이 보기 싫을 정도로 작아서 균형이 무너지지 않아야 한다.

인당이 우선 넓어야 되고 살이 감싼 광대뼈가 발달해야 된다. 하지만 얼굴의 각 부위가 아무리 잘생겼더라도 무엇보다 눈빛이 살아

있지 않으면 겉모습만 그럴싸하지 실속이 없다. 기 역시 밖으로 너무 흩어지지 않고 몸 내부의 에너지가 은은한 힘이 실린 눈빛이어야 좋다.

체구가 작으면서도 큰 그릇으로 태어난 인물을 꼽으라면 중국의 지도자였던 등소평을 들 수 있다. 주변의 사람들이 그를 중심으로 둘러싸 보좌하는 모습을 화면에서 보면 가뜩이나 작은 오 척의 키가 더 작게 보였었다.

그런 작은 체구를 가지고 대륙을 호령하며 패쇄적인 중국의 개혁, 개방정책을 이끌어 오늘의 발전이 있게 만든 인물이다. 사진에서도 보듯 등소평에게는 관상적 장점이 많이 드러난 얼굴을 갖고 있다.

이마가 넓으면서도 일각과 월각이 잘 발달해 있다. 이것이 눈빛과 조화를 이루어 사회성 있고 이름을 많이 얻게 만들었다고 보여진다.

그다음 시원하게 열린 인당이다. 보통 사람보다 훨씬 넓은 인당인 것을 보면 지능이 매우 뛰어나면서도 응용력 좋고 세상 보는 시야가 트인데다 변화에 대처하는 능력이 좋은 인물이었음을 알 수 있다. 성격 또한 개방적이고 낙천적이고 품 넓은 천재형 관상이다. 이런 사람은 예술 방면으로 나갔어도 재능을 보였을 터이다.

하지만 눈썹의 숱이 드문 것으로 봐서는 투쟁심과 강단은 있되 혈육의 전체 혹은 일부와의 인연이 그리 좋아 보이지 않는다.

몸에서 내뿜는 에너지 또한 매우 강해 보이는데, 배우자 되는 사람이 이 강한 에너지를 어떻게 수용하고 흡수하느냐에 따라 부부관계가 좋게 혹은 나쁘게 바뀔 수도 있다. 다시 말해 배우자 되는 사람이 어지간히 큰 그릇이 아니라면 맞추기가 까다로운 파장을 갖고 있어 보인다.

이렇게 강하고 독특한 파장을 가진 인물이라면 가정이나 집 주변만 맴도는 삶을 살면 스트레스 때문에 부부관계에서 갈등이 매우 심해질 수 있다. 넘치는 에너지도 해소하고 자신을 발전시키기 위해서는 큰물에서 놀아야 한다는 말이다.

곧고 바르면서도 듬직하게 솟은 코하며 그를 감싸는 역할의 관골이 힘 있어 보인다. 그것들을 아래에서 받쳐 주는 튼튼한 턱과 눈썹선 아래로 내려온 색깔 좋은 큰 귀, 은은한 힘이 실린 기운의 눈빛과 함께 좋은 조화를 이루고 있다.

태평성대의 세월에서는 반골 기질이 엿보이지만 어지러운 난세에서는 끊임없는 도전과 변혁을 꾀하며 풍운아적인 삶을 살 관상으로 보인다.

눈에는 모든 정보가 들어 있다

눈에 의한 관상

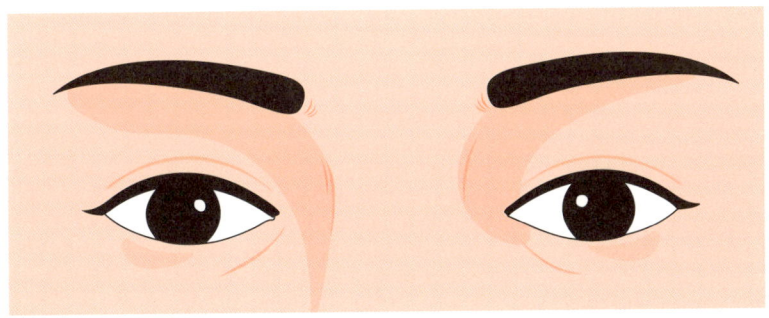

눈에 의한 관상
- 대인에게는 귀한 눈이 있지만 천한 사람에게는 귀한 눈이 없다.
- 눈의 생김도 중요하지만 거기서 뿜어져 나오는 빛이 더욱 중요하다.
- 얼굴이 관상에서 천 냥이라면 눈이 차지하는 비중은 900냥이다.
- 눈은 돌출된 뇌다.

예부터 전해오는 관상 서적에서 보면, "성공한 사람은 좋은 눈은 가졌어도 좋은 귀는 별로 없고, 빈천한 사람 중엔 좋은 귀는 가졌으나 좋은 눈은 없다"고 했다. 이 말의 뜻은 눈이 귀보다 훨씬 중요한 역할을 한다는 의미인데, 눈이 잘생긴 사람은 성공할 수 있지만 귀만 잘생겼다고 성공을 보장할 수는 없는 법이다.

그런데도 일반 사람들은 재산 복이 있겠느냐 아니냐를 판단하는 기준으로 귀나 코의 생김부터 먼저 따지곤 한다.

귀가 아무리 부처의 귀같이 크고 살집이 있더라도 눈빛 등 다른 부위가 조화롭지 못하면 겉모습만 그럴싸한 빛 좋은 개살구 격이 된다.

여기서 눈이 잘생겼다함은 눈의 크고 작음 같은 겉모습보다는 눈에서 뿜어져 나오는 은은한 빛 즉, 안광을 말한다는 것을 알아야 한다.

인간의 몸에 있는 수많은 기관 중 관상적으로 제일 중요한 부위를 꼽으라면 눈을 들 수 있다. 얼굴이 1,000냥이라면 눈이 차지하는 비중이 900냥이라고 할 정도로 절대적이다.

눈에는 현재의 심리상태는 물론이고 가까운 장래에 일어날 일의 성패 여부, 최근의 운기, 현재의 심리, 그릇의 크기, 건강 상태, 재산의 유무, 장수와 단명 등의 많은 정보가 망라되어 있다.

눈은 뇌에 가깝게 연결되어 있고 이 눈으로 바깥세상 대부분의 정보를 취해서 뇌로 보내지게 되는데, 뇌는 그것을 다시 정리하고 판단해서 인체의 각 기관으로 명령을 내린다.

물론 뇌는 눈에서뿐 아니라 몸의 각 부위에서 전달되어지는 정보를 취합하는 역할을 하는데 그 중 눈에 의존하는 비율이 80%가 넘는다고 한다. 그렇기에 눈을 돌출된 뇌라고 부르는 것이다.

얼굴은 자기 스스로가 어떤 생각을 반복적으로 하며 사느냐에 따라 좋게도 혹은 나쁘게도 변화된다.

예를 들자면 이렇다. 지금 배가 고프다고 마음의 씨가 싹트면 그것이 간절한 눈빛이나 누렇게 뜬 얼굴색으로 나타나게 된다. 즉, 배가 고프다는 생각이 눈빛으로 나타나고 시간이 지나면 얼굴색이 변하게 되며 세월이 흐를수록 얼굴 부위의 살이 빠지는 현상으로 나타나는 것이다.

이와 같이 보이지도 않고, 잡을 수도 없으며 냄새도 없는 마음이라는 무형의 물질이 세월이 흐르면서 눈으로 보고 손으로도 만질 수 있는 피부라는 유형의 형상으로 나타나게 된다.

이 단계가 되면 굳이 전문 관상가가 아니더라도 상대의 얼굴을 보고 '아, 저 친구가 배가 고프구나.' 라고 짐작할 수 있다.

보통 사람도 알아차릴 수 있는 얼굴의 살갖에 의한 관상법보다 한 차원 높은 것이 얼굴의 색깔만 보고도 "당신은 지금 배가 고프고 앞으로 당분간 그 기간이 지속될 것이오." 하고 예측하는 방법인데, 이것이 바로 찰색법(察色法)이다.

그리고 찰색법보다 더 빨리 예지할 수 있는 법은 얼굴색이 변하기 전에 '배고픈 마음'을 읽는 법이다.

관상법에서 차원이 높으면서도 중요한 것이 상대의 마음을 꿰뚫어 보는 법인데, 이것은 말에 의한 설명이나 서점에 나와 있는 책 몇 권 읽는다고 깨칠 수 있는 차원이 아니다. 언어로 표현할 수 없는 우주에 떠도는 기와 정신세계 그리고 자연의 흐름을 관찰하고 그것을 자기 것으로 만든 후에야 이해할 수 있는 문제이기 때문이다.

사람의 관상이 세월이 흐를수록 좋게도 혹은 나쁘게도 변할 수 있는 것은 위에서 언급한 '마음이 얼굴로 변화하는 이치' 때문이다.

인간의 얼굴이란 긍정적인 생각이든 부정적인 생각이든 '습관화된 상념'에 따라 얼굴색과 수염, 머리카락, 눈썹, 살갗, 눈빛까지 변화시키는 것이다.

지금 일어나는 상념이 에너지화 되어 기(氣)로 변하고, 몸 안의 기가 최초로 바깥에 표출되는 형상이 바로 눈빛인 것이다. 눈빛이 색깔로 변하여 피부색으로, 피부색이 물질화되면 살갗이 되는 순서다.

따라서 현재와 미래를 알려면 눈빛을 봐야 한다.

관상에서는 눈의 모양으로 판단하는 법과 눈에서 뿜어져 나오는 빛의 세기(안광)로 보는 법이 있다.

사람의 눈은 그 생김이 각양각색이어서 화난 눈, 보기만 해도 안정감이 드는 눈, 슬픔에 젖은 눈, 환희에 찬 눈, 심술이 덕지덕지 묻은 눈, 시원한 눈, 음흉하고 교활한 눈 등 참으로 개성 있고 다양하다.

사람에 따라서 눈 모양이 다른 것은, 각자의 사고방식과 습관화된 상념이 오랜 세월 동안 굳어져 나타난 결과물이거나 당사자의 부모나 그 윗대 조상들로부터 물려 받은 유전자 때문이기도 하다.

눈은 스스로가 만드는 것이기에 비록 현실이 힘들더라도 마음속에 희망을 갖고 늘 긍정적인 생각을 하며 살다 보면 따뜻한 모습으로 바뀌게 될 것이다. 비록 눈뿐만 아니라 사람의 얼굴은 평소에 어떤 생각을 하느냐에 따라서 변화된다.

눈의 빛남이란

빛이 나는 눈

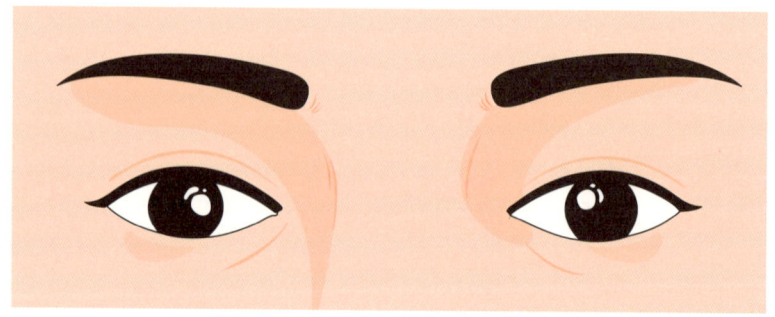

눈빛이 빛난다고 해서 모두 좋은 것은 아니다.

눈빛의 빛남으로만 따진다면 사기꾼이나 바람둥이, 폭력배의 눈빛도 빛난다.

여기서 말하는 좋은 눈빛이란, 몸에서 우러나오는 살기 없는 안정된 기가 은은한 힘이 실려 눈으로 나타나는 경우다.

눈동자가 좌우로 빠르게 움직이는 습관을 가진 눈

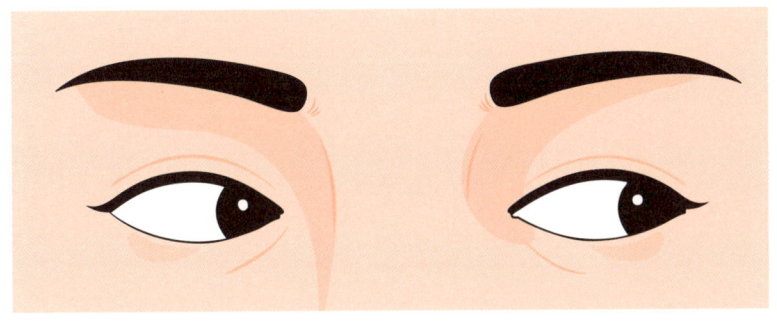

눈동자가 좌우로 빠르게 움직이는 습관을 가진 눈
- 잔꾀에 능하고 교활하다.
- 의심이 많고 주거가 불안하다.
- 범죄 조심.

　기(氣)란 마음속 저 깊은 곳에 있는 잠재의식이 에너지화한 것이다. 유능한 관상가나 기업체에서 인력관리를 하는 사람이나 대인관계가 잦은 직업 종사자는 상대의 눈과 눈빛만 보고도 속 깊은 내부를 읽어낼 수 있어야 한다.

　얼굴이 겉보기에는 수려하고 멀쩡하게 생겼더라도 어딘가 허한 느낌을 주는 사람이 있다면 눈빛이 살아있지 못한 경우가 많다. 이것은, 에너지(氣)가 안으로 오긋이 모이지 않고 밖으로 흩어져 있다는 뜻이다.

　기가 흩어지면 어떤 일을 하고자 하는 의지력이나 집중력이 떨어지는 법인데, 세상을 살아가기가 녹녹치 않으리라.

　몸의 다른 부위가 좀 부족하게 생겼더라도 눈빛만 살아 있으면 드러난 단점들을 상쇄시킬 수 있는 힘이 있고 성공도 할 수 있다.

　눈은 마음의 창이며 거울이다.

가늘고 긴 눈

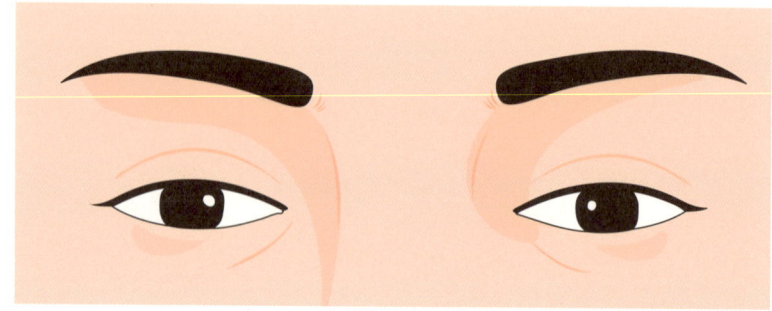

가늘고 긴 눈
• 옛날의 뛰어났던 위인이나 석굴암의 부처님 눈을 보면 약간 가늘면서도 긴 눈을 가졌다는 것을 알아야 한다.
• '살기 없는' 가늘고 긴 눈에 눈동자가 또렷한 눈의 생김이 좋다.
• 이런 눈에 눈빛이 반짝인다면 이기적이고 교활하다.

일반 사람들에게 좋은 눈은 어떻게 생겨야 하는가를 물으면 대부분 크고 예쁘게 생겨야 된다고 대답할 것이다. 물론 그렇게 생겼으면서 눈에서 힘이 있게 느껴지면 좋다. 그러나 눈이 크면 거기서 뿜어져 나오는 은은한 빛의 힘이 떨어지는 걸 많이 봤다.

관상적으로 잘생긴 눈이란 눈의 가로 길이가 길고 눈의 검은 동자는 칠흑같이 검어서 흑백이 분명하고 또렷한 눈에서 은은한 빛이 살아있는 눈이라고 할 수 있다.

이런 눈에선 상대의 마음을 제압할 수 있는 기운이 실린 게 보통이다. 즉, 타인에 의해 이리저리 휘둘리며 인생을 살아가지도 않을 뿐더러 자신의 의지대로 스스로의 인생을 개척할 수 있는 힘이 있다고 보는 것이다.

또한 인생을 살다가 어려움이 닥치더라도 능히 떨쳐 일어설 수 있는 여력이 있다.

그렇다고 눈이 세모꼴로 쭉 찢어져 날카롭고 팽팽한 긴장감이 돌아 여유가 없어 보여야 좋다는 건 아니다.

경주 석굴암에 있는 석가모니 부처의 눈이나 만 원짜리 지폐에 그려져 있는 세종대왕의 얼굴 균형과 눈을 자세히 본 적이 있는가?

종이나 돌덩이에 새겨진 석가모니 상이나 세종대왕의 그림은 실제의 모습을 표현한 것이 아닌 상상으로 그려진 것이지만 눈, 코, 입, 귀, 인당, 눈썹과 얼굴 전체의 균형이 관상적으로 봤을 때 후덕하면서도 힘이 실려 있고 교과서적으로 잘생긴 얼굴이다.

동그란 눈

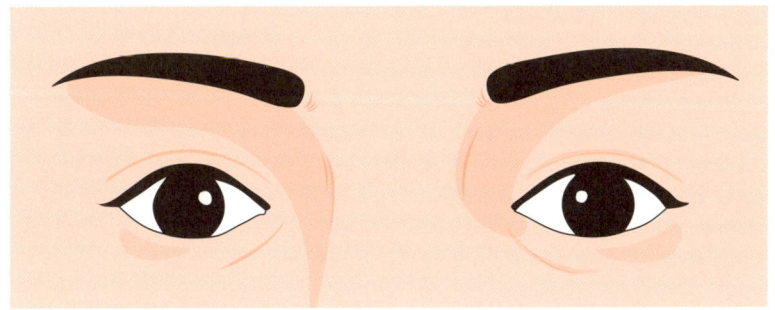

동그란 눈
• 기의 집중이 되지 않고 흩어지기 쉬운 눈의 형태이다.

　동그랗게 생긴 눈은 보기에도 좋고 편하다. 미인의 기준으로 이런 눈을 선호한다는 건 누구든 알고 있을 터이다. 어떤 눈의 형태이든 눈빛이 살아 있으면 관상적으로 좋은 눈이다. 그러나 동그란 모양의 눈에는 힘이 실리지 않아서 기가 흩어지는 경우를 종종 봐 왔다.
　독자분들 중에는 할리우드의 대표적 미인이자 <바람과 함께 사라지다>에서 열연한 '비비안 리'라는 영화배우를 기억하거나 이름을 들어본 적이 있을 것이다.
　넓은 이마와 인당 그리고 크고 해맑은 눈, 오똑한 콧날의 그녀.
　비록 그녀가 활동하던 시기에서 오랜 세월이 흘렀지만, 인형처럼 잉증맞고 예쁜 여자였다.
　그러나 예쁘다는 평은 일반인들의 시각에서 봤을 때이고 관상가인 필자의 입장에선 그녀의 눈이 위태로운 것으로 보였다. 이렇게 크고 예쁘게 생긴 눈에 힘이 실렸더라면 하는 아쉬움이 크다.

눈빛에 은은한 힘이 실리지 않는다는 뜻은 몸 안의 에너지가 안으로 오롯이 모여 있지 않고 밖으로 이리저리 흩어질 때 일어나는 현상이다.

일에 대한 추진력이 떨어지고 어려움이 닥쳤을 때 헤쳐 나가는 돌파력도 부족하고 타고난 기(氣, 에너지) 역시 약하다고 볼 수 있다.

미인박명이란 말을 할 때 얼굴의 다른 부위보다 바로 이런 눈을 두고 하는 것이라 생각한다.

그것을 증명이라도 하듯이 그녀는 우리들 곁을 너무나 일찍 떠났다.

불거진 눈

불거진 눈
- 조숙하다.
- 적극적이고 열정적이다.
- 언어능력이 좋다.

눈이 앞으로 툭 불거진 눈이 있다. 이런 눈은 세상 물정을 일찍 알아 조숙하고 적극적이고 열정적이다. 언어 능력 또한 뛰어나서 그 방면으로 직업을 가지는 것이 유리할 것이다.

우묵한 눈

깊은 관찰력이 있고 매사에 치밀하고 조심스러우며 의사표시도 신중하다. 여성은 결혼을 늦게 하는 경향이 있고 부모를 위하는 생각이 깊다.

눈두덩이 넓은 눈

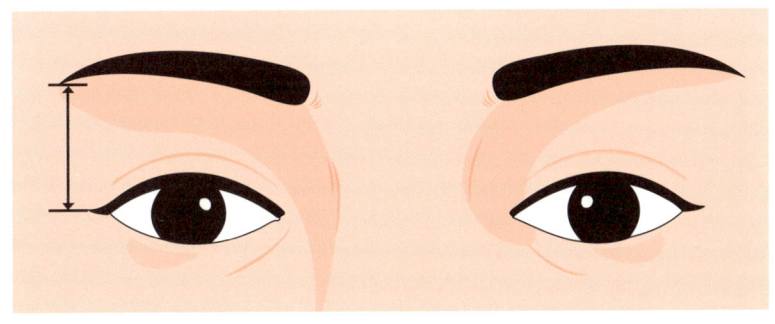

눈두덩이가 넓은 눈
- 개방적이고 낙천적이다.
- 사교적, 융통성이 있고 긍정적이 사고방식을 가진 사람이 많다.
- 남녀 애정관계에서 정열적이다.
- 끊고 맺음을 잘 해야 하고 공과 사를 구분하며 살아야 한다.

눈과 눈썹 사이의 거리는 사람마다 제각각이다.

눈과 눈썹 사이 즉 눈두덩을 관상용어로는 전택궁(田宅宮)이라 부른다. 전택궁이라 부르는 이유는 이곳이 넓으면 땅이나 집 등의 유산을 물려받는다는 설이 있다.

옛 사람들은 어땠는지 모르지만 현대에서는 그런 경우도 있고 아닌 사람도 있어서 정확치 않다.

눈두덩이 넓은 사람의 특징은, 개방적이고 낙천적인 만큼 사교성과 융통성이 있고 일이나 사물을 보는 시야가 밝고 긍정적인 데 있다. 심성도 여유롭고 인정 또한 많다.

낙천성, 사교성, 긍정성 때문인지 남녀 애정 관계에서 정열적이라는 소문이 틀린 말은 아닐 듯싶다.

재미있는 것은, 눈두덩 넓은 사람을 서양에서는 그리 좋은 평가를 하지 않는다. 서구인들 대부분이 눈두덩 사이가 좁은 사람들이 대부분이어선지 넓은 눈두덩 소유자를 두고 계산이 분명치 않은 사람으로 본다고 한다.

넓은 눈두덩 사람의 낙천적이고 개방적인 성향을 눈두덩 좁은 사람의 치밀하고 정확한 것을 선호하는 기질이 볼 때 어쩌면 일리 있는 해석이다.

눈두덩 넓은 사람 중에 이에 해당된다면, 약속 잘 지킬 것과 공과 사를 구분 잘 해야 하고 계산이나 문서 작성할 때 끊고 맺음을 확실히 할 필요가 있다.

눈두덩이가 좁은 눈

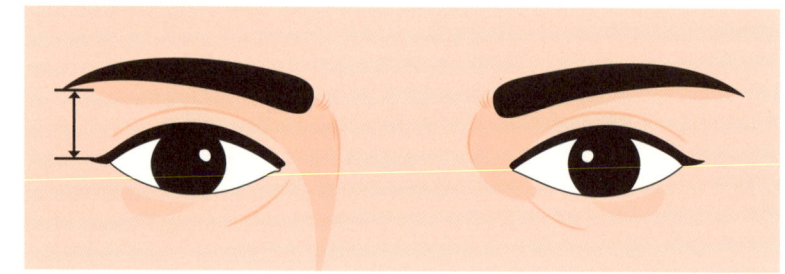

눈두덩이가 좁은 눈
- 매사에 조심스럽고 끈기가 있다.
- 일에 대한 치밀함과 집념이 있다.
- 감성보다는 이성적이다.
- 수용성 부족
- 융통성 있게 살아야 한다.

눈두덩이 좁은 사람의 특징은, 매사에 조심스럽고 공과 사가 확실한 냉철한 이성과 일에 대한 치밀함과 끈기, 집념 그리고 성실함에 있다.

그러나 지나치게 완벽주의로 흐르면 무정하게 보이고 차갑게 느껴질 수도 있고 집념 또한 집착으로 흐르기 쉽다.

일의 사안에 따라서는 융통성을 발휘하는 것도 대인관계에서 숨통을 틔우는 일이다.

눈두덩이 늘어진 눈

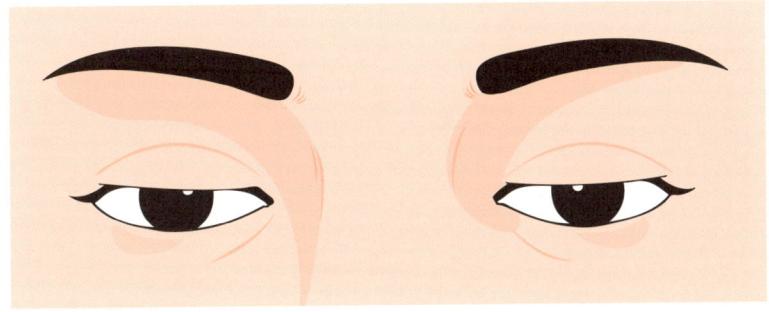

눈두덩이가 늘어진 눈
• 조심스럽고 꼼꼼하다.
• 금전에 인색하고 타산적이다.

위 눈꺼풀이 늘어져 있어서 언뜻 보기에 무슨 불만이 쌓인 사람같이 보이는 눈두덩이 있다.

이런 사람은 매사에 조심스럽고 꼼꼼하다. 금전에 인색하며 지나치게 타산적이다. 금전에 인색하다는 뜻은 꼭 써야 될 곳도 안 쓰는 이기심을 말한다.

누당(涙當, 와잠臥蠶)

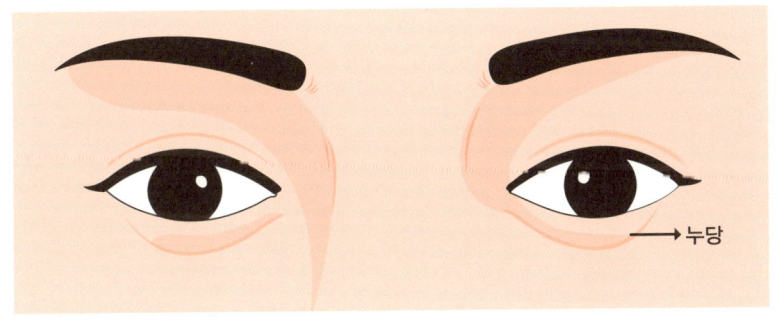

누당
• 성적 기능과 건강 상태를 나타낸다.
• 자녀와의 관계를 나타낸다.

눈 아래에 도독이 올라 있는 살집을 가리켜 누에가 누워 있는 모양이라 해서 와잠 혹은 눈물이 흐르는 곳이라 뜻의 누당(涙當)이라 부르기도 한다.

이곳에 살집이 적당히 있으면서 밝은 색깔이 나고 윤택한 느낌이 나면 성욕도 좋고 똑똑한 자녀를 두든가 나중에 자식 덕을 본다는 뜻이다.

하지만 이 부위에 살이 올라 있다고 해서 다 좋은 것은 아니다. 살이 부풀어 오른 듯 푸석한 느낌이 들면서 색깔이 창백하거나 밝지 못하다면 자녀한테 해로운 일이 일어난다는 조짐이다. 특히 결혼한 여성이 이런 형이면서 아래로 처진 듯한 느낌이 들면 부부관계에서 어려움이 발생한 것을 흔히 봤다.

이 누당 부위가 푹 꺼졌거나 검푸른 색깔로 보이는 등 밝고 윤택한 느낌이 들지 않으면 자식과의 인연이 그리 좋지 못하거나 당뇨병 혹은 성 기능 장애가 발생할 가능성이 있다.

눈동자의 검은자와 흰자

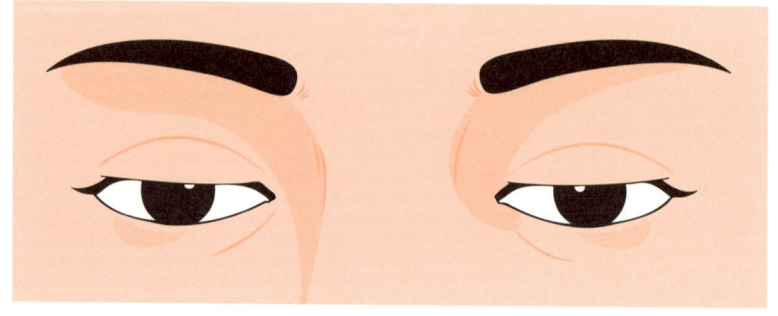

수안(睡眼)
- 졸린 듯한 눈
- 수안이라도 눈빛이 살아있다면 단점에서 벗어날 수 있다.

눈동자는 검은자위와 흰자위로 구분되어 있다. 그 윤곽이 뚜렷지 않으면서 눈빛이 흐릿하거나 졸린 듯 보이는 눈을 수안(睡眼)이라 하는데, 일생을 자기 뜻대로 꽃피우지 못하거나 운이 늦게 트인다.

그러나 같은 수안이라도 눈빛이 살아있으면 그 단점을 비켜갈 수 있다.

취안(醉眼)

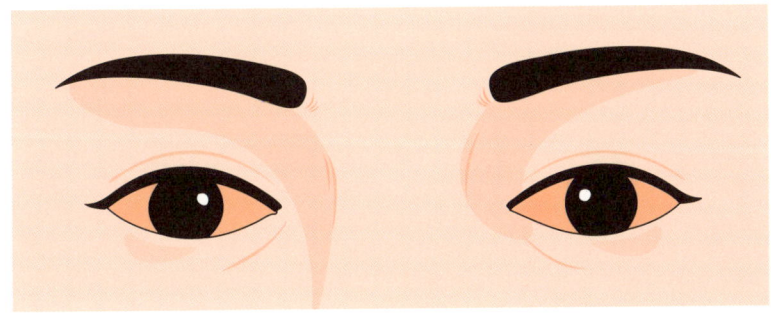

취안(醉眼)
- 성급한 성격이다.
- 약물에 의한 중독 조심.
- 부부 사이가 좋지 못할 수도 있고 부모덕이 없다.

흰자위가 술에 취한 듯 늘 붉은 빛이 감돌거나 노랗게 보이는 눈을 취안(醉眼)이라 부른다.

성격은 급하고 부부 사이 혹은 부모덕이 그리 좋지 못하다. 약물 중독을 조심해야 할 것이다.

토끼처럼 놀란 눈 - 경안(警眼)

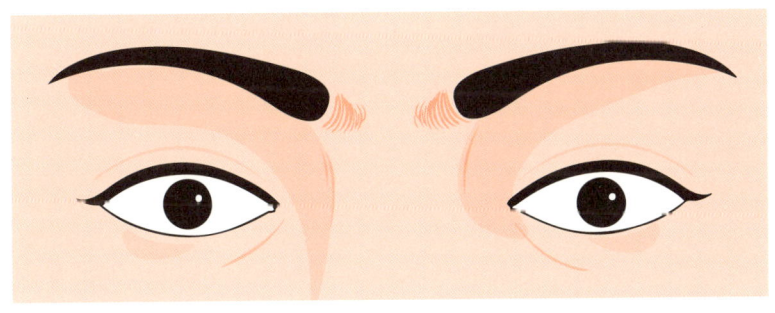

경안(警眼)
- 기(氣)가 약해 건강 유의해야 한다.

영화배우 비비안 리처럼 눈동자가 늘 무엇에 놀란 토끼처럼 동그란 상이면서 눈의 빛이 모이지 않으면 수안이나 취안과 마찬가지로 수명이 그리 길다고 볼 수 없다.

처첩궁(妻妾宮), 간문(奸門)

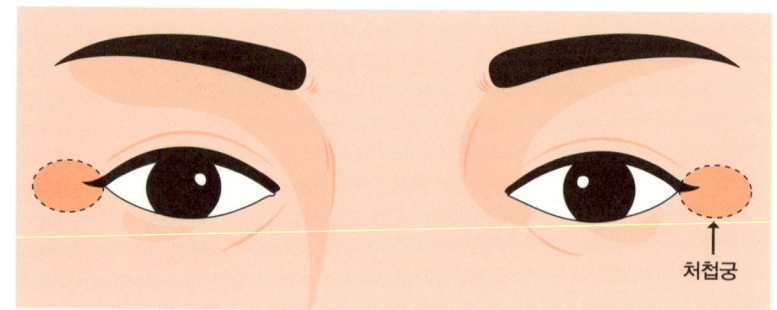

처첩궁(妻妾宮), 간문(奸門)
- 배우자와의 관계를 보는 곳이다.
- 간문에 점이나 흉터가 있거나 피부색이 좋지 못하면 부부의 연이 그리 좋은 편이 아니다.

눈 끝부분을 간문 혹은 어미(魚尾)라 부르는데 부부 사이의 인연이나 배우자와의 관계나 덕 유무를 보는 곳이다.

이 부위에 살이 도독이 올라 있고 밝은 빛의 색깔이 느껴지면 배우자와의 사이가 좋고 가정도 원만하게 이끈다.

반대로, 이곳이 살집이 없고 푹 꺼져 있든가 어린 시절에 생긴 흉터나 점 등이 있으면 부부의 인연이 좋지 못하여 이별하던지 혹은 서로 간에 성격이나 이상이 맞지 않아 매우 힘든 세월을 보낸다.

이혼하는 과정을 보면, 두 사람 사이의 갈등에서 비롯되는 것보다는 집 바깥에서 다른 이성을 사귀면서 원인이 제공되는 경우를 허다하게 봐왔다.

눈꼬리에 한 가닥의 주름이 뚜렷하면

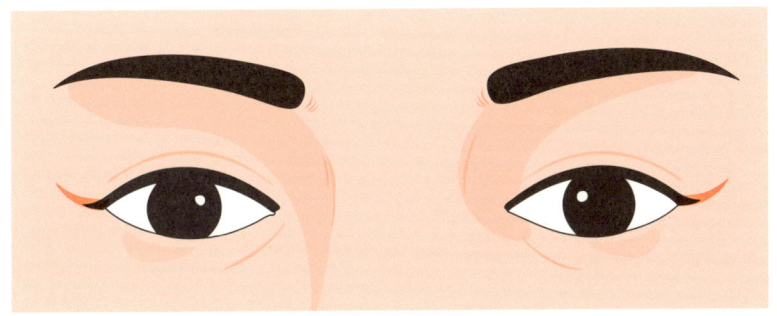

눈꼬리에 한 가닥의 주름이 뚜렷하면
• 엄격한 성격과 사고방식의 소유자다.

웃으면 눈꼬리에 여러 가닥의 주름이 생기는 건 보통이다. 그런데 웃음을 짓지 않아도 한 가닥만의 주름이 깊이 패여 있는 형이 있다.

이런 상은 자기 자신에게도 엄격하고 타인에게도 엄격한 사람이다. 자칫, 부부 사이에 심각한 갈등이 생겼을 수도 있고 그것이 지나치면 별거 혹은 이별할 가능성도 있다.

아래 속눈썹의 점

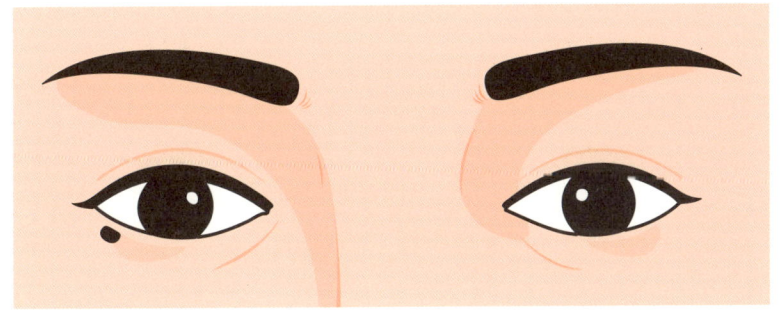

아래 속눈썹의 점
• 배우자 이외의 사람과 불륜을 조심해야 한다.

속눈썹 아래에 찍힌 점은 아주 작은 게 보통이지만 불륜에 빠질 점이다.

이 부위의 점이 나쁘다고 해서 점을 빼는 행위는 매우 조심해야 한다. 눈동자 부근이기 때문에 망막손상이 우려되기 때문이다.

흰자위 안의 검은 점

흰자위 안의 검은 점
• 부정한 사랑 주의

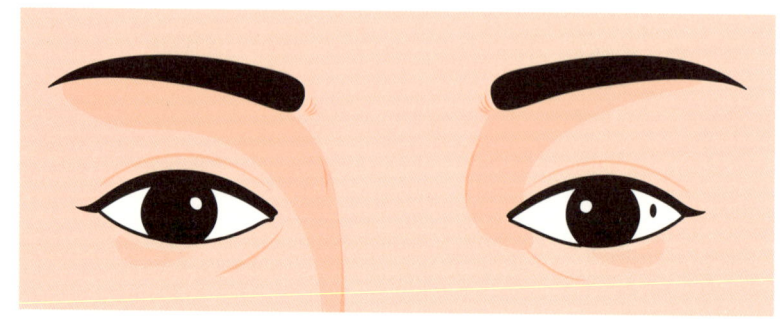

눈의 흰자위에 작은 점이 찍힌 사람이 있다.
남자는 총명하다는 뜻이고, 여성은 부정한 사랑을 할 점이다.

길이가 짧으면서 둥근 눈

길이가 짧고 둥근 눈
• 잔꾀가 많다.
• 이런 눈에 눈빛이 반짝인다면 이기적이고 교활하다.

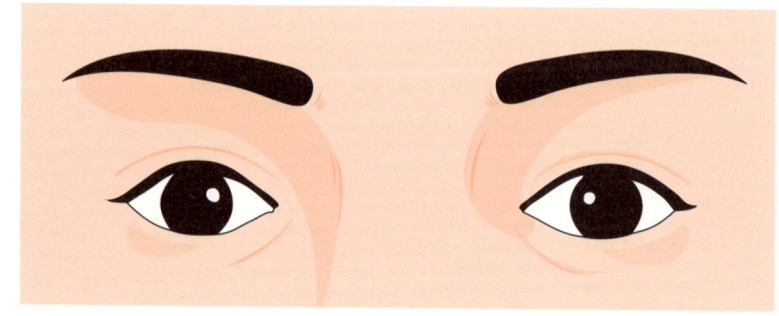

귀한 눈과 천한 눈

옛 상서에 이르기를, "대인에게는 반드시 귀안(貴眼)이 있으나 천한 사람에게는 귀한 눈이 없다."고 했다. 이것은 눈에서 천함과 귀함을 가늠할 수 있다는 말이다.

또한, "그대가 상대의 마음을 알려면 먼저 눈이 맑은지 탁한지를 보라."고 한 이유도 눈은 현재의 마음 상태를 비춰주는 거울인 까닭이다.

눈동자의 움직임이 안정되지 못하고 늘 전후좌우로 바삐 움직이는 사람은, 사사건건 의심이 많고 주거가 불안한 사람이다.

곁눈질 자주 하는 사람

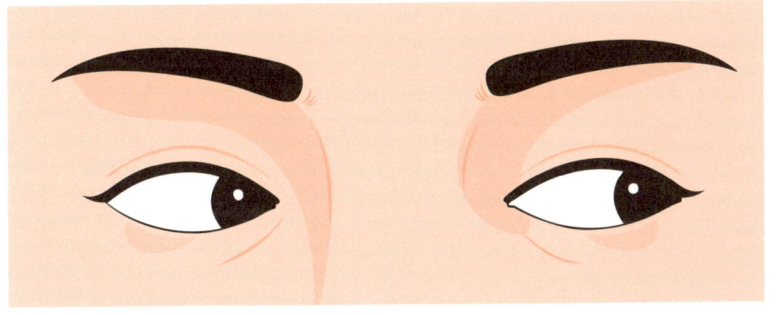

곁눈질 자주 하는 눈

서양 사람들과 달리 동양 사람들 특히 한국 사람들은 얼굴 혹은 눈을 마주 보고 이야기하는 것을 꺼리는 경향이 있다. 그것은 오랜 가부장적 전통에서 비롯된 습성이 굳어진 탓일 테지만, 눈을 통해 어떤 사물을 보거나 상대방과 대화를 나눌 때 자신의 몸 혹은 얼굴을 눈동자가 가는 방향으로 돌려서 바라보는 것이 바른 자세다.

만일 얼굴을 정면으로 향하지 않고 고개를 숙인 채 곁눈질로 흘끔흘끔 훔쳐보듯이 대화를 하는 사람이 있다면 그 사람은 심리적으로 뭔가 불안을 느끼고 있거나, 겉 다르고 속 다른 생각을 현재 가지고 있거나, 진지하고 솔직하지 못한 성품이든가, 교활한 흑심을 마음속에다 숨기고 있다고 봐야 한다.

　이런 사람일수록 입술에 침도 안 바르고 온갖 감언이설로 현혹하다가 상대에게서 허점이라도 발견하게 되면 여태껏 감추고 있던 본성을 드러내 끊임없이 약점을 파고들어서 목적한 바를 탈취한다.

　옛 관상 서적에도 눈의 시선을 자주 곁눈질하며 보는 사람은 끝내 해를 끼치는 상이니 깊이 사귀지도 말고 중요한 거래 역시 삼가하는 게 좋다고 했다.

동물의 눈을 닮는다면?

동물의 눈을 닮은 경우

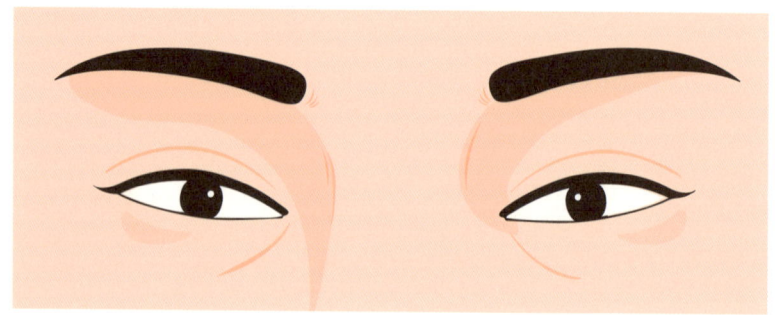

　관상 서적에 보면 사람의 눈을 동물의 눈과 비유해서 평을 한 것을 흔히 볼 수 있는데, 이것은 보는 사람에 따라 시각이 다르기에 모호한 점이 있다. 예를 들어 사슴 형의 눈 같이 보이는데 어떤 사람은 붕어 눈, 용의 눈으로 주장하는 것처럼 말이다.

　하지만, 염소 눈, 쥐 눈, 뱀눈을 닮은 사람은 입으로는 바른 소리를 하는 것 같지만 실제는 천박스럽고 음흉한 사람이고 개의 눈은 이 여자 저 여자를 탐한다.

빛나는 눈

이마가 보기 좋게 넓고 눈빛이 맑으면서도 샛별 같이 빛나는 눈의 소유자는 많은 사람을 상대하는 직업이 잘 어울릴 것이고 이름 또한 널리 알리는 상이다.

남녀 간에 사랑하는 사람이 있거나 애정이 무르익었을 때도 이런 눈빛인데, 특히 여성이 현재 이런 눈동자라면 지금 애인과 열애 중에 있다고 봐도 무방하다. 임자가 있는 몸인줄 모르고 다른 남성이 이 여성에게 작업을 걸려고 시도를 한다면 한참 잘못 짚은 것이다.

불안한 빛남

눈빛이 빛나면 무조건 좋은가?

바람둥이 눈빛도 빛나고 노름꾼, 사기꾼 눈빛도 빛난다. 그들의 공통점은 눈빛이 안정되지 못하고 상대방 몰래 전후좌우로 끊임없이 움직인다는 데 있다.

그뿐 아니라, 온몸에서 느껴지는 기가 평화롭지도 않고 맑지도 않으며 어지럽고 탁하고 불안한 느낌이 온다. 독자 여러분은 이런 기운을 감지할 줄 알아야 실수를 안 한다.

기가 흩어지는 눈

눈이 빛나는 것처럼 보여도 어쩐 일인지 얼굴이나 몸에서 뿜어져 나오는 기가 안으로 모여 있지 않고 이리저리 흩어지는 느낌의 빛남이 있다. 기가 사방으로 지나치게 흩어지면 겉보기의 기운은 왕성한 것 같아도 실제는 안정되지 못하고 실속 또한 없다는 뜻이다.

이 원인은, 가까운 장래에 일어나는 운기가 그리 좋지 않은 상태인데도 현재의 분위기에 도취되어 일시적으로 기분이 상승해 일어나는 현상이다.

흔히 이런 경우에는 호흡이 깊지 못하고 마음 역시 뿌리도 없이 물에 떠다니는 부평초처럼 안정적이지 못하다. 이럴 땐 호흡을 길게 가져야 하고 경거망동하지 말 것이며 먼 장래를 바라보고 신중히 행동해야 한다.

좋은 눈빛이란, 온화한 듯하나 힘이 있어야 하고, 눈이 강한 듯하나 빛이 지나치게 밖으로 드러나지 않아야 한다. 호흡이 고르고 깊어야 좋듯이 눈빛 또한 몸 내부에서 은은히 우러나오는 빛이 내실도 있고 좋은 것이다.

얼굴은
어떤 이치로 변하게 되는가

사랑을 하면 예뻐진다.

사랑을 하면 부정적인 생각은 사라지고 장밋빛의 밝고 긍정적인 생각으로 꽉 차게 되고 그것이 얼굴로 나타나기 때문이다. 바꿔 말하면 마음의 상태가 얼굴로 나타난 현상이다.

그러나 눈으로 보이는 실제 얼굴은 사랑에 빠지기 전의 얼굴과 달라지지 않았다. 눈의 크기도 그렇고 코나 입술의 모양도 전과 똑같다. 체중도 늘어나거나 줄어들지 않았다.

그런데도 다른 사람 눈에 밝고 훤하게 보이는 이유는 뭔가. 웃음이 입과 눈가에 자주 미물기 때문인가? 그것만으로 휠씬 예뻐진 원인을 설명하기는 어딘지 미흡하다.

그 이치를 설명하면 이렇다.

인간이 몸에는 에너지(기)가 있다. 아니 인간뿐 아니라 식물에도 있고 무생물이라는 돌덩이에도 약하나마 에너지가 존재한다.

이성에 대한 사랑을 하면 마음이 기대감에 쌓이고 밝아지는 건 당연하다. 그런 마음이 몸의 에너지를 활동적으로 움직이게 하고 엔

돌핀이 솟아나게 만든다. 그 에너지가 몸 내부에만 머무는 것이 아니라 밖으로 뿜어내게 되는데, 눈에는 보이지 않지만 그 미묘한 파동을 느낌으로는 알 수 있다.

밝은 빛의 에너지 파장을 감지한 사람은 눈으로 보이는 상대의 실제 얼굴 변화와는 상관없이 예뻐졌다고 우리는 말하는 것이다.

인간에게는 눈으로는 볼 수 없지만 미세한 부분까지 감별해낼 수 있는 능력이 존재한다.

그 첫 단계가 다섯 가지의 감각기관이다. 촉각은 따뜻함과 차가움, 간지러움과 아픔 등을 느끼게 하는 피부의 감각을 말하고, 냄새를 맡는 코도 있으며 맛을 알게 해주는 입과 혀라는 기관도 있다.

오감 중에는 귀나 눈 같이 피부에 직접 닿지 않더라도 알 수 있는 눈과 진동만으로 소리를 듣는 귀가 있다.

보이지 않고 들리지 않는다면 물체를 전혀 식별하지도 못할까? 하지만 느낌만으로도 감지해낼 수 있다.

자신의 에너지를 방사해서 부딪쳐 돌아오는 파장을 가지고 느끼든지 상대가 보내는 에너지로 텔레파시를 전해 받을 수 있다. 그것은 마치 어두운 밤하늘에서 박쥐가 전자파를 쏘아 돌아오는 파장으로 전방의 물체를 식별해내는 이치와 유사하다고 생각하면 된다.

개의 후각은 사람에 비해 몇만 배나 발달해 있다고 한다. 인간들도 아득한 옛날에는 짐승 이상으로 뛰어난 감각을 보유하고 있었지만 마음의 때에 묻힌 채 차츰 퇴화되어 버렸다.

사라진 능력을 되살리려면 꾸준한 수련이나 타고날 때부터 특별한 감각이 발달해 있지 않은 이상 되찾기는 쉽지 않다.

10년이면 강산도 변하듯 얼굴 역시 흐르는 세월에 따라 달라진다. 어린 시절의 친구 모습도 나이가 든 다음에 만나보면 몰라볼 정도로 변해 있는 것을 우리는 목격할 수 있다.

사람의 상념은 밀려오고 쓸려가는 파도처럼 하루에도 수 없이 왔다가 사라지기를 반복한다. 그 중 어떤 생각이나 행동이 반복적으로 습관화되고 세월이 흐르면서 굳어지게 되면 밖으로 드러나게 되는데 그것이 바로 얼굴이라는 형상이다.

그러기에 얼굴은 태어날 당시의 틀에 고정되어 있는 게 아니라 주변 환경에 적응키 위해 그에 맞는 습관적인 상념을 하게 되고 그것이 얼굴을 변화하게 만드는 요인이다.

몸을 많이 사용하는 직업을 가지면 그 환경에 맞는 동작이나 생각을 계속적으로 하게 되고 그것이 얼굴의 광대뼈나 눈썹 등을 변화시키는 작용을 한다. 또한 사람을 많이 상대하는 직업을 오랜 세월 동안 가지게 되면 그 환경에 적응키 위해 목소리나 눈빛, 얼굴 근육이 변화된다.

평소에 얼마나 부정적인 생각을 하고 사느냐 아니면 긍정적으로 밝게 사느냐에 따라 인상도 바뀌고 운 또한 덩달아 변하는 것도 그와 마찬가지의 이치다.

'마흔을 넘어서면 자신의 얼굴에 책임을 져야 한다'고 했다. 40여 년을 살아온 삶의 이력이 얼굴에 굳어져 고정되어지는 시기여서 그렇다.

마흔을 넘어서면 불혹(不惑)이라 해서 주변의 어떤 변화에도 좀체 흔들리지 않기 때문에 생겨난 말이고, 얼굴 또한 그 이후에는 큰 변화를 일으키지 않는다.

사람에 따라 시차가 있긴 하지만 관상적으로도 마흔을 넘어서면 얼굴에 나타난 나쁜 기운을 거의 거쳐 왔기에 좋지 않은 일들이 그만큼 소멸된 상태를 많이 볼 수 있었다.

얼굴이 그림을 그리는 캔버스라면 색깔을 입히는 물감과 붓은 당사자의 마음과 반복적인 행동이다. 즉, 자신의 얼굴이 어떻게 만들어 지느냐는 선천적으로 타고난 뼈대 위에 스스로의 마음가짐에 따라 살갗과 피부색으로 재창조되는 것이다.

마음 씀씀이가 매사에 부정적인가 긍정적인가에 따라 얼굴 형태와 분위기도 달라진다. 다시 말해서 자신의 얼굴은 스스로가 만들기 나름이다.

육체는 눈으로 볼 수 있지만 영혼은 눈으로 볼 수 없다. 영혼을 그나마 볼 수 있는 것은 얼굴과 몸에서 풍기는 고유한 파장이다.

유혹에 약하고 판단력이 미숙한 유소년기라면 모르되 불혹을 거친 나이에서 인상이 좋지 않다면 그 사람의 지나온 세월이 부정적 심성으로 점철되어 졌을 가능성이 높다.

미국의 링컨 전 대통령이 말하기를 '사람은 누구나 자신의 얼굴에 책임을 져야 한다.'고 했다. 링컨이 관상학을 연구했을 리 없었을 텐데도 그런 말을 한 것을 보면 인상이 심상이라는 논리가 동서양을 막론하고 진리로 통하고 있음을 알 수 있다.

얼굴을 나무로 치자면 과일에 비유할 수 있다. 그해의 기후 불순이나 비료부족 등으로 설령 열매가 제대로 맺지 않았다 하더라도 그것은 그리 문제가 되지 않는다.

현재의 열매가 비록 작더라도 뿌리가 살아있다면 좋은 비료를 줌으로써 훌륭한 열매를 맺을 수 있기 때문이다.

잎과 열매를 사람으로 치자면 얼굴과 몸이고 그 잎과 열매를 자라게 하는 뿌리는 인간의 영혼에 해당된다.

이 영혼에 물을 주고 거름을 주는 행위는 자신의 상념이 긍정적이 되도록 습관화 시키는 일이다.

'건전한 정신에 건강한 육체가 깃든다.'는 말은 마음과 몸이 따로 분리된 물질이 아니라 서로 밀접하게 연결되어 있다는 뜻이며 마음을 어떻게 쓰느냐에 따라 몸이 변한다는 의미이기도 하다.

상담을 하다 보면 겉으로 드러난 얼굴판은 그럴싸하게 생겼는데 내면에 흐르는 기가 맑지 못하고 탁한 에너지가 흐르는 사람을 종종 만날 수 있다. 이것이 쉽게 말해 나쁜 업이 쌓였다고 말할 수 있다.

보통의 사람들도 상대방에게서 이 나쁜 업을 느낄 수가 있는데, 주는 것 없이 왠지 밉게 보이는 사람이 그런 유형이라고 할 수 있다.

나는 상대방에게 아무런 잘못도, 해도 끼치지 않았는데 타인에게서 은연중에 이유 없이 따돌림을 당하든가 눈총을 받는 일이 자주 발생한다면, 겉으로는 드러나지 않지만 내 몸속에 흐르는 에너지가 맑지 않고 탁하고 부정적인 기운이 든 탓이다.

앞서도 말했듯이 기라는 것이 눈에는 보이지 않지만 느낄 수는 있다. 내 탁하고 부정적인 에너지를 타인은 오감 이외의 감각으로 느끼고 있다는 뜻이다. 이것을 다른 뜻으로 바꿔 말하면 나쁜 업이 쌓인 상태라고 할 수 있다.

매일 싱글벙글 웃는 사람은 나쁜 업이 없을까? 겉으로는 웃더라도 속마음이 검다면 제아무리 목소리가 곱고 예쁜 미소를 잘 짓는다 해도 오래지 않아 본성이 감지되게 되어 있다.

업(業)이란 무엇일까?

우리는 살아오면서 업 혹은 업보란 말은 심심찮게 들어왔으면서도 정작 그 뜻이 뭐냐고 묻는다면 대답이 궁해지리라.

어렴풋이는 알아도 손에 집히지 않는 그 무엇이기에 말로 표현하기가 애매하기 때문이다.

업(業)이란, 자신의 몸이나 입 그리고 마음속으로 만들어 낸 선악(善惡)을 습관적으로 해서 내부에 차곡차곡 쌓인 상태를 말한다.

그것을 필자 나름의 현대적인 시각으로 바꿔서 말한다면 자신이 전생에서 쌓은 기억들과 부모 등 조상으로부터 유전자를 통해 물려받은 선악의 정보라고 말할 수 있다.

'저 놈한테 내가 속는 건 아닐까?'
'저 놈은 노력도 하지 않은 것 같은데 어떻게 잘살지?'
'얼굴이 나보다 못생겼는데 저 년은 왜 잘살지?'
'사촌이 땅 샀대. 아이고, 배 아파라.'

우리가 살아오면서 무심코 하는 상념들 중에는 이렇게 습관적으로 다른 사람 잘되는 걸 속으로 부정하며 살지 않았는지 뒤돌아볼 일이다.

남 잘되는 것을 은연중에 배 아파하고 시기하거나 질투하게 되면 이것이야말로 자신의 몸에 나쁜 업이 쌓이게 만드는 지름길임을 알아야 한다.

만일 그런 식으로 살아왔다면 자신의 잠재의식 속에 '잘되면 안 되는데……' 하는 최면의 씨앗이 스스로도 모르는 사이에 심어 지게 되었을 테고, 그것이 세월이 흐르면 자신에게 부메랑이 되어 돌아온다.

잠재의식 속에 그런 부정적인 의식이 뿌리를 내렸다면 제아무리 발버둥치며 노력한들 하는 일마다 이상하게 잘 안 풀릴 것이다.

그것은 누구의 책임도 아니다. 평소에 남이 잘되는 걸 바라지 않았던 스스로가 '잘되지 마라'는 명령을 잠재의식 깊숙이 심어 놓은 결과이기 때문이다.

그렇다고 남 잘되는 일에 하기 싫은 칭찬이나 해 주고 무조건 박수 치라는 이야기도 아니다. 속으론 배 아파하면서 겉으로만 박수 치면 아무짝에도 소용이 없고 손바닥만 아플 뿐이다.

그럴 바엔 차라리 무심하게, 덤덤하게 지나치든가, 자신도 노력해서 저렇게 잘돼야지 하는 각오를 다지는 게 훨씬 더 좋다.

좋은 업이 더 많이 쌓인 사람은 환경이 바뀌더라도 타인에게 큰 거부반응을 일으키지 않으면서 융화를 잘하고 믿음을 심어준다. 이런 현상은 나쁜 업이 많이 쌓인 사람들에 비해 삶에 있어서 좋은 영향을 받을 수 있다는 것은 누구든 안다.

그렇다면 나쁜 업이 쌓인 사람들은 대인관계에서 평생 어려움을 겪으며 살아야 할까? 그것은 나쁜 업을 해소하는 노력을 어떤 식으로 하느냐에 따라 달라질 수 있다.

나쁜 업을 제거하고 얼굴에 아름다운 빛으로 채색하기 위해서는 여러 가지 방법이 있다. 그 방법들은 각 개인이 처한 환경이나 사고방식에 따라 달리 처방될 수 있는데, '덕'을 쌓는 행위도 한 가지 방법이 될 수 있다.

덕도 덕 나름이다. 여기서 말하는 덕이란 '조건 없이 베푸는 덕'이다.

좋은 상이 나빠지기는 간단한 일이지만 나쁜 상을 좋은 상으로 바꾸는 일은 쉽지 않다.

정기적인 무료봉사도 덕을 쌓는 일이다. 몸은 비록 힘들지라도 자신도 모르는 사이에 살아있음에 감사함과 겸허한 마음이 우러나게 되면서 영혼이 정화되고 나쁜 업을 벗겨내는 지름길이 된다.

지식이나 지혜는 다소 부족하더라도 남을 진정 사랑할 줄 알고 어려운 이를 돌볼 줄 알며, 은혜를 알고 매사에 감사하는 마음을 지니고 산다면 그 사람의 인상은 성스러운 빛(에너지)으로 둘러싸이게 될 것이다.

얼굴의 중심, 코

예부터 전해 오기를 코는 얼굴의 중앙에 우뚝 솟아올라 관상에서 재백궁(財帛宮)이라 부르며 재복의 여부와 금전의 들고 남, 재산관계를 가늠하는 장소라 했다.

그럼 코가 커야 재산이 많고 작으면 가난하단 말인가?

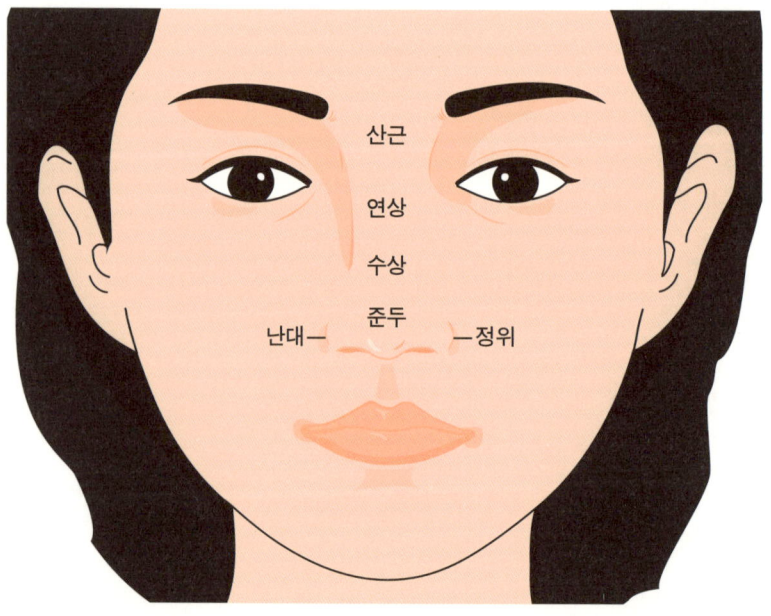

큰 코

- 보수적이다.
- 자질구레한 일에 세심하고 꼼꼼하다.
- 품성이 좋고 정신적인 면이 발달해 있다.
- 꿈과 이상이 높은 반면에 현실에서 약삭빠르지 못하다.
- 염세적이고 탈속 성향이 있는 사람도 있다.

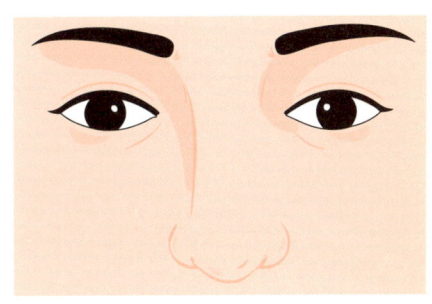

큰 코

높은 코

- 결과에 성급하다.
- 자기 방어적이다.
- 자존심이 강하다.

코가 크거나 길면 대범할 것 같지만 보수적이고 생각이 깊고 자질구레한 일에 신경을 많이 쓰며 고지식, 세심, 꼼꼼하고 금전관계에 결벽성이 있다.

품성이 좋고 정신적인 면이 발달해 있으며 너무 꿈과 이상을 뒤쫓는 나머지 현실에서 약삭빠르지 못하다.

염세적이고 탈속 성향이 강하며 자존심과 함께 보수적이어서 장사꾼보다는 사회사업가나 종교인, 예술가 쪽이 더 어울린다.

모 인기 남자가수가 강한 남성의 상징이라는 소문을 오래 전 어디선가 들은 적이 있다. 그것이 진실인지 우스갯소리 루머인지는 알지 못하지만, 그 가수의 불타는 듯한 눈빛과 곧게 뻗어 내린 코를 합쳐 볼 때 어쩌면 타당성 있다고 생각했었다.

옛날부터 남성의 심볼은 코를 보면 알 수 있다고 했는데, 그렇기도 하고 그렇지 않은 경우도 있다. 특히, 코가 커야 힘이 좋다는데는 더욱 동의하지 않는다.

코가 크더라도 콧대가 바르고 준두가 단단한 코가 제 값을 하리라 생각하고, 작더라도 단단하고 암팡진 코가 실속이 있다고 본다.

또한, 눈빛과 정력과는 상관이 없을 것 같지만 코의 크고 작음보다는 눈빛이 훨씬 더 영향이 크다.

코가 아무리 크더라도 눈에 빛이 살아있지 못하다면 기능에서 문제가 있을 수 있고, 코가 작더라도 눈빛에 힘이 있다면 남성 역시 살아있다고 보는 것이다.

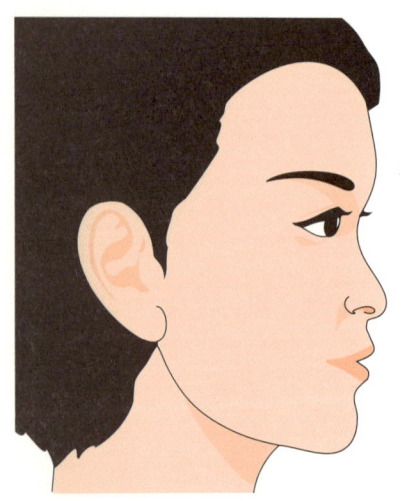

짧고 낮은 코
- 상황에 따른 처신이 좋고 순발력이 있다.
- 자존심을 굽힐 줄 아는 융통성과 처신이 좋다.
- 임기응변이 좋다.
- 눈치가 빠르다.
- 줏대가 약하다.

짧고 낮은 코

낮은 코라 해서 보기 싫을 정도로 푹 찌그러진 코의 생김이 아니다. 너무 우뚝하게 솟지 않고 약간 낮은듯하면서 살이 풍만하게 감싸주어 단단해 뵈는 코를 말한다.

코가 짧다는 것은, 얼굴을 옆에서 봤을 때 이마에서 눈썹, 눈썹에서 코의 준두 끝, 코끝에서 턱 끝, 이렇게 삼등분으로 나눠서 볼 때 그 중 코의 길이가 짧은 듯 보이는 모양을 말한다.

만일 이런 짧은 코의 특징으로 조선시대에 살았다면, 능수능란함으로 자칫 줏대도 없는 변절자라는 손가락질을 받았을 테지만, 하루하루가 변화무쌍하게 돌아가는 이 시대, 그리고 다양한 사람들과 대인관계를 맺으며 살아야 하는 현대인에게는 현안에 따라 자존심도 굽힐 줄 알고 적응력이 좋은 짧고 낮은 코가 재산 형성에 유리할 것이다.

턱이진 코

- 중년 무렵에 부부관계나 자신이 하는 일에 인생 중 가장 큰 고비가 닥칠 상이다.
- 자존심과 개성, 공격성과 일에 대한 추진력, 집념이 강하고 타협심이 없어 자기주장을 좀체 양보치 않는다.
- 남의 밑에서 일하기보다는 자기 일을 가지든가 사업가 상이다.
- 특히 여성은 남자 운이 그리 좋지 않고 자기 인생을 스스로 개척하며 살아갈 상이다.

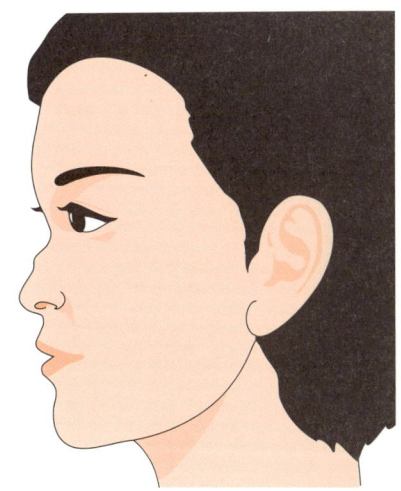

턱이진 코

매부리코

- 금전적으로 탐욕스럽고 인색하다.
- 냉철한 이성의 소유자로 두뇌 회전이 빠르고 기회 포착과 요령이 좋다.
- 자화자찬을 잘하고 권력으로 상대를 굴복시키길 좋아하며 자신의 이익을 위해서는 배신도 할 수 있는 형이다.
- 재물 운은 매우 좋다.
- 여성은 운수의 굴곡이 많다.

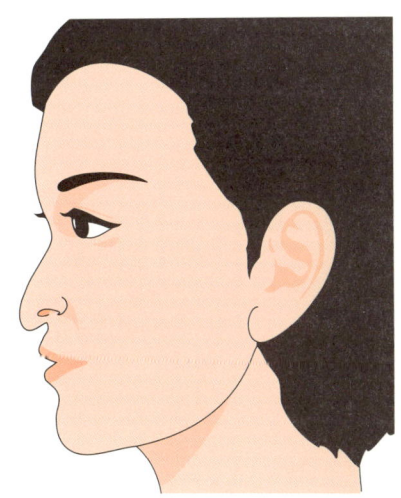

매부리코

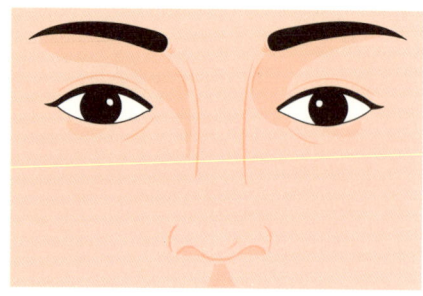

살 없이 마른 코

살이 없는 마른 콧대

• 마흔 전후에 부부 사이가 나빠 오랜 별거나 심하면 이혼까지도 할 수 있다.

• 이 시기에는 하는 일을 크게 확장하거나 모험을 하면 안 된다.

• 중년 무렵엔 현상유지만 한다고 생각하고 안전지향으로 살면서 그 고비를 넘겨야 한다.

일반 사람들이나 일부 관상가 중엔, 콧대가 바르기만 하면 무조건 좋은 줄로 착각하는 분들이 의외로 많다.

살이 없는 콧대도 있느냐고 반문하는 분들이 혹시 있을지 모르지만, 느낌상으로 뼈대가 드러나 보이는 형이 있고 살이 감싸는 콧대가 있다.

들창코

들창코

• 급하고 개방적이며 낙천적이고 시원시원한 성품을 타고 났다.

• 바람 부는 대로 살면 된다는 감성적인 사고의 소유자다.

• 장기적으로 계획을 치밀하게 세우지 못하고 일도 시작하기 전에 열매부터 따려고 하는 성급함을 고쳐야 한다.

콧구멍이 안 보이는 코

• 감성보다는 이성적 판단을 잘하고 금전관리에 능해서 부지런만 하면 재산 운이 좋다.

• 재물이 일단 들어오면 잘 안 나가는 자물통이다.

콧구멍이 안 보이는 코

콧구멍이 큰 코

• 사고방식이 개방적이어서 자신의 감정을 숨기지 못하고 노골적으로 드러내 본의 아니게 손해를 많이 본다.

• 어떤 일을 결정할 때 이성적 판단보다는 감정에 치우쳐 결정하는 일을 조심해야 한다.

• 자존심이 강해서 체면을 깎이는 일은 잘 하지 않는다.

• 들창코와는 약간 다르지만, 성향은 비슷한 면이 있다.

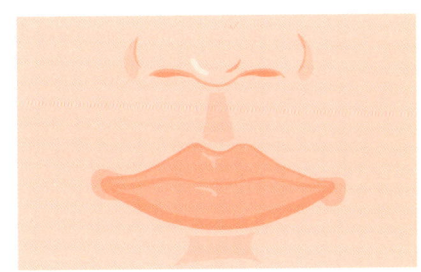

콧구멍이 큰 코

콧구멍이 작은 코

• 적극성과 승부사 기질, 돌파력이 약간 부족하다.

• 대범하지 못해 큰일은 벌이지 못하지만 금전관리는 잘하는 편이다.

콧구멍이 작은 코

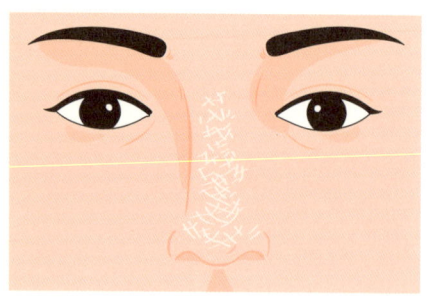

살결이 거친 코

살결이 거친 코

- 코의 피부에 각질이 일어나는 것을 말한다.
- 재산 운과 이성 운이 그리 좋지 못하다.
- 자중하면서 내공을 쌓을 필요가 있다.

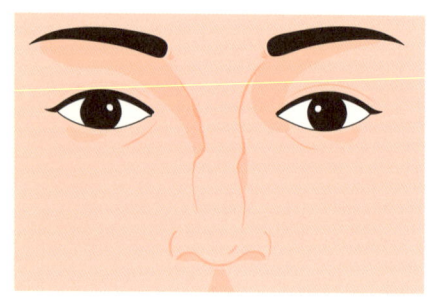

콧대가 비뚤어진 코
- 눈에 띌일 정도로 비뚤어진 상태가 심하면 마흔 전후에 재산상 큰 손해를 보고 부부관계도 극도로 나빠져 오랜 별거나 이혼을 할 상이다.

콧대가 비뚤어진 코

누구든 콧대가 실제로는 약간씩 비뚤어져 있는 게 보통이다.

그러나 눈에 띌 정도로 상태가 심하면 마흔 전후에 재산상 큰 손해를 보고 부부관계도 극도로 나빠져 오랜 별거나 이혼을 할 상이다.

이 시기에는 모험하지 말고 현상유지만 한다 생각하고 안전빵으로 살아야 하며 부부 사이에도 신경을 많이 써야 한다.

코가 어느 방향으로 휘어졌느냐에 따라 부모 중 한쪽하고 사춘기 이전에 인연이 없었다는 뜻이다.

선천적으로 휘어진 코가 영향이 훨씬 크긴 하지만 사고로 다쳐서 삐뚤어진 코도 영향이 있다.

코의 산근이 지나치게 낮은 코

• 지나치게 낮으면, 명예심과 지능이 그리 좋지 못하다.

• 사리판단과 윤리감각도 약간 떨어진다.

어린 아이들의 코를 보면 산근이 아직 발달하지 못해 낮은 것을 볼 수 있다.

성인이 되어도 동양 사람들 대부분은 서구인에 비해 산근이 낮은 게 보통이다.

상담을 해보면 여성분들 중에 산근이 낮아서 높이는 성형수술을 하고 싶다는 분들이 꽤 많다. 얼굴 균형에 비해 지나치게 낮아서 보기 싫을 정도라면 약간 높이는 것은 괜찮지만 어떤 여성분은 동양사람 특유의 편편한 얼굴판인데도 콧대를 서양 사람처럼 오똑하게 한 걸 봤다. 그것은 잘못됐다고 생각한다.

사람 얼굴마다 각각의 개성이 있고 그에 맞게 성형을 해야 거북스럽지 않고 관상적으로도 하자가 안 생기는 법이다.

특히, 앞서도 말했듯 성형을 하더라도 마른 콧대로 하는 고침은 피해야 한다.

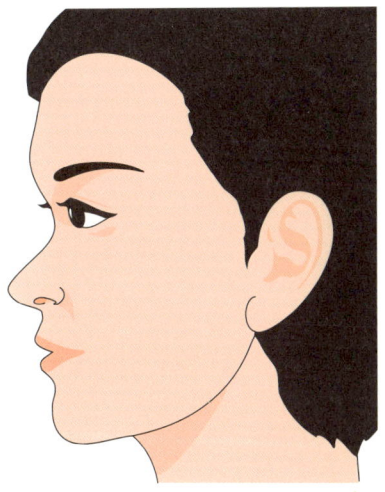

산근이 낮은 코

코털에 대해서

콧구멍 속에는 누구든 털이 나 있다.

이 털은 불순물을 걸러내고 코 속의 온도를 조절하는 역할을 하는 것이라 본다.

관상적으로는 많으면 좋으나 이 털이 바깥으로 보이면 재산상 손해가 있고 금전운이 일시적으로 막힌 현상으로 본다.

코털
• 코털이 바깥으로 보이면 재산상 손해가 있고 금전운이 일시적으로 막힌 현상으로 본다.

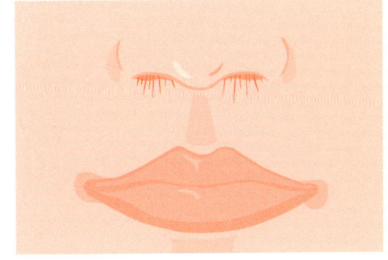

높이 솟은 인당에 비해 움푹 들어간 산근

옆에서 봤을 때 인당 부위가 높게 솟았다가 콧부리(눈과 눈 사이의 바로 아래)에서 갑자기 움푹 들어간 상은, 인색하고 상대방의 단점을 보는 눈이 발달해 있어 매사에 부정적 사고방식을 가지고 있으며 잔꾀가 많고 교활하다.

• 명줄이 그리 긴 상이 아니다.

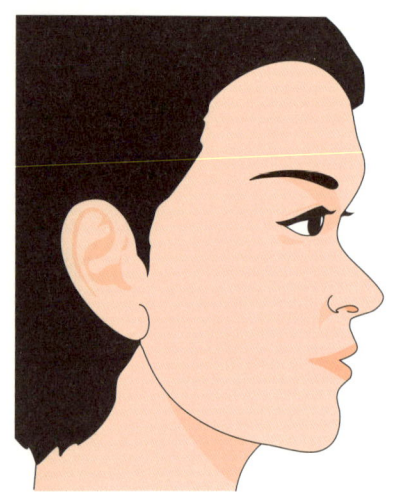

높이 솟은 인당에 비해 움푹 들어간 산근
• 인색하고 상대방의 단점을 보는 눈이 발달해 있어 매사에 부정적 사고방식을 가지고 있으며 잔꾀가 많고 교활하다.

홍콩의 영화배우 성룡을 알 것이다. 첫 눈에 들어오는 것이 주먹코다. 이것이 그의 얼굴에서 가장 큰 관상적 특징이랄 수 있다.

코가 약간 큰듯하지만 다행히도 시원하게 열린 인당이 위에서 내려다보고 있고 살이 잘 감싼 광대뼈와 귀가 양옆에서 코를 호위하고 있으며 아래에서는 든든한 턱이 받쳐주고 있다.

다시 말해, 사방에서 코를 잘 감싸주고 호위하는 형상의 좋은 상임을 알 수 있다.

넓은 눈두덩과 인당 그리고 주먹코를 볼 때 좋은 지능과 사물에 대한 뛰어난 응용력을 갖추고 있으며 낙천적이고 품 넓은 심성의 소유자임을 능히 짐작케 한다.

만일, 인당이 좁거나 턱이 짧든지 해서 주먹코를 감싸는 역할을 하지 못했다면 오늘의 성룡은 없었을 것이다.

준두보다 콧방울이 아래로 처진 코

• 어린 아이들한테서 자주 볼 수 있는 코의 모양인데, 아랫사람이나 부하의 운이 나쁘다.
• 아랫사람으로부터 존경도 못 받고 돌봐 주어도 보답을 못 받는다.

준두가 붉은 코

• 머리는 비상하여 일 벌이기를 좋아하지만 계획만 찬란할 뿐 동분서주 바쁘기만 하다.
• 파산 혹은 법정에 설 수도 있는 운수.
• 만일, 운이 좋아 재산을 많이 모으면 재난을 만나거나 명이 짧아질 수도 있다.

준두보다 콧방울이 아래로 처진 코

준두에 가로주름이 있는 코

• 재산을 날리는 등 풍파가 많고 운수가 나쁜 상이다.
• 배우자와 자식과의 관계도 나쁘고 고독해질 수도 있다.
• 법정 다툼과 교통사고 등을 조심해야 한다.

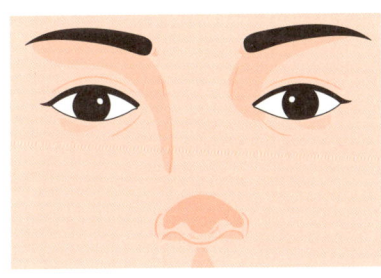

준두가 붉은 코

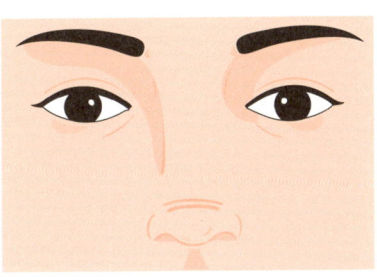

준두에 가로주름이 있는 코

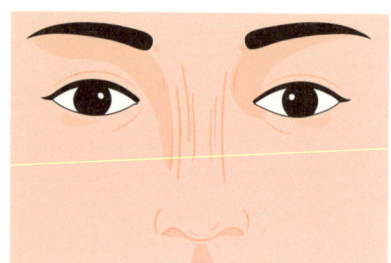
세로주름이 있는 콧날

세로주름이 있는 콧날
- 남녀 관계에서 말썽이 일어날 소지가 있으니 조심해야 한다.
- 재산상 손해를 보든지 부부의 사이가 그리 좋지 못할 가능성도 있다.

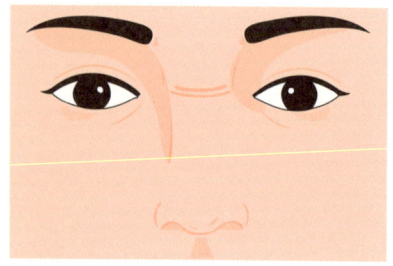
콧부리의 가로주름

콧부리의 가로주름
- 자식들이 직업이나 결혼 등으로 떨어져 사는 상이다.
- 남을 도와주고 챙겨줘야 하는 일들이 많이 생기고 늙어서도 일을 하며 보낼 상.
- 그러나 주름이 한 가닥으로 보기 좋게 나 있으면 성격도 좋고 가정이 원만하다.

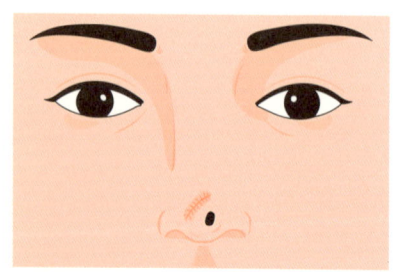
준두에 난 상처나 점, 주름

준두에 난 상처나 점, 주름
- 살아가면서 굴곡진 일을 많이 만나고 남들보다 노력을 많이 해야 하는 상.
- 남녀 모두 성욕이 강하고 그것 때문에 말썽이 일어날 소지를 안고 있다.

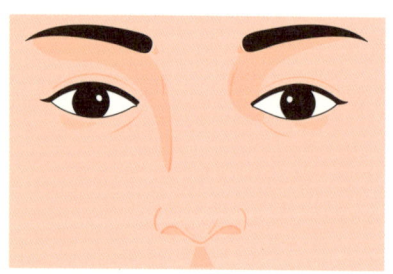
코끝에 살이 없고 뾰족한 코

준두의 살이 풍후한 코
- 인정이 많다.

코끝에 살이 없고 뾰족한 코
- 교활하고 성격이 차갑다.

찐빵처럼 생긴 사내

'생긴 대로 놀고 생긴 대로 살아간다.'라는 이 대명제 앞에 자유로운 사람은 없다. 관상을 보는 일은 사사로운 금전으로는 도저히 환산이 안 되는 가치 있는 정보들이 들어 있다.

예를 들어, 남녀 간의 애인궁합 혹은 결혼궁합은 인생의 성패와도 직결되는데 이것을 어떻게 금전으로 환산할 수 있단 말인가.

"내가 사주니 관상이니 이런 걸 한 번도 안 봐서 잘 모릅니다. 어쨌든 관상이나 봐 주슈."

시답잖게 건성으로 말하는 40대 중반의 이 사내를 관상가가 아닌 보통 사람의 눈에 보이는 모습을 표현하면 이렇다.

디룩디룩 살이 붙은 얼굴은 찐빵 같이 둥글 넓적하게 생긴데다가 짧고 낮은 코, 이마의 굵은 주름, 손질을 앓아선지 이리저리 제멋대로 쏠린 머리칼, 170cm의 키에 85kg 정도 나가는 뚱뚱한 체중이니 목욕탕 안에서 봤다면 앞 뽈록 뒤 뽈록이 분명할 터였다.

앞 볼록, 뒤 볼록이란 배와 엉덩이가 앞뒤로 톡 튀어나왔다는 말을 의미한다. 그나마 눈이라도 커서 시원하게 보인다면 말이나 않지,

눈을 뜬 건지 감은 건지도 구분 안 되게 작은데다가 여드름 자국 때문에 피부마저 매끈하지 못했다.

한 마디로 어디하나 이쁜 구석이라곤 없는 사내였던 것이다.

이런 사람이 입을 뻥긋할 때마다 퀴퀴한 술 냄새에 마늘 냄새, 삼겹살 먹은 냄새를 팍팍 풍기는데다 술기운 때문인지 이유 없이 피식피식 웃는 친구 둘까지 대동해서 왔으니 그림이 볼 만하지 않은가.

어쨌든 손님이 앞에 앉았으니 관상가의 눈으로 돌아와서 이것저것 간단한 질문을 하며 얼굴에 나타난 특징을 메모지에 체크하기 시작했다.

필자가 질문하고 사내가 대답하는 사이 술기운에 들떠있던 사내와 옆 친구들의 호흡과 표정이 안정되어져 갔다.

드디어 질문이 끝나고 몇 초간의 침묵이 흐르자 그들은 진지함과 호기심이 묻어난 눈으로 일제히 필자를 바라봤다.

사실, 손님과 마주 앉아서 일대일 상담할 때가 마음이 편하다.

집중력이 생겨서 많은 말을 하지 않아도 되기 때문이다.

그런데, 방청객이 지켜보는 자리라면 분위기도 어수선한데다가 같이 따라온 사람들이 동료의 지나온 과거 행적과 현재의 상태를 너무나 잘 알고 있기 때문에 필자의 관상평이 틀리게 나오기라도 한다면 망신도 그런 망신이 없을 터이다.

한 마디로, 돌팔이 관상쟁이가 되느냐 유능한 관상 선생님이 되느냐, 적나라하게 까발려지게 되는 시험대에 올라 있게 되는 것이다.

하지만 필자는, 상담 손님이 몇 명의 동료들을 응원부대로 이끌고 와서 옆에서 지켜보더라도 따로 분리해서 상담하지 않고 정면 승부수를 띄우길 마다하지 않는다.

예외가 있다면, 서로가 들어선 곤란한 시어머니와 며느리, 올케와 시누이 사이라면 경우에 따라선 분리해서 상담하기도 하지만 말이다.

필자가 그렇게 진검 승부에 당당할 수 있는 것은, 관상이란 분야가 이론 통계학이 아니라 실전 통계학이기 때문이고, 수많은 상담을 하면서 늘 그것을 확인하면서 틀린 부분은 보완을 해 왔기 때문에 언제 어느 장소에서건 자신이 있었던 것이다.

그렇더라도 방청객의 여러 눈들이 필자에게 쏠려있는 상태기 때문에 관상을 모르는 그들의 이해를 돕기 위해서 얼굴의 눈, 코, 입, 귀, 이마, 치아, 손바닥 등등에 나타난 특징을 부위별로 나눠서 그림을 곁들여 하나하나 설명해 준 뒤, 나중에는 전체의 구조와 짜임새에 나타난 과거, 현재, 미래를 말해주는 형식을 취한다.

이 사내에게 역시 이마에서부터 설명을 해 주기 시작했다.

"주름이라는 것은 나이나 환경, 사고방식에 따라서 여러 형태로 생길 수 있습니다. 이마에 주름이 있다고 해서 나쁘고 없다고 해서 좋은 것은 아닙니다. 미관상으론 보기 싫을지 모르지만 관상적으로 좋은 주름이 있고 그렇지 않은 것도 있습니다. 이분의 이마 주름 중 가운데 주름은 끊어지지 않고 일자로 쭉 그어져 있는데 아주 좋은 의미의 주름입니다."

필자가 말하는 동안 그들은 자신의 이마를 만져보기도 하고 상대의 이마를 확인하며 호기심을 보였다.

"이 주름은, 성실한 노력가로 자신의 힘으로 일어서는 능력을 갖추고 있다는 의미의 주름입니다. 쉽게 말해서 자수성가형의 주름이죠."

"음……."

그들은 동시에 고개를 끄덕였다.

"그리고 아래의 주름은 일자로 이어지지 않고 몇 가닥으로 끊어져 있는데, 이런 형태의 소유자는 부하나 혈육 중 손아래 형제 등에게서 만족한 덕을 받지 못했다는 것을 나타냅니다."

"네……."

"다음은, 눈썹의 생김과 그에 따르는 영향에 대해서 말합니다. 이 분의 눈썹 끝은 숱도 드문데다가 이리저리 흩어져 있습니다. 이것은 성격이 급한데다가 한 성깔 하는 사람의 눈썹 모양이죠. 그리고 자존심 또한 매우 강하다는 걸 나타냅니다."

필자가 쓴 앞의 글들에서 눈썹의 길이가 눈의 길이보다 짧으면 짧을수록 성격이 모가 나고 주변 사람과 화합하기 힘든 괴팍한 사람이라고 소개를 했었다.

이 사내의 눈썹 역시 끝 부분의 숱이 옅으면서 눈 길이보다 짧은 눈썹 형을 하고 있었다.

그러나 같은 형태라도 눈에서 나오는 빛이 살기가 없는 눈을 보유하고 있다. 이것은 성격 급한 것과 성깔 있고 자존심 강한 사람임은 분명하지만 그것으로 인해 인생이 휘둘릴 정도의 나쁜 일이 일어나리라 보지 않는다.

다만, 10대나 20대의 혈기왕성할 때에는 낙천적인 생각을 가지고 살 필요가 있는 상이다. 이런 형의 눈썹이 단점만 있는 것은 아니다.

눈썹 숱이 짙은 형과 옅은 사람은 각기 장, 단점이 있는데 그것을 관상적 차이로 들어보라면, 짙은 눈썹 숱의 사람은 보수적이고 똥고집이 있다.

그래서인지 환경의 변화에 적응력이 떨어진다.

눈썹 숱이 짙으면서 이마가 좁은 사람은 보수적이어서 혼자 독단적으로 하는 사업에 어울리지 않는다고 말한 것은 바로 그래서인 것이다.

성격이 들쭉날쭉 하지 않고 고르다는 것과 섬세함과 안정감이 있다는 것이 짙은 눈썹의 큰 장점이다.

눈썹 숱이 옅은 사람의 장점이라면 뭐니 뭐니 해도 빠르게 변화하는 주변의 환경에 적극적이고 능동적으로 대처하는 능력이 뛰어나다는 점이다.

그리고 일에 대한 추진력과 뚝심, 경쟁심, 승부사 기질이 강해서 어지간한 일에 잘 흔들리지도 않고 짙은 눈썹 형에 비해서 생존력이 강하다고 할 수 있다. 또한, 짙은 눈썹 형은 성격이 정적인 데 반해 옅은 형은 동적이라고 볼 수 있다.

옅은 형의 성격적 특징을 봤을 때 다른 부위에 큰 하자가 없다면 월급쟁이보다는 사업가 기질에 더 가깝다.

물론 위의 평가는 코의 높낮이와 인당의 생김과 비교해야만 좀 더 정확하지만 눈썹 형태 하나만 봤을 때 그렇다는 말이다.

필자의 설명에 옆의 친구들은 말없이 고개를 끄덕였다.

오랫동안 가까이서 지켜본 사람들이니 동의한다는 뜻이리라.

만일, 필자의 관상 평이 조금이라도 틀리게 나오면 손님들은 어떤 반응을 보일까?

관상가, 혹은 역학한다는 사람이 잘 알아맞히지 못하면 손님들은 내색을 않고 그냥 덤덤히 앉아 있기만 할까? 그렇지 않다.

경험에 비추어볼 때, 열이면 열 틀리다고 즉각 반응한다.

틀리다고, 아니라고. 거의 대부분 직접 대놓고 말하거나 고개를 가로로 내젓는다.

손님들이 그렇게 반응을 보이면 어떤 사주보는 사람은 자신의 말이 맞는다고 빡빡 우기면서 손님과 언성을 높이며 싸우는 것을 봤는데, 그것은 크게 잘못된 일이다.

자신의 지나온 과거는 이 세상 그 누구보다도 스스로가 너무나 잘 알 것이다.

그런데 상담자가 손님의 부정에 반박한다면 그건 개가 코웃음 칠 노릇이지 않은가. 그렇게 얼굴 붉어지는 일이 자주 발생하자 어떤 사주보는 사람은 손님의 과거와 현재는 얘기해 주지 않고 미래에 일어날 일들만 장황하게 말해 주는 것을 봤다. 왜냐하면 과거에 일어났던 일은 손님이 너무 잘 알고 있기 때문에 자칫 망신을 당할까 두려워서일 것이다.

미래에 일어날 일은 그 누구도 확인할 수 없기 때문에 손님이 반박할 수가 없다. 그런 점을 노린 것이다.

그런 식으로 상담을 해주는 사람이 있다면, 아무리 사주를 오래 했어도 실력이 늘기는커녕 눈치만 늘어서 돌팔이 사주쟁이가 된다.

상담 손님의 입장에서 누가 유능한 사주쟁이인지 관상쟁이인지를 알아보는 방법이 있다.

누구도 알지 못하고 확인이 안 되는 미래의 일만 물을 게 아니라 자신의 과거에 일어난 큰 사건이 어떤 것이 있었는지 물어보고 확인하는 것이 그것이다.

상식적으로, 과거의 일도 알아맞히지 못하는 사람이 미래에 일어날 일을 어떻게 알 수 있는가 말이다. 과거를 확인해서 거기서 알아맞히는 사람이라면 미래의 일도 신용이 되는 것은 당연한 이치 아닌가.

필자의 경우는 상담 손님의 지나온 일들 중에 인생에 영향을 끼쳤을 만한 큰 사건들을 먼저 간단히 이야기 해 주고 난 다음에 현재와 미래에 일어날 일들을 설명해 주는 방법을 택한다. 이후에는 손님들이 필자의 말에 신뢰를 보내며 맞장구도 쳐주고 분위기도 안정되어지는 것이다.

그 중에는 필자가 틀린 관상법이 나오면 손님의 말에 100% 수용해 준다. 그리고 손님이 돌아간 다음 관상법이 어디서 어떻게 잘못

됐는지 몇 시간이든 며칠이든 분석을 해서 완전히 소화를 시킨 뒤에야 안심한다. 이렇게 해야 다음에는 똑같은 실수를 하지 않고 내 관상법이 한 단계 올라서서 발전하는 것이다.

"코가 잘생겼습니다. 복코네요."

"복코요? 하하하하."

필자의 말에 사내는 코를 만지며 쑥스러워했고 옆의 사람들은 서로의 코를 바라보며 웃음을 터트렸다.

그들이 웃는 이유는 아무리 봐도 자신들의 눈으론 잘생긴 것 같지 않고 크지도 않은 것 같아 보이는데 좋은 코라니 그렇게 반응하는 것일 터이다.

사내는 얼굴은 크고 빈대떡 같이 넓적한 데 비해 코가 상대적으로 작은데다가 약간 낮기까지 해서 볼품없게 보였을 것이다.

그러나 그의 코는 콧구멍이 드러나지도 않고 아담하고 암팡지게 생긴데다가 안으로 꽉 움켜진 형을 하고 있어서 재산관리를 아주 잘하게 생겼다. 그것은 재물의 쓸모에 대해서 그때그때 감정에 따라 지출하는 형이 아니라 이성적인 판단으로 지출하는 형이다.

같은 크기의 코라도 야무지게 생긴 형이 있고 힘없이 퍼진 형이 있다. 또한 콧구멍이 훤히 드러난 형이 있고 안으로 감싼 형이 있는데 이것은 각기 장점과 단점이 있기 때문에 어떤 것이 좋다 나쁘다 할 수는 없다. 그러니 사내 같은 형의 코는 재산을 모으거나 관리하는 데 있어서는 좋은 코라는 것이다.

다만, 금전에 인색하다는 소릴 들을 수도 있으니까 기억하며 살아야 할 것이다.

얼굴의 크기에 비해서 낮은 코와 높거나 큰 코의 관상적 차이는 뚜렷하다.

낮은 코는 세상을 얕고도 넓게 보는 시야가 뛰어나기 때문에 변화무쌍하고 바쁘게 돌아가는 현 세상의 일에 능동적으로 대처하는 능력이 뛰어나다.

특히나 그때그때 상황에 따라서 적절히 대처해야 하는 현대사회에서는 적합하다고 할 수 있다. 그것이 재산이나 지위를 상승시키는 데 좋은 영향을 끼치리라 보기 때문이다. 다만, 신중하고 깊이 헤아리는 습관을 들이는 것도 좋으리라. 가수 모씨가 이런 코를 가졌다.

낮은 코의 반대는 높거나 큰 코다. 이 코의 특징은 보수적 사고방식의 소유자라는 데 있다. 그 때문에 고집이 있게 비친다.

보수적 시각이라는 것은 옛날부터 내려오는 관습 같은 것을 지키려고 하는 사고방식이 강해서 발 빠르게 돌아가는 현대의 변화에 둔감한 면이 있다.

옛날 관상 책을 보면 코가 큰 사람은 탐욕스럽다고 설명했던데 그렇지 않다. 의외로 소탈하고 기분파적인 면도 있고 탈속적이기까지 하다.

그래서 손님에 따라서 아양도 떨고 비위를 맞춰야 하는 장사꾼엔 큰 코를 가진 사람의 직업으로는 그리 어울리지 않는다.

노래방 같은 흥이 있는 장소에서 몸도 자유롭게 비틀고 춤추는 사람들을 관찰해 보면 코가 작거나 낮은 사람들인데 이들의 동작은 버들가지처럼 유연하다.

그와는 반대로, 코 큰 사람은 보수적이고 자존심이 강해선지 춤추는 몸도 뻣뻣한데다 그리 능숙치 못하고 그런 장소에서 잘 어울리지 못하는 것을 볼 수 있다. 그리고 남을 지나치게 의식해서인지 허드렛일 같은 자존심 상하는 일을 잘 못한다.

그런 사고방식은 조선시대의 양반사회에서는 위엄 있게 보였을런지는 모르지만 현대 사회에서는 분명 마이너스다.

그렇게 비교해 볼 때 낮은 코가 현대사회에서는 잘 적응할 수 있다는 얘기다.

다만, 높은 코라도 광대뼈, 이마, 턱, 귀, 인당 등 주변을 받쳐주는 부위가 발달해서 코를 감싸주는 역할을 한다면 더 없이 좋은 상이다. 일의 추진력, 재산, 건강, 그릇 크기 등에서 좋다.

낮은 코라도 광대뼈 등이 주위에서 감싸주는 역할을 해야 좋다는 것은 당연하다. 코만 아무리 잘생기더라도 주변에서 감싸주지 못하고 독야청청하다면 고독한 일들이 벌어질 것이고 재산 형성에서 그리 좋다고 볼 수 없다.

기가 바깥으로 흩어지는 형상이기 때문이다.

기가 안으로 모이지 않고 달아나는 관상이라면 그 사람이 겉으론 제아무리 잘생긴 것처럼 보일지라도 재산 복만큼은 그리 실속적이지 못하다는 것을 알아야 한다.

필자는 그에 대한 이치로 풍수지리법에 대비를 해 보았다.

명당 중에 교과서적이라 할 수 있는 산의 모양을 보면, 그림에서 보듯이 듬직하고 높은 산맥에서 내려온 산줄기 하나가 봉긋한 언덕을 이루고 그 언덕 좌우에서 다른 산들이 감싸주는 형국을 좋은 터로 꼽고 있다.

모산(母山)의 정기를 받은 봉긋 솟아 오른 언덕을 양쪽의 산들이 좌우에서 호위하듯이 감싸고 있는 것은 기운이 흩어지지 않고 가두어 두는 역할을 한다.

그와 마찬가지로 사람의 얼굴에서 코를 중심으로 광대뼈와 귀, 인당, 입술, 턱이 발달해야 좋다는 것이다.

기의 삭용에 대해서 보충 설명을 하자면, 바람 많이 부는 날 머리카락이 이리저리 헝클어지면 정신이 산란하게 되는 데 코 역시 주변의 바람막이가 되어주는 부위들이 발달하지 못하고 약하거나 뒤로 달아나는 형상이라면 실속이 없다는 걸 뜻한다.

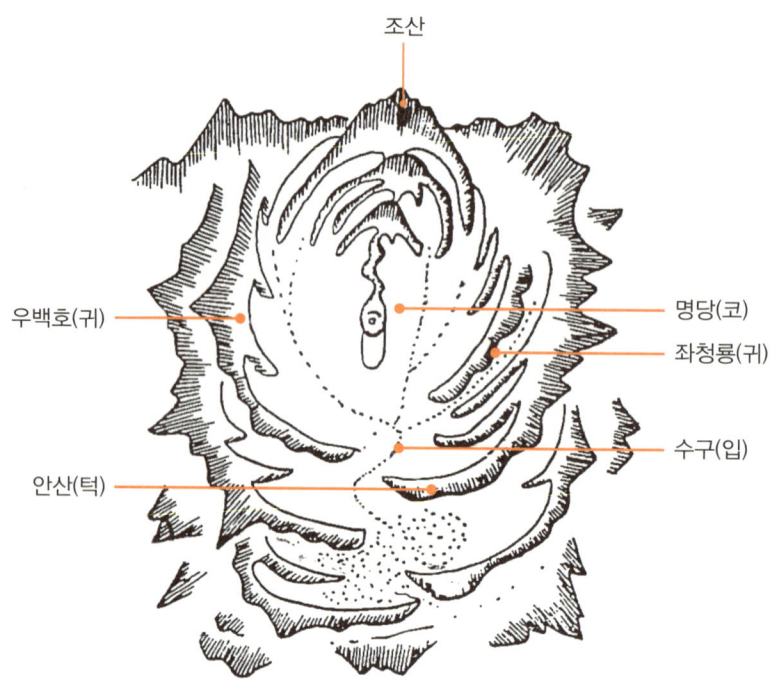

 풍수(風水)는 장풍득수(藏風得水)를 줄인 말이다. 장풍득수란 바람을 가두고 물을 얻는다는 뜻이다. 그림에서도 보듯이 명당 중심지 언덕의 좌우로 흐르는 물줄기가 있는데 이것이 득수(得水)다.

 얼굴에서의 물줄기는 코 양쪽에서 입가로 내려온 주름이다. 이것을 법령이라 하는데, 생긴 모양을 보면 물이 흘러내리는 곳 같아 보인다.

 성공한 사람치고, 아니면 자신의 직업에 전문가치고 이 법령선 얕은 사람 없다. 법령선이 뚜렷한 사람은 주변에 의해 이리저리 흔들림 없이 의지가 굳고 자신의 직업에 대한 만족도와 집중력이 뛰어나다. 그래서 이 선을 직업선이라고 부르기도 하는 것이다.

 얼굴을 부위별로 나눠서 설명했듯이 사내는 재산을 나타내는 여러 곳이 잘 짜여 있음을 볼 수 있었다. 한 가지 부족한 면이 있다면,

입이 작고 얇은 것이 흠이었다. 이것은 눈썹에서 나타난 성깔 있는 사람치고는 소심한 면도 있다는 걸 뜻한다. 그리고 이 부위가 이렇게 생겼으면 40대 중후반에서 50대 초반 사이에 금전관리를 잘 해야 할 상으로 본다.

"금전관리라는 게 어떤 뜻입니까?"

"가까운 혈육과의 빚보증이나 큰 액수의 금전거래를 말합니다. 작은 액수라면 도움을 줘도 무방하지만 인생이 걸린 큰 액수는 신중할 필요가 있겠어요."

필자의 말이 끝나자마자 옆에 있던 동료들이 킥킥대고 웃었다. 사내 역시 씁쓰레한 표정으로 말했다.

"아이고, 말도 마세요. 조카니 형제들이니 나한테 뜯어간 돈만 해도 아파트 몇 채 값은 될 겁니다. 전에도 그랬고 요즘도 그런데요, 뭘. 아마 앞으로도 그럴 것 같습니다. 하하."

"원체 가진 재산이 많으니까 그나마 영향을 입지 않았지만, 그렇지 않았다면 큰 타격을 받았을 상입니다."

"네."

"그리고 또 하나 얼굴에 나타난 단점은 볼 옆의 보조개 부근에 찍힌 점입니다. 점도 점 나름인데, 평평한 점이 있고 볼록 나온 점이 있습니다. 그 중 돌출된 점은 훨씬 영향이 크지요."

사내의 볼 옆의 점은 큰데다가 돌출된 점이다. 이 점이 보조개 부근에 찍히면, 한 곳에 머물기보다는 여기저기 싸돌아다니기 좋아하는 성향이 있다.

"그래서 그런 일이 생기는 건가요? 제가 지금 사업체를 다섯 개나 벌여놓고 있습니다. 여태껏 직종을 바꾼 회사만 해도 열댓 개는 될 겁니다. 그것은 사업이 안 되서라기보다 오래하면 싫증이 나서였습니다."

"방랑기질의 점이기 때문에 영향을 받았을 거라고 봅니다. 그런 성향을 직업으로 잘 활용한다면 단점을 장점으로 활용할 수 있지요."

자신의 얼굴 관상을 알면서 살아가는 것과 전혀 모른 채 살아가는 것은 인생에서 커다란 차이가 있다.

우리는 헤아릴 수 없을 정도로 많이 자신의 얼굴을 거울에 비춰보며 살아간다. 그렇게 마르고 닳도록 봤으면 자신의 얼굴 생김에 대해서 잘 알고 있을 것 같지만 전혀 그렇지 않다는 것을 상담 손님을 대할 때마다 느낀다. 너무나 많이 봐서 내성이 생긴 탓일까? 손님들 거의가 자신의 얼굴에 점이 어디에 찍혔는지 흉터가 어디에 있는지도 잘 모를뿐더러 타인과 얼굴이 어디가 어떻게 다른지, 그것이 인생에서 어떤 영향을 끼치는지에 대해서는 더더욱 모른다고 할 수 있다.

얼굴은 누구든지 제각각 다르다. 부모조차 잘 구별 못하는 쌍둥이라도 다르다. 그 다른 특징만큼 인생이 갈려진다고 볼 수 있다.

관상을 보는 목적은, 자신의 장단점을 객관적인 시각에서 정확히 안 뒤 조심하고 보완을 해 대인관계나 직업 등으로 잘 활용하여 행복한 인생을 살자는 데 목적이 있다.

상담이 끝나자 사내와 일행들은 얼굴이 밝아져있었다.

"오늘 술김에 얼떨결에 들어와서 아주 귀중한 정보를 얻고 갑니다. 살아오면서 늘 제 얼굴에 대해서 궁금해 했는데 모든 걸 알고 나니까 속이 다 후련합니다."

사내는 자리에서 일어서다 말고 말했다.

"제가 여자 복은 있겠습니까?"

"여자 복요? 무슨 여자 복? 마누라 복은 있겠어요. 일편단심 형이어서 여기저기 다니며 외간 여자와 염문을 뿌리는 상이 아닙니다. 여자 꽁무니 쫓아다녀 봐야 소득도 없을 뿐더러 헛물만 켜게 될 겁니다."

필자의 말에 모두들 큰 소리로 웃으며 흡족한 표정이 되어 나갔다.

사내의 얼굴은 앞서도 소개했듯이 일반사람들이 보기에 못생긴 축에 든다. 점수로 따진다면 한 50점이나 될까? 그러나 그것은 어디까지나 관상을 잘 모르는 사람들이 매긴 점수일 뿐이다.

물론 재물 운만 좋다고 해서 성공한 인생이라고 볼 수는 없지만, 둥글고 펑퍼짐해서 매력이라곤 없을 것 같은 사람이 재산뿐 아니라 건강 상태 양호하고 부부관계까지 무난하다면 괜찮은 관상이라고 생각한다.

귀에는 심성과 가까운 장래의 운명이 들어 있다

관상에서 귀는 재산의 많고 적음, 생명의 길고 짧음, 심성의 가벼움과 무거움을 가늠한다.

또한 귀의 색을 보고 최근에 일어나는 운기의 상승과 하강을 보기도 하고 건강 상태를 예측할 수 있다.

그리고 의학적으로는 소리에 의한 정보를 수집하는 창구 역할과 신체의 균형감각을 유지하도록 하는 기능을 맡고 있는 중요한 곳이다.

대부분의 사람들은 귀만 크면 천하무적인줄 착각하면서 "귀가 큰 걸 보니 부자 되겠다."라고 말하곤 하는데, 그것은 하나만 알고 둘은 모르는 우물 안 개구리식의 좁은 지식의 소치다.

관상이란 것이 코나 귀 등 얼굴의 어느 한두 부위만 잘생겼다고 좋다 그르다 판단하는 분야가 아니다. 귀 큰 거지나 코 큰 거지들을 어떻게 설명할 것인가 말이다.

즉, 여러 부위를 종합해서 그것들이 유기적 관계로 잘 짜여져 있느냐를 봐야 하고 기의 모임과 흩어짐이 어떤지를 감지할 줄 알아야 한다.

그렇더라도 작은 귀보다야 큰 귀가 관상적으로 좋다는 건 두말할 나위가 없다.

 귀에서 나타난 장, 단점을 알아간다면 사회 생활하는 데 큰 도움이 될 것임은 분명하다.

귀의 여러 가지 유형

 사람들은 귀가 커야지 재산복도 있고 좋다고 한다. 그 말이 맞기도 하고 그렇지 않기도 하다.

 큰 귀에도 여러 종류가 있다. 귀에 살이 두둑하고 크기도 큰 귀가 있는 반면, 겉보기에는 귀가 큰데 살집이 없고 종이장 같이 얇은 귀도 있다. 또한 귀가 크고 살집도 좋은데 색깔이 거무스레 먼지가 낀 듯하여 밝지 못하거나 핏기가 없는 창백한 색의 귀도 있고, 귓바퀴가 정면에서 보이는 귀가 있는 반면 보이지 않는 귀도 있다.

 귀가 크더라도 유형에 따라 관상적 의미는 전혀 달리 해석되므로 단순히 크고 작음만 보고 섣불리 판단하면 안 된다.

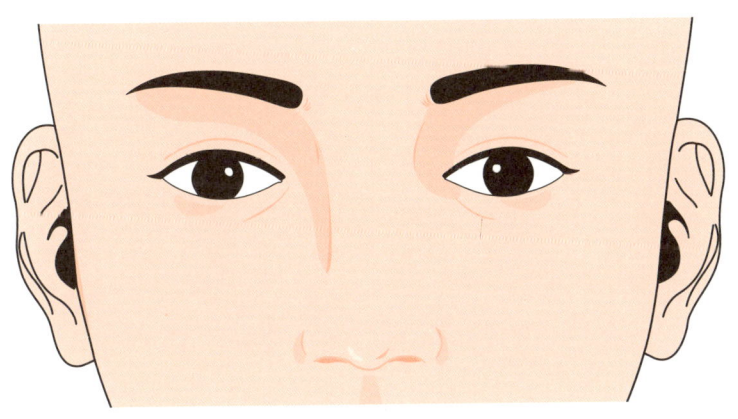

기본적인 귀

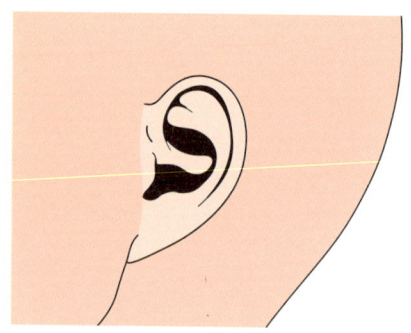

크면서도 살집이 있고 색깔도 밝은 귀

크면서도 살집이 있고 색깔도 밝은 귀

• 가장 이상적이고 좋은 귀다.
• 생각이 깊고 언행도 신중하며 경솔치 않다.
• 모나지 않은 원만한 성격으로 대인관계가 무난하다.
• 부모 등 혈육의 덕이나 주변 사람들의 협조를 받아 재산을 모으고 이름도 얻으며 장수할 상이다.

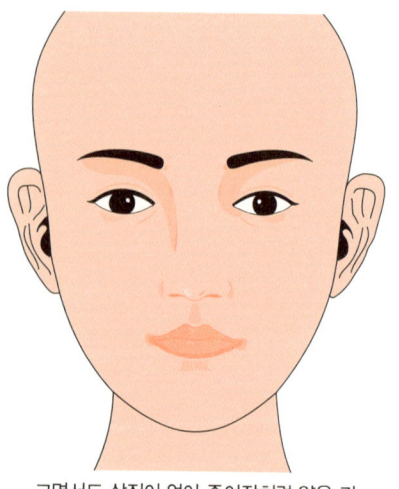

크면서도 살집이 없어 종이장처럼 얇은 귀

크면서도 살집이 없어 종이장처럼 얇은 귀

• 남의 소문에 이리저리 휘둘리거나 중요한 일에 성급하고 경솔하게 결정해서 일을 그르칠 수 있다.
• 소문에 현혹되어 부동산 거래 시 큰 타격을 입을 가능성이 있으니 신중해야 한다.
• 건강, 재산에서 그리 좋다고 볼 수 없는데 다만 귀의 색깔이 밝고 윤택하다면 그 단점을 어느 정도 비켜갈 수 있을 것이다.

작은 귀

작은 귀라는 의미는 자신의 얼굴 크기에 비해서 작다는 뜻이다. 사람들은 자신의 귀가 작다고 실망하는 걸 많이 봤는데, 물론 크면서 살집도 있고 색깔까지 밝은 귀가 좋긴 하겠지만, 앞에서 말한 바와 같이 귀의 크고 작음보다는 얼마나 단단하고 암팡지게 보이느냐와 색깔이 밝으냐 어두우냐에 따라 좋고 나쁨이 갈린다.

- 귀가 작으면서도 얇고 색이 창백하기까지 하다면, 겉보기는 인물이 잘생긴 듯 보여도 활기가 떨어지고 일의 막힘이 자주 발생한다.
- 소심하고 예의 바르고 성실한 성품이다.
- 주관이 자주 흔들리고 능동적 인생보다는 수동적 인생 상이다.
- 어떤 일을 결정할 때 성급하고 경솔해서 잘못된 판단을 할 우려가 있다.
- 약한 기(에너지)를 갖고 태어난 사람이어서 장기적으로 신경 많이 쓰는 일을 피해야 하고 과도한 몸 활동도 자제해야 한다.
- 큰 그릇이 아닌 만큼 작은 금전, 작은 일에 만족하며 차근차근 재산을 모아야 탈이 안 생긴다.
- 장수상이 아니다.
- 귀가 작더라도 암팡지고 단단해 보이고 밝은 색을 띠면 운기가 살아 있다는 뜻이다. 운기가 살아 있다는 말은 건강 상태도 좋고 하는 일이 잘 풀리는 상승의 시기라는 의미다.

귀의 색깔

귀는 크고 작음보다 색깔이 훨씬 더 중요하다. 제아무리 귀가 크고 살집이 있더라도 색깔이 나쁘다면 좋은 귀가 아니라는 뜻이다.

반대로 귀가 좀 작더라도 암팡지고 색깔이 밝고 윤택하다면 그 귀는 인생에서 좋은 운을 끌어들인다. 그만큼 귀의 색은 인생 전반에서 큰 작용을 한다.

그런데 여기서 필자가 말하는 귀의 색이라는 것은 얼굴의 광대뼈, 턱, 이마의 색깔과 비교해서 검은가 흰가를 판단하라는 것이다.

또한, 귀의 색에서 희다고 좋고 검다고 꼭 나쁜 건 아니며 하루아침에 나빠지거나 좋아지지 않는다.

• 윤기가 흐르는 밝은 색은, 최근 혹은 몇 년 후나 그보다 더 오랜 세월 동안 운기가 상승하는 시기라고 본다.

• 눈빛이 살아 있으면 귀 색깔도 점차 좋아지는 반면 눈에 힘이 없고 기가 흩어지는 느낌이 들면 귀의 색 또한 밝지 않다.

• 귀의 색이 나쁘면, 최근에 하는 일이 막혀 있고 그로 인한 마음고생을 많이 하고 있는 상태다. 건강 또한 좋지 않아 내부의 장 기능이 약화되어 있다.

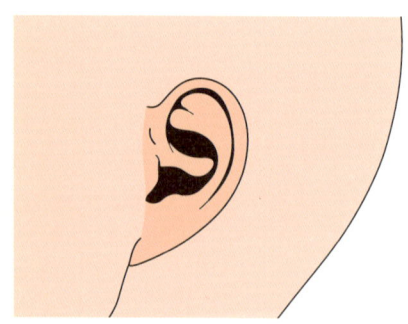

색깔이 붉고 밝은 색의 귀

색깔이 붉고 밝은 색의 귀

• 운이 상승하는 중이고 혈액순환도 잘되고 있다는 표시며 성욕도 왕성한 상태다.

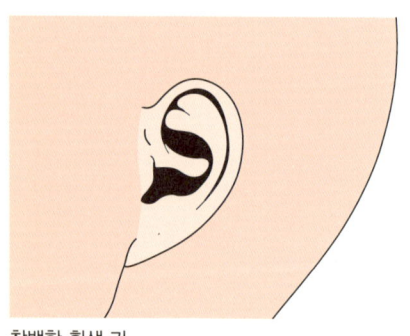

창백한 흰색 귀

창백한 흰색 귀

이런 창백한 색은 얼굴의 다른 부위가 그럴듯하게 잘생긴 것 같아 보여도 현재하고 있는 일이 순조롭지 못하고 어려움에 봉착해 있던가, 내부 장기의 건강이 약화되어 있다는 걸 나타낸다.

• 성격 역시 자신감이 떨어지게 되고 일에서도 활력이 떨어진다.

• 매사에 밝은 쪽, 긍정적인 생각을 해야 하고

작은 일일수록 만족하면서 내공이 쌓이기를 기다려야 한다.

거무스레하게 보이지만 윤기가 흐르고 밝은 빛이 나는 귀

비록 색은 검게 보일는지 모르지만 윤기가 흐르고 밝은 빛이 난다면 눈빛 또한 살아있으리라 짐작이 되고 하는 일이 순조롭고 건강 또한 양호할 것이다.

귀의 색을 볼 때 광대뼈나 턱 등의 색과 비교하라는 이유는, 햇빛에 자주 노출되는 직업을 가진 사람의 경우 귀 역시 거무스레하게 탔을 것이 분명하기 때문이다. 다시 말해 햇볕에 검게 탄 얼굴이라고 해서 관상이 나쁘고 좋은 것하고는 전혀 상관없으니 그것을 감안해서 색깔을 구분해야 한다.

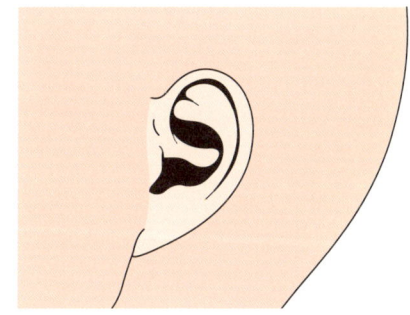

거무스레하게 보이지만 윤기가 흐르고 밝은 빛이 나는 귀

밝은 느낌이 없고 색깔이 거무스레하면서 피부가 거친 귀

• 총명한 척하지만 어리석고, 객지를 떠돌며 어렵게 생활할 상이다.

• 일에 대한 의욕은 넘치나 끝이 흐지부지 하고 건강 또한 그리 좋지 않다.

• 운의 막힘이 오랜 기간 지속될 가능성이 있다.

• 나보다 남을 진심으로 위하며 살다 보면 운이 살아날 것이다.

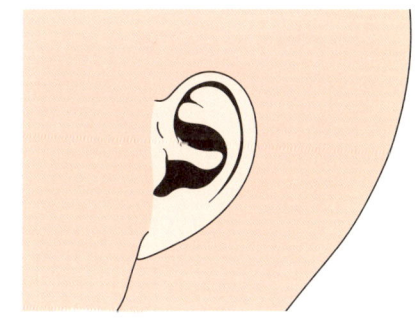

밝은 느낌이 없고 색깔이 거무스레하면서 피부가 거친 귀

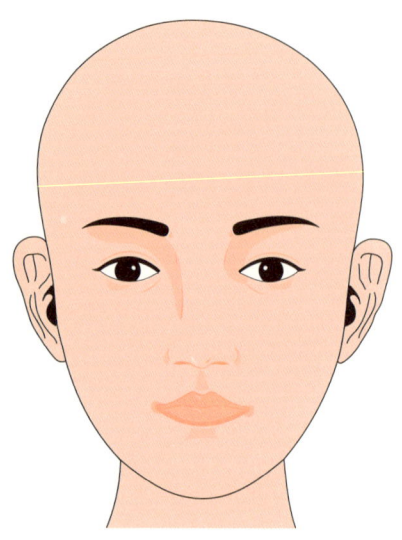

정면에서 보아 귓바퀴가 전부 보이는 상

정면에서 보아 귓바퀴가 전부 보이는 상

- 부지런하고 언어의 순발력이 좋다.
- 이곳저곳에서 자질구레한 소문을 잘도 주워 듣고 그것을 퍼트리기도 하는 소식통형인 만큼 말과 행동에 신중해야 한다.
- 성품의 바탕은 뒤끝이 없고 소탈하지만 성급하고 경솔한 면이 있어 중요한 일을 쉽게 결정하다가 낭패를 보기도 한다.
- 부동산 거래 시 남의 소문에만 의존해 결정하다가 큰 손해를 볼 우려가 있다.

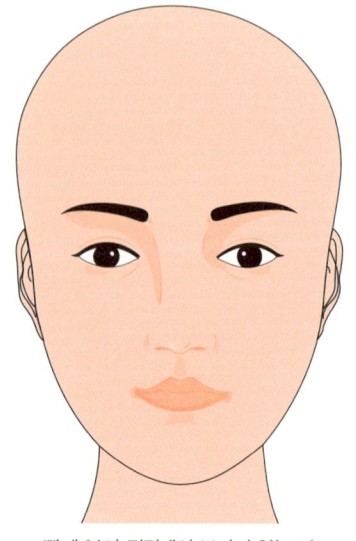

뺨에 붙어 정면에서 보이지 않는 귀

뺨에 붙어 정면에서 보이지 않는 귀

똑같이 귀가 보이지 않은 형이어도 귀의 폭이 좁은 모양과 넓은 형이 있다.

- 주관이 뚜렷하다.
- 고집이 세다.
- 집념과 집착이 강하고 편협한 사고방식을 가지고 있다.
- 단점을 고치려면, 타인의 의견을 진지하게 들어 줘야 하고 자기주장을 지나치게 내세우지 말아야 한다.

칼귀

일반적으로 귀 볼이 구슬처럼 맺혀야 좋다고 들 하지만 칼귀는 빠르게 아래로 내려온 생김이어서 귀 볼이 없다. 그렇다면 귀 볼이 없는 칼귀는 관상적으로 좋지 않단 말인가?

귀 볼에 살집이 도독하게 올라 있으면 성격적으로 감성적인 면이 발달해 있는 반면 칼귀는 이성적인 편인데, 어떤 점이 좋다 나쁘다기보다는 나름의 장단점이 있다.

• 칼귀는 사리 판단할 때 감정에 치우치지 않고 냉철해서 사사로운 감정에 좌우되지 않는다.
• 체념 또한 빨라서 친구에게 빌려준 돈이나 오래 사귄 애인이 변심하면 매달리거나 구걸하지 않고 깨끗이 포기하고 잊어버린다.
• 재운이 좋은 귀다.

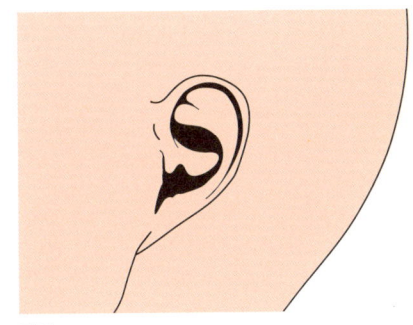

칼귀

내륜의 곽이 제켜져 있는 귀

이 귀도 칼귀와 함께 사람들로부터 이혼할 귀라는 둥 가난할 귀라는 둥 하며 턱노 없이 오해를 많이 받는 귀다.

• 적극적이고 신념도 강하며 수완도 좋다.
• 형제 중 맏이가 아닌 둘째니 셋째 등 아래 형제가 흔히 가지고 있는 귀의 모습이다.
• 자존심과 반발심, 독립의지가 강하며 활동적이다.

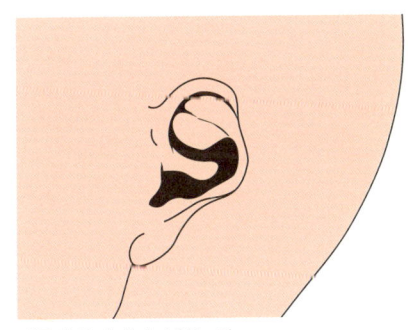

내륜의 곽이 제켜져 있는 귀

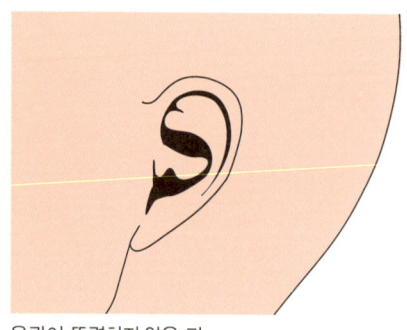
윤곽이 뚜렷하지 않은 귀

윤곽이 뚜렷하지 않은 귀

• 보수적이고 소극적이며 자기 주관이 뚜렷하지 않다.

• 이기적이면서도 소심하다.

오른쪽과 왼쪽의 크기나 모양이 다른 귀

오른쪽 귀와 왼쪽귀의 크기가 같은 것 같지만 누구나 약간씩 다르다. 그러나 눈에 확 드러날 정도로 차이가 난다면 관상적으로 중요한 의미가 있다. 양쪽 귀의 높낮이가 다른 경우나 생김에서 차이가 많이 나는 것도 이에 해당된다.

• 어린 시절에 부모 중 어느 한쪽과 인연이 멀었다는 걸 나타낸다. 인연이 멀었다는 뜻은, 일찍 돌아가셨다든지 부모님의 사이가 나빠 떨어져 살았던가 부모님의 직업 때문에 떨어져 사는 바람에 정을 못 받고 자란 경우가 그것이다.

• 어릴 적부터 정서적으로 불안정한 상태에서 성장했을 가능성이 있으므로 성인이 되면서 안정을 찾는 게 우선이다.

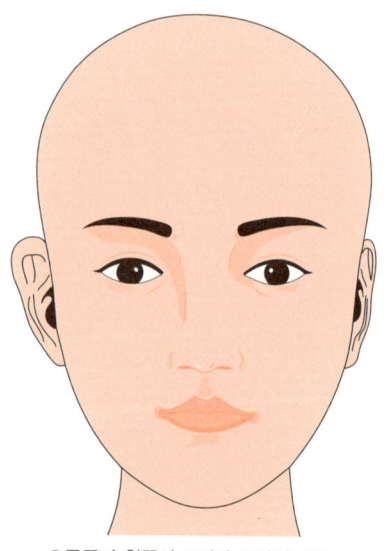
오른쪽과 왼쪽의 크기나 모양이 다른 귀

귓구멍이 좁은 귀와 넓은 귀

귓구멍이 좁으면, 어리석고 좋은 운이 좀체 오지 않으며 장수상하는 상이 아니다. 반대로 귓구멍이 넓으면, 지혜로운 사람이다.

옆얼굴을 봤을 때 귀의 윗부분이 눈썹선 위로 솟은 귀

- 운동신경이 발달해 있고 정적인 면보다는 동적인 형이다.
- 이성보다는 감성이 발달해 있다.
- 부지런하고 성실한 상이다.

옆얼굴을 봤을 때 귀의 윗부분이 눈썹선 아래로 처진 귀

- 경솔치 않고 신중하며 치밀하게 계획을 짠다.
- 귀의 윗부분이 아래로 내려오면 귀 볼도 당연히 입 아래로 내려오게 되는데, 이런 모양의 귀는 재산 형성에서도 좋은 역할을 한다.

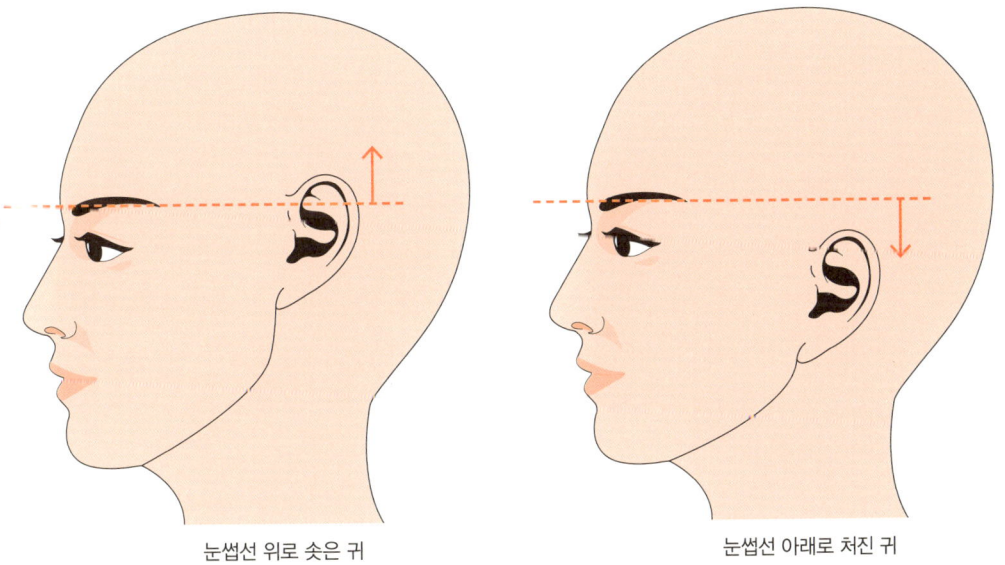

눈썹선 위로 솟은 귀 　　　　　　　　　눈썹선 아래로 처진 귀

운명은 비켜갈 수 없는가

우리는 운명 혹은 팔자라는 말을 밑도 끝도 없이 쓸 때가 많다. 아무리 노력해도 가난을 벗어나지 못할 때도 팔자타령을 갖다 붙인다. '내 팔자에 무슨……' 하는 식으로. 젊은 나이에 요절을 해도 그것이 그 사람의 운명이라고 치부한 나머지 자신이 미리 정해진 날에 죽도록 정해져 있어서 미리 어떤 주의나 노력을 기울여도 그 재앙에서 벗어날 수 없다고 믿어버리는 것과 같은 이야기다. 과연 운명이란 비켜갈 수 없는 것일까? 그에 대한 예를 들어보기로 하자.

옛날, 처녀가 어느 집으로 시집을 가게 되었다. 결혼식은 지금도 그렇지만 옛날에는 더욱 그 절차가 복잡했다.

집집마다 고유한 풍습이 있기 마련인데, 이 집안 같은 경우 신부를 맞이하는 신랑 측 집에서 독특한 새사람 맞아들이기 절차가 있었다. 대청마루에다 비단휘장으로 특별히 꾸며진 제단을 설치하고 그곳에 큰절을 올리는 것이었다.

이 행사는 집안을 대대로 지켜주는 왕신(王神)에게 드리는 신고식 같은 것이었는데, 그 신을 잘 모셔야 가문이 번성한다고 시어머니 될 사람이 신신 당부를 하는 말로 시작되었다.

어른들의 말씀이니 이후부터 새 신부는 이 집안의 풍습대로 모든 음식을 만들면 왕신에게 먼저 바친 다음 가족들에게 상을 따로 차려야 했다. 시장을 봐 오던가 햇곡식을 수확해서도 반드시 그 절차를 지켜야 했는데, 며느리 입장에서는 생소할뿐더러 보통 번거로운 일이 아니었다. 그러나 하늘같은 시부모가 하라니까 하는 수 없이 하긴 하지만 너무도 귀찮다는 생각이 들면서 내심 여간 못마땅해 하는 것이 아니었다.

그런 어느 날, 집안에 아무도 없이 혼자만 남게 된 며느리는 궁금증이 일어나 왕신 제단에 놓여있는 신주단지라는 것을 살그머니 꺼내 자세히 살펴보았다. 꼭 요강단지 같은 옹기그릇에 부적같이 생긴 한문 글씨 몇 자와 색색의 실 꾸러미 묶음 두어 개만 달랑 들어 있을 뿐 아무리 봐도 영험한 귀신의 위엄이라고는 찾아볼 수가 없었다.

며느리는 크게 실망한 나머지 눈을 흘기며 별 같잖은 것이 사람을 귀찮게 한다고 투덜거리다가 심통이 나서는 엉덩이를 내리 까고 신주단지 안에다 오줌을 시원스레 싸고는 '왕신 할매야! 이거나 마셔라!' 하며 눈을 한번 부라린 뒤 단상에 올려놓았다

그런데 이게 어찌된 일인가. 그날부터 시동생이 급체를 했는지 구토를 하고 온 몸을 사시나무 떨듯하며 고통을 호소하기 시작했다.

놀란 시어머니와 가족들은 왕신할머니 제단 상에 엎드려 살려달라고 빌고 또 빌었다. 그러나 기도의 효험도 없이 시동생은 끝내 숨을 거두고 말았다. 이에 시어머니는, 새 며느리가 들어온 뒤 왕신을 모시는 정성이 부족해 신께서 노하셨다며 장차 집안이 망할 것처럼 통곡을 했다.

그때부터 시어머니의 며느리에 대한 구박이 시작됐다. 며느리는 바늘방석이 돼서 자신이 왕신제단의 신주단지에 오줌을 싼 것이 들키기라도 하면 어쩌나 하며 큰 걱정을 했다. 다행히 그것은 누구도

함부로 열어보는 게 아니라는 금기사항이 있어서 무사히 넘어가기는 했다.

그러나 문제는 거기서 끝난 게 아니었다. 며칠 뒤, 이번엔 남편마저 시름시름 앓아눕는 사건이 발생했다. 그렇게 되자 시어머니는 더한층 며느리를 미워하였다.

며느리가 왕신을 마음으로부터 정성을 다해 모시지 못해서 집안에 액운이 끼었다고 생각한 시어머니는 밥 짓는 것도 당신이 대신했고 며느리에게는 사사건건 심한 구박을 주었다.

일이 이쯤 되자 며느리는 이 집안에서 쫓겨나는 것도 시간문제일 듯하여 사생결단의 각오로 중대결심을 하고는 결판을 내야겠다고 별렀다.

어느 날 식구들 모두 들일을 나가고 집을 비운 사이에 왕신단지를 들고 나가 바깥마당에 패대기를 쳐서 박살을 내고는 거름 속에다 내던져버렸다. 그 놈의 신주단지 때문에 자신이 쫓겨나게 생긴 데 대한 분풀이였다. 며느리는 거기에 그치지 않고 제단 자체까지 뜯어내어 집 뒤 곁에다 불을 질러 완전히 태워버린 뒤,

"야~!! 이 왕신아! 네가 뭔데 나를 쫓겨나게 만들어? 이 귀신 빗자루 같은 놈아!! 어디 나한테도 한번 신통술을 부려봐라. 흥!!"

며느리는 큰 소리로 한껏 기개를 부리고는 침까지 퉤퉤 내뱉었다. 그리고 시어머니가 이제 자신을 쫓아낼 것이란 생각이 들었으나 당당히 시집식구들과 맞서리라고 다짐했다.

만에 하나 남편이 죽기라도 한다면 왕신 하나 못이기는 그런 시원찮은 남편은 있으나 마나라고 마음을 다지며 절대 친정으로 쫓겨가지 않겠다는 각오로 시부모와의 한판 승부를 별렀다.

한편, 시어머니는 들일을 하다가 날씨가 너무 더워 나무 그늘에서 낮잠을 청하는데 꿈속에서 왕신할머니가 온몸에 지독한 오물을 뒤집어쓴 채 허겁지겁 집을 나가고 있는 게 아닌가. 놀란 시어머니는 황급히 달려가

"왕신 할머님! 이게 어찌된 일이십니까?"
하고 집안으로 모셔 들이려 하자 왕신 할머니는 고개를 저으며 하는 말이

"내가 네 집에서 몇 대에 걸쳐 잘 먹고 잘 지냈다만 이번에 들어온 너의 집 새 며느리는 100년에 한 번 나올까 말까 한 여장부니라. 비록 나는 이렇게 쫓겨 간다만 너희 집엔 대단한 여걸이 들어왔으니 장차 가문이 크게 흥할 것이며 큰 인물이 나올 것이다. 이 세상에 모든 어머니들의 헌신적인 사랑이 중요하지 않은 게 있으랴만 장부를 길러낼 위풍당당한 기상이 있는 지어미는 별로 없었다. 그러나 너희도 이제 여장부 며느리가 들어왔으니 절대로 박해하지 말고 그 며느리가 이끄는 대로 힘을 합쳐서 가정에 무궁한 번영을 이루거라.

참! 한 가지 일러둘 것은 너희 둘째 놈이 죽은 것은 음식을 잘못 먹어 생긴 급체 증세인데 의원을 부르거나 약은 쓰지 않고 나한테만 빌다가 때를 놓쳐 죽었다. 그것은 네 가족의 불찰 탓인고로, 지금 앓고 있는 큰아들도 치료를 잘 받으면 금방 나을 것이다.

운명은 자신이 개척하는 일이지 나 같은 귀신이 생로병사를 관장하는 것은 아니다. 나는 다만 너희 집에서 몇 대를 섬김 받으며 너희들에게 정신적 지주가 되어주었을뿐 죽고 사는 천명이나 재산의 많고 적음에는 아무런 기여한 바가 없었느니라."

왕신 할머니가 그 말을 뒤로하고 떠나가자 시어머니는 소리치며 가지 말라고 버둥대나가 낮잠에서 깨어났다. 그리고 허둥지둥 집으로 뛰어가서 왕신제단을 살펴보니 어디론가 깨끗이 치워져 있는 것이 아닌가. 시어머니는 이 어이없는 사태에 할 말이 잃고 며느리를 바라보았다 이에 며느리는 아주 태연하게 웃으며

"어머님, 제단은 너무 오랫동안 청소를 하지 않아서 시서분하여 전부 불태워 버렸습니다. 깨끗해서 좋지요?"

시어머니는 황당한 가운데서도 조금 전 꿈속에서 왕신이 한 말이 생각났다.

이후에는 장부 같은 며느리의 주도로 집안을 이끌어 갔고 훌륭한 자손을 두어 내내 번성했다고 한다.

　처마 밑으로 떨어지는 하찮게 보이는 낙숫물일지라도 바위를 뚫듯이 인간의 굳센 신념 앞에는 신이라는 존재도 좌지우지 못한다.
　따라서 위의 내용은 그 어떤 운명들도 인간의 집념으로 이겨낼 수 있다는 것을 알려주는 좋은 본보기이다.
　우리가 믿는 신이라는 존재는 인간 개개인에게 영향을 직접적으로 주지 못한다. 그것을 증명하는 것이 수천 년 동안 인간들이 그토록 애절하게 갈구하는 생로병사와 희로애락의 문제를 신이 갖고 있는 전지전능한 능력을 언제 한번 시원스럽게 보여주었던가 말이다. 고작 보여준다는 것이 뜬구름 잡기 식의 아리송한 미사여구로 인간들의 마음을 이리저리 어지럽게만 했을 뿐이다.
　하기야 그런 신의 말씀도 신이 직접 전해 준 것인지, 인간들 스스로가 꾸며낸 이야기인지도 분명치 않다.
　그렇다고 신이 아주 없는가 하면 그렇지도 않다고 본다. 전지전능한 신은 있되 그 힘이 우리 인간들에게 미치지 않는, 전혀 다른 차원의 세계에 있기에 있으되 없는 것이나 마찬가지라는 이야기다.
　그렇지만, 인간들이 신이라는 존재를 믿음으로써 오는 긍정적인 면도 있긴 하다. 신이 있다는 가정 하에 인간의 힘으로는 극복할 수 없는 자연재해 등 천재지변을 만났을 때 신이라는 이름으로 갈구하고, 그러면서 위안을 받아서 정신적 지주가 되어 주고 있다는 점이다.
　인간의 힘으로는 어쩔 수 없는 불가항력적인 현상들에 대하여 누군가에게 호소하고 의지하지 않으면 인간들 스스로가 커다란 혼란이 올 것이 뻔하기에 어떤 초월적인 존재에 기대서라도 안정을 찾으려는 본능이 작용한 때문인지도 모른다. 그렇게 위안을 얻는다는 차원에서도 우리에게는 종교가 필요한 것이라고 본다.

종교의 필요성은 그런 면에서도 중요하지만 또 다른 차원에서 생각해 보면 더욱 절실하다.

필자의 생각으로는 기독교에서 말하는 전지전능한 신만큼은 아니더라도 인간의 마음속에는 기적을 일으키는 능력이 누구에게나 내재되어 있다고 생각한다. 단지 그것을 꺼내서 활용하는 방법을 모르고 있을 뿐이다.

기적을 일으키는 인간 내부의 에너지를 꺼내서 활용하는 여러 방법을 연구하다 보니 기독교, 불교, 이슬람교 등의 종교가 생겨났다고 본다.

우리가 미신이라고 터부시하고는 있지만 예부터 뿌리 깊게 내려오는 민간 신앙인 나무나 돌에 절을 하고 숭배하는 행위 역시 그런 이유 때문에 생겼지 않았을까?

불교의 예를 들어볼 때, 절간에 모셔져있는 부처라는 존재는 실상은 한낱 돌덩이, 쇳덩이에 불과하다.

그런 생명도 없고 인간의 말이나 생각을 알아들을 수 없는 물체에 엎드려 손이 닳도록 비는 것이나 바위나 나무에 가서 영험을 보여달라고 비는 행위는 매우 유사하다.

그런 과정들을 오늘날의 과학으로 어떻게 해석해야 할까? 기독교적 시각에서 보면 비 과학이고 터무니없는 미신적인 행위이며 우상숭배라고 할 수도 있을 것이다.

그런 이해 못할 행동이나 비난에도 불구하고 불교는 수천 년 동안 끊어지지 않고 이어져 왔으며 우주에로의 눈을 돌리고 있는 첨단 과학의 시대에 사는 오늘날에도 위축되지 않고 있다.

자신이 바라는 바를 부처에게 기도드릴 때 그 대상이 비록 실물이 아닌 돌이나 나무일지라도 그것에 비는 마음속에는 살아있는 부처에게 대하듯 간절하다.

그리고 그 기도할 당시엔 다른 잡념이 들지 않는 무념의 상태여야 효험을 본다는 사실은 누구나 알 것이다.

정신을 집중해서 어떤 하나의 대상을 향해 기도한다면, 그것은 마치 작은 물방울이 바위를 뚫듯 혹은, 볼록렌즈로 햇빛을 모으면 불이 붙듯, 마음을 한곳으로 모으는 수단이 바로 신앙의 본질 중의 하나라고 본다.

우리들 마음속에는 무궁무진한 잠재력이 있는데 그것을 꺼내서 쓰는 방법도 바로 신앙을 통해서 얻을 수 있다는 이야기다.

비록 예수나 돌부처에게 우리는 기도하고 있지만 그런 행위는 정신집중을 하는 하나의 절차나 도구일뿐 실상은 스스로도 모르는 사이에 자신의 정신이 한곳으로 모이게 하고 그것이 마음속 저 깊이에 숨겨져 있는 미지의 에너지에게 전달되어져서 기적을 일으킨다고 보고 있다.

자신의 마음속에 갈구하는 바를 집중해서 잠재의식 속에다 심어주면 그것은 언젠가는 그대로 이루어진다는 이치이다.

그 결과물에 대해서 인간들은 하느님이 응답을 해 주셨다고 하든지 부처님의 신통력으로 기도의 효험을 보았다고 흔히 말하는 것이다.

그것은 무생물에 대한 기도가 부처님 혹은 삼신할머니의 가피를 얻어서 원하는 것을 이루어지게 한다는 믿음이 있기에 가능할 것이다.

집중해서 기도를 하다 보면 부정적인 마음은 사라지고 딱딱했던 근육 또한 부드럽게 풀어지면서 긴장과 두려움에서 벗어나게 된다. 그것은 어머니의 품에 안겨있는 아이 같은 믿음의 상태가 되면서 정신적 안정을 찾았다는 뜻이고, 동시에 자신이 갈구하는 소원이 잠재의식 저 깊은 곳까지 도달하게 되는 이치이다.

  종교를 통한 구원의 길은 여러 가지가 있다. 그것은 마치 산을 오를 때 서로 다른 방향에서 등정하더라도 같은 꼭대기에서 만나듯이 다른 신앙을 통해서도 구원에 이를 수 있다.

  위 내용들의 그 모든 이론이 맞다 해도 인간 각자에게는 저마다의 운명이 이미 정해져 있다는 것을 부인치 못한다.

  식물 중에서도 감나무와 사과나무가 다르고, 똑같은 종류인 사과나무라도 열매와 수명이 각기 다르듯이 인간 역시 마찬가지다.

  세계적 기업 '애플'의 창업자 '스티브 잡스'가 재산이 없어서 최고 병원에서 치료 받지 못한 것이 아닌데도 평균수명에 한참 못 미치고 일찍 죽었다.

  즉, 사람에게는 빈부와 수명이 각자 정해져 있고 이것을 어떤 종교, 신앙이나 굿, 기도, 부적 따위로 바꿀 수 있는 방법은 없다.

  개인의 운명을 가장 손쉽게 미리 알 수 있는 방법은 관상과 손금에 새겨져 있다.

  거기에다 당사자의 타고난 운명체를 읽으면, 건강뿐 아니라 가족들 건강, 일 년 안쪽의 가까운 미래에 일어날 일들을 확실하게 미리 예측할 수 있다.

입과 치아에 의한 관상

입은 공기가 드나드는 문이고 음식이 들어가는 곳이며 자신의 생각을 밖으로 표현하는 기관이다. 어떻게 입을 벌리고 닫느냐에 따라 행복과 불행이 갈리고 인생의 성공과 실패에도 영향을 끼친다.

이상적인 입 모양

이상적인 입 모양

- 입은 큰듯하면서 입술이 약간 두터운 모양이 좋다.
- 단정하게 다물어져 힘 있게 보여야 한다.
- 입술이 튀어나오지 않고 평평하면서 입의 양쪽 끝이 탄력이 있으면 재물을 얻을 수 있다.

입이 넉사(四) 자 모양으로 모가 지고 탄력이 있으면
• 재물이 많이 모인다.

입의 모양이 활의 양쪽 끝처럼 위로 향하면
긍정적 사고방식을 갖고 있는 사람이고 관직에서 출세하거나 재물을 많이 얻는다. 여성은 일처리를 야무지게 하고 살림을 매끄럽게 잘 한다.

입이 어떤 모양이냐에 따라 이미지도 크게 달라진다.

입의 모양이 활의 양쪽 끝처럼 위로 향하면

위아래의 입술에 탄력이 있고 두터운 입
• 충실하고 신뢰가 가는 사람이다.

뚜렷한 구각선
• 일에 대한 집중력이 좋고 끊맺음이 확실하다.

입이 주먹 하나가 드나들 정도로 큰입
• 장군이나 재상 곁에서 지낸다.

말년에 입술이 붉고 수염이 희면
• 화목하게 보낼 수 있다.

입술이 붉은 연꽃 색깔
• 재산이 풍족하다.

입술에 세로주름이 없고 평평하면서 입의 양쪽 끝(구각)이 아래로 쳐진입

입술에 세로주름이 없고 평평하면서 입의 양쪽 끝(구각)이 아래로 쳐지면
• 억울한 구설수에 오르내린다.
• 눈, 코, 귀가 잘생겼더라도 입이 아래로 처진 모양이면 불만에 쌓인 사람으로 보인다.

아랫입술이 쳐진 입
• 춥고 고독하다.

입술에 세로주름이 없는 입
• 고독하다.

넓으면서도 입술 두께가 얇은 입
• 유흥을 즐기는 사람이지만 나쁜 재앙을 만나지는 않는다.

입술은 길고 짧은 치아
• 장수한다.

혀는 큰데 작은 입
• 가난하게 살고 일찍 요절한다.

입술이 소라 고동처럼 앞으로 튀어나온 입

• 굶어 죽든가 자식이 있더라도 떨어져 산다.

입술이 메마르고 오므라진 사람

• 요절한다.

입 주위가 지저분하게 보이면

• 가난하고 천하게 산다.

삐뚤어진 입

• 남에게 지기 싫어하는 허세가 있다.
• 고집이 매우 세고 콩을 팥이라 우긴다.
• 대인관계에서 협조와 타협을 하지 않아 적을 만들고 다툼이 잦다.
• 입술이 한쪽으로 치우쳐 삐뚤어져 있으면 배우자에게 해롭다.
• 남의 밑에서 일하기보다는 개인적으로 할 수 있는 농업이나 개인사업, 기술직 쪽의 직업이 적합하다.

비뚤어진 입

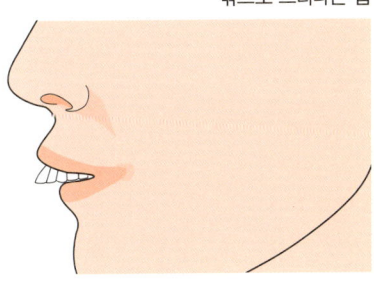

입이 늘 벌어져 치아가
밖으로 드러나는 입

입이 늘 벌어져 치아가 밖으로 드러나는 입

말을 하지 않을 때라도 입이 다물어지지 않고 치아가 밖으로 드러나 보이는 입의 사람이 있다.

- 언어능력이 발달해 있다.
- 자신의 감정을 숨기지 않는 솔직한 성품을 갖고 있다.
- 경솔하고 끈기가 없어서 일을 하더라도 끝맺음이 흐지부지 된다.
- 비밀을 지키지 못한다.
- 시비 벌이기를 좋아하는 사람이다.

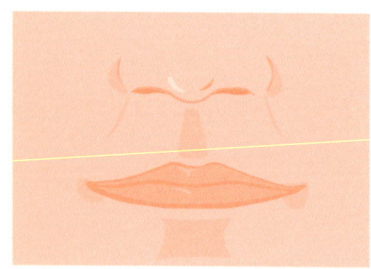

얇은 입술

얇은 입술

- 책임감이 있다.
- 담백하다.
- 애정이 적고 타산적이며 냉철하다.
- 자기주관이 뚜렷지 않고 수동적이다.
- 시기심과 질투심이 많고 적극성과 열정이 부족하다.
- 엷은 입술에 다변인 사람은 타인의 비밀스런 정보를 삼자에게 이야기할 때 가려가며 해야 한다.
- 헛된 말을 잘 하고 아래 서열에서 산다.

입술이 뾰족하면

- 기쁜 일에도 시비를 벌이는 사람이다.

입술이 얇고 탄력이 없는 사람은

- 가난하고 천하다.

큰 입

- 주관이 뚜렷하고 도전적이다.
- 욕망과 동물적 본능이 강한 야심가다.
- 여성은, 매사에 적극적이며 재물운도 좋고 애정에도 정열가다.
- 다만, 입이 크면서도 야무진 느낌이 있어야 똑똑하고 포용력도 좋은데, 탄력이 없고 두텁기만 한 입술은 색욕에 빠지기 쉽다. 또한, 이런 입은 일을 하더라도 애착심과 집중력이 떨어져 끝마무리를 잘하지 못한다.

큰 입

입이 크면서도 입술이 얇은 경우

- 냉정하고 이기적이며 타인의 비밀을 잘 지켜주지 못한다.

입이 얼굴 균형에 비해 지나치게 큰 경우

- 자기주장이 강하고 탐욕적이어서 혈육과 주변 사람들과의 관계에서 갈등을 일으킨다.

입이 크면서 얼굴의 다른 부위와 조화를 이루는 경우

- 생활력도 강하고 입신출세할 상이다.

작은 입

- 소심해서 자기주장을 적극적으로 표현하지 못하고 행동에서도 소극적이다.

- 적극성과 정열이 부족하다.
- 50세 전후에 가까운 사람과의 큰 금전 거래에서 타격을 받거나 가정생활에서 변화가 있을 가능성이 있다.

두터운 입술

- 고집이 세다.
- 도전적이다.
- 부정적, 비판적 성향이 강하다.
- 행동적인 감성이 발달해 있고 적극적이다.
- 남녀애정에서 일어나는 문제를 조심해야 한다.
- 융통성이 부족하다.
- 자기주관이 뚜렷하다.

툭 튀어나온 입

- 주관이 뚜렷하다.
- 적극적인 성향 탓에 언어와 동작이 거칠다.
- 자신의 생각과 불평불만을 노골적으로 표현해 대인관계에서 불화가 잦다.
- 동물적이고 공격적이며 도전정신이 강하다.
- 웅변으로 사람을 압도하기도 한다.
- 생활력은 왕성하고 이성과의 애정문제에서도 적극적이다.

들어간 입

- 책임감이 강하고 매우 성실하다.
- 수동적이고 내성적이어서 다툼을 좋아하지 않는다.
- 세심하고 꼼꼼한 성격이다.
- 자신의 생각을 좀체 밖으로 드러내지 않고 가슴 속에만 불태우는 일이 잦다.
- 지나치게 신중하거나 자신의 주장을 내세우지 못하는 것도 자기 인생을 살아가는 데는 그리 바람직스럽지 않다.

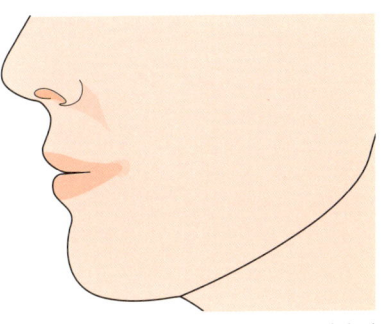

들어간 입

늘 열려 있는 입

말을 하지 않을 때는 입술이 닫혀 있는 것으로 인식하기 쉽지만, 자신도 모르는 사이에 입이 늘 벌려져 있는 사람이 있다.

- 이런 사람은 지능 발달이 늦거나 나쁘고 무슨 일을 하던 끈기와 근성이 부족하다.
- 집중력이 떨어진다.
- 자기 주관보다는 남의 뜻에 따르는 일이 잦고 일을 하더라도 끝맺음이 매끄럽지 못하다.

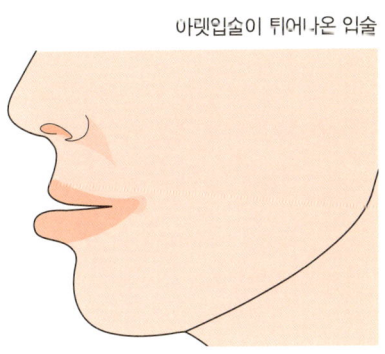

아랫입술이 튀어나온 입술

아랫입술이 튀어나온 입술

아랫입술이 많이 나와서 윗입술을 덮는 모양이다.

- 사춘기 이전에 한쪽 부모와의 인연이 좋지 못했다.
- 부부생활이 원만치 못할 가능성이 있다.

• 같은 입술 모양이라도 두 가지 성향의 성격으로 나눌 수 있다.

첫째, 잔정이 깊고 자기주장을 잘하지 못하며 소심하고 내성적인 사람. 둘째, 외향적이고 활달한 사람이라면 허풍이 세고 언행도 경솔한 유형이 있다. 이런 사람이라면 자신의 속셈을 감추고 이익을 위해선 신의를 깨트리는 이기주의자다. 정이 부족하고 불평불만이 많으며 상대의 애정만을 요구하기도 한다. 말은 그럴싸하게 잘하지만 뱃속을 알 수 없기 때문에 오래 사귈수록 믿음을 주지 못한다. 여성은 남편을 지배하려 든다.

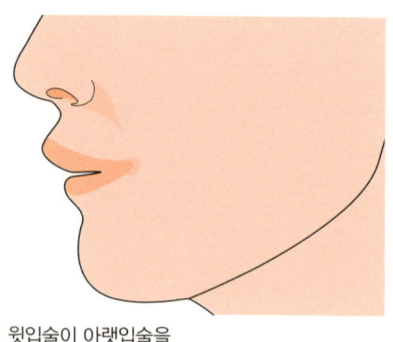

윗입술이 아랫입술을 덮는 입술

윗입술이 아랫입술을 덮는 입술

- 온순하고 내성적이며 꼼꼼한 성격이다.
- 자기주장보다 남의 의견에 따르는 수동형이다.
- 여성은 남편의 의견에 맹종한다.
- 이론가이며 정의감도 있다.

세로주름이 많은 입술

세로주름이 많은 입술

- 애교와 애정이 깊고 사교성도 좋다.

가로주름이 있는 입술

- 혈육과의 인연이 좋지 못하고 고독한 상.
- 위궤양 등 소화기 계통이 약하다.

가로주름이 있는 입술

주름이 없는 입술

- 겸손함이 없고 건방지다.

선명하지 않은 입술선

- 부모 등 조상의 음덕이 적다.
- 일에 대한 집중력이 떨어지고 싫증을 잘 낸다.
- 노년에 성공키 어렵다.

검푸른 입술

- 탐욕스럽다.
- 인정이 없고 차갑다.
- 매우 이기적이고 타산적이다.
- 성품이 독하고 남을 속이는 거짓말을 잘 한다.
- 음흉하다.
- 간음을 주의해야 한다.
- 간 기능이나 소화기 계통이 약하다.

검푸른 입술

치아에서 심성을 읽다

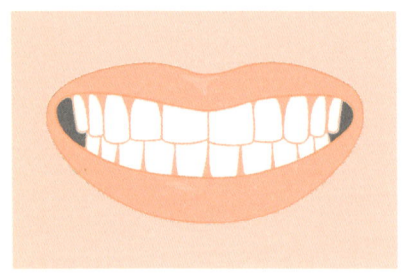

이상적인 치아

치아는 음식물을 씹어서 우리 몸의 각 기관에 영양분을 공급하는 첫 단계의 역할을 한다. 인체의 뼈가 튼튼하면 치아도 견고하고 골격이 쇠퇴하면 치아도 약해짐을 알 수 있다. 뼈와 치아는 유기적 관계에 있는 것이다.

치아의 생김으로 당사자의 성격과 혈육관계, 건강 상태, 식복의 유무, 수명의 장단을 예측할 수 있다.

치아가 백옥 같이 희고 아래 위의 치아가 잘 맞으면
- 젊어서부터 무리에서 이름을 얻는다.

말할 때 치아가 보이지 않는 사람
- 부유하고 귀하게 된다.

치아가 석류 같이 가지런한 사람

• 의식이 풍족하다.

치아가 약간 길면서 뒤틀림 없이 고르게 틈새가 없어야 하며 빛깔도 희고 빛이 나면 성품도 바르고 건강과 재물운도 좋다.

입술이 까뒤집혀지고 앞 치아가 늘 드러나 보이는 입

• 호기심이 왕성하고 적극적이다.
• 약삭빠르다.
• 색정이 깊다.
• 떠버리 수준의 다변이다.
• 지나치게 솔직한 성격 때문에 사람들에게 경솔하게 비춰진다.
• 비밀을 지키지 못하여 오래 사귄 사람들일수록 신뢰를 얻지 못한다.
• 객지에서 사망한다.

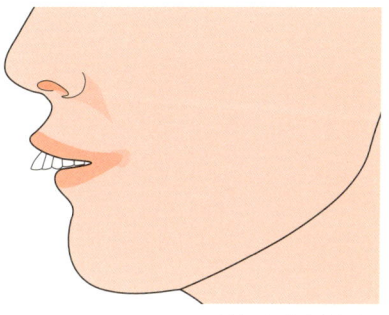

입술이 까뒤집혀지고
앞 치아가 늘 드러나
보이는 입

윗니 두 개가 긴 토끼형의 치아

• 밝고 솔직하며 사교성이 좋다.
• 가볍고 경솔해서 비밀을 잘 지키지 못하는 단점이 있다.
• 순발력과 언어능력이 뛰어나서 그 방면으로 직업을 징하면 좋은 능력을 발휘할 것이다.

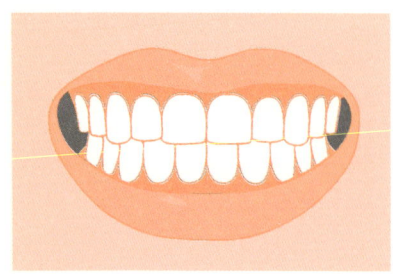

치아와 잇몸이 훤히 드러나는 상

치아와 잇몸이 훤히 드러나는 상

• 적극적이고 낙천가이고 뒤끝이 길지 않은 솔직한 성품을 가진 사람이다.

• 감성이 발달한 성격이어서 여성의 경우는 유혹에 약할 수도 있다.

• 잇몸이 늘 드러나 보이는 사람은 갑작스럽게 어려움이 다가온다.

크고 긴 앞니

• 활동적이고 체력이 좋다.
• 색욕이 강하다.
• 언변이 좋고 자기주장이 강하다.
• 치아의 길이가 너무 길면 귀하게 된다고 할 수 없다.

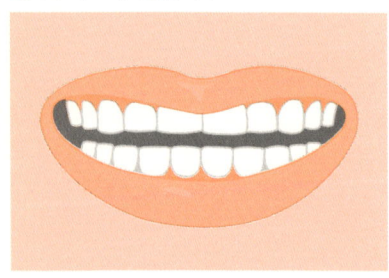

앞니가 작고 가지런한 치아

앞니가 작고 가지런한 치아

• 구두쇠로 금전관리를 잘한다.

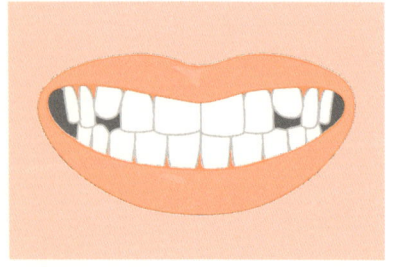

덧니

덧니

• 위 치아에 난 덧니는 밝고 애교도 있으며 매우 솔직한 성격이어서 마음속에 품은 생각이 금세 얼굴 표정으로 드러난다.

• 그러나 보기 싫을 정도로 심한 덧니는 초혼이

그리 순탄치 않을 가능성도 있다.

상담을 해 보면 덧니 교정을 굳이 할 필요가 없는, 심하지 않은 덧니인데도 불구하고 걱정하는 사람들이 있다. 그러나 지나치게 드러난 덧니이거나 들쭉날쭉한 치아라면 교정을 고려해 봐야 한다.

옥니
- 자신의 생각을 상대방에게 시원하게 털어놓지 않는다.
- 교제범위가 그리 넓지 않고 음성적인 성격이다.
- 언행이 조심스럽고 집념이 강하다.

치아 사이가 음식물이 샐 정도로 벌어진 경우
- 가난하고 복이 적다.

치아가 짧으면서 가늘고 좁으면서 틈새가 벌어져 있으면
- 수명이 그리 길지 못한다.
- 10년을 공부해도 벼슬을 이루지 못한다.

틈새가 벌어진 앞니
- 본인이나 배우자의 갑작스런 사고를 조심해야 한다.

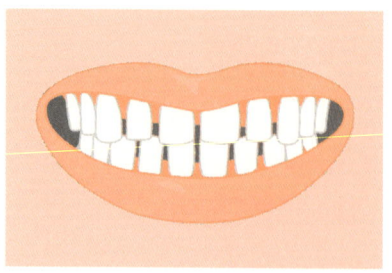
치아 사이가 음식물이 샐 정도로 벌어진 경우

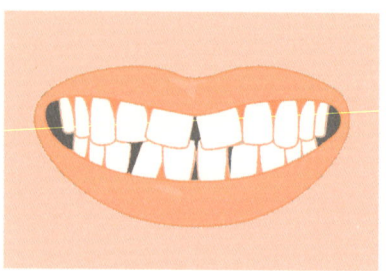
틈새가 벌어진 앞니

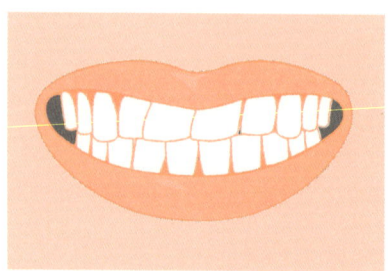
삐뚤어진 앞 치아

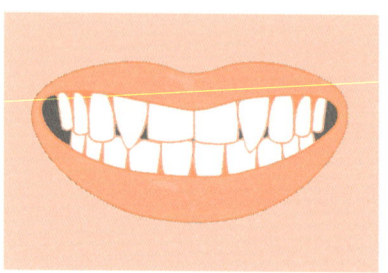
덧니

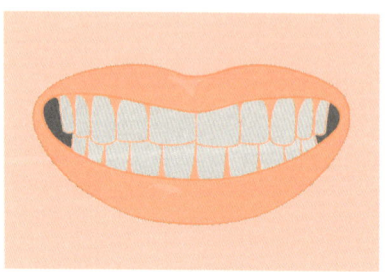
치아 색이 어두운 경우

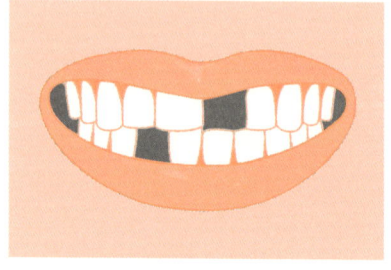
빠진 앞니

세치 혀로 말하는 목소리를 유의하라

혀
- 혀가 두터우면서 길고 넓으면 부자가 된다.
- 혀가 좁고 길기만 하면 간사한 도적상이다.
- 혀가 크기만 하고 얇은 자는 헛된 말을 많이 한다.
- 혀가 짧으면서 얇으면 춥고 배고픈 인생이다.
- 말하기 전에 혀로 입술을 핥는 자는 음란하다.
- 혀가 길어서 코에 닿는 사람은 지위가 매우 높이 오르고 부귀장수한다.
- 혀에 가로주름이 있으면 좋은 직업을 가진다.

목소리
- 대화를 할 때 시선이 상대의 얼굴을 따뜻한 표정으로 주시하며 목소리에 뱃심이 들어가 있는 자세가 좋다.
- 이상적인 목소리는 단전(배꼽 아래 부근)에서 나오는 소리는 울

림도 깊고 맑다. 이런 사람은 상대에게 신뢰를 줄 수 있으며 설득하는 힘을 가진 사람이다.

• 인위적으로 목에 힘을 잔뜩 주어서 낮고 굵은 음을 내는 사람은 음흉스럽고 무식하다.

• 가성을 써서 목소리를 상냥한 척하는 자는, 겉으로는 얌전한 것 같으나 실은 뱃속이 검다. 사고방식 또한 가벼우며 처음은 좋은듯하나 끝이 좋지 못한 사람이다.

• 목소리는 형체가 없어 기와 더불어 나오는 것이니 천한 자의 목소리는 가볍고 탁하다.

• 중후한 느낌이 없는 가벼운 목소리는 처음은 좋은 듯하나 끝맺음이 흐지부지하고 신중치 못하여 신뢰가 떨어진다.

• 늘 목 쉰 소리가 나는 사람은 일시적으로 좋은 운이 찾아와도 결국은 깨지고 운이 나빠진다.

• 목소리의 크고 작음이 고르지 않으면서 처음에는 빠르고 뒤로 갈수록 느려지고, 마음이 채 결정되지 않았는데 얼굴색이 먼저 변하는 사람은 천박한 사람이다.

• 목소리가 맑지 않고 탁하면서 낮은 톤의 사람은 좋은 운을 만나기 어렵다.

어떻게 생긴 턱이 좋은가

둥근 턱

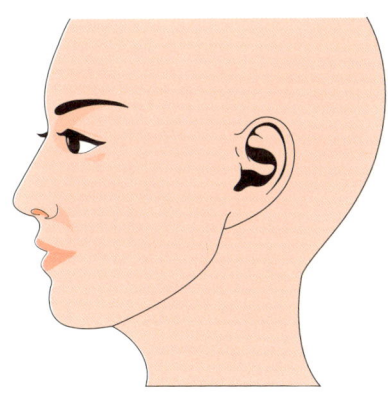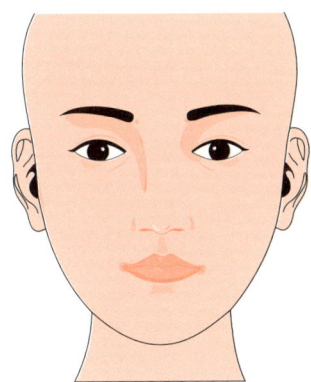

- 늦은 나이에 영광스러움을 만난다.
- 돈과 재물의 주인이 되어 쌓인다.

풍부하고 둥그스름한 턱
- 재산이 많아진다.
- 부자가 되고 턱이 단단하게 생겼으면 귀하게 된다.

턱이 평평하고 풍만한 턱

- 타인으로부터 좋은 일이 들어온다.
- 고관이 되어 귀하게 된 것은 턱이 넉넉하게 생겼기 때문에 그렇다.

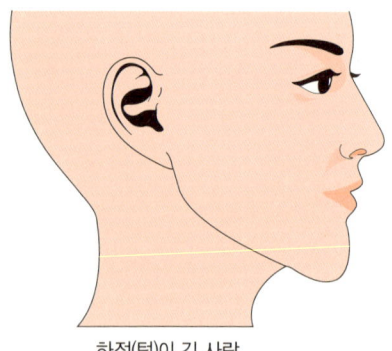

하정(턱)이 긴 사람

하정(턱)이 긴 사람

- 부귀하게 살면서 평생 활발히 사회활동 한다.
- 언행에 신중하고 사리분별력이 있으며 사고방식이 어느 한쪽으로 치우치지 않고 중심이 잡혀있다.
- 배우자와 자녀에 대한 애정이 깊고 매우 가정적인 상이다.
- 남을 배려하는 마음과 의협심이 있다. 그러나 정에 약해서 남을 지나치게 신경써주는 경향이 있다.
- 진지하고 열심히 일하는 좋은 심성의 소유자다.
- 평온하고 행복한 인생을 보낼 상.

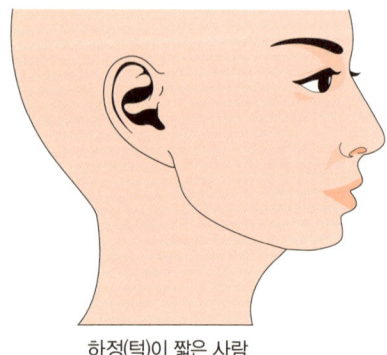

하정(턱)이 짧은 사람

턱이 짧은 사람

- 상황에 따라 대처하는 순발력이 좋다.
- 깊은 사고력도 없이 성급하고 즉흥적인 결정으로 오판하는 일을 주의하며 살아야 한다.
- 소극적이고 신경질적이다.
- 어른으로서의 자각이 약간 부족한 면이 있고 감상적이다.
- 여성은 애교가 있고 가정에 머무르기보다는 밖으로 나다니길 좋아한다.

뾰족한 턱

- 순발력과 심미안이 뛰어나다.
- 의지가 약하다.
- 부하 덕과 인덕이 그리 좋지 못한 사람이라면 이것은 자신의 변덕스러움에서 비롯된 것이다.
- 턱이 뾰족하든가 짧은 사람이 넓은 이마를 가지고 있으면 순발력이 지나쳐 사기성 있게 비쳐질 수 있으니 조심해야 한다.
- 이마는 넓은데 턱이 뾰족하면 하는 일이 자주 막힌다.

연예인이나 아이들이 많이 보는 만화의 주인공에는 턱이 뾰족하게 묘사되는 것을 많이 본다. 젊었을 때에는 턱살이 없는 관계로 갸름하지만 나이가 들수록 턱살이 붙고 둥그스름하게 바뀌게 된다. 뾰족한 턱이 미관상으론 좋게 보일지라도 관상으로는 그리 좋다고 볼 수 없다. 심성에서 안정감과 무게감이 떨어지는 것이다.

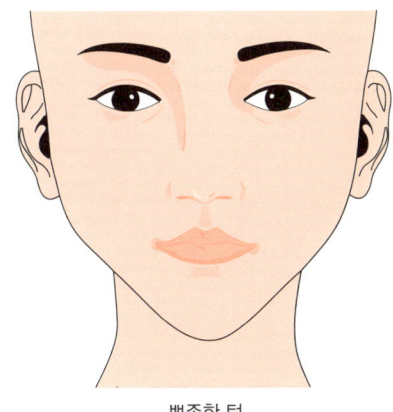

뾰족한 턱

턱이 뾰족하고 뒤로 들어가 있으면

- 말년에 이르러 성공하기 어렵고 귀하게 될 수 없다.
- 무턱 즉 후퇴한 턱은 주걱턱과는 반대의 모양새다. 순발력은 좋은데 배려심이 적고 경솔하게 비쳐질 수 있다.

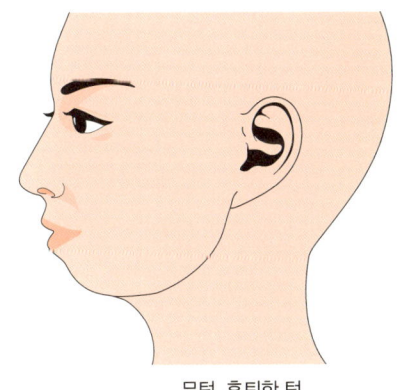

무턱, 후퇴한 턱

이중 턱

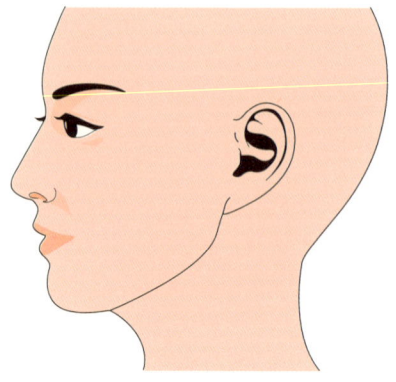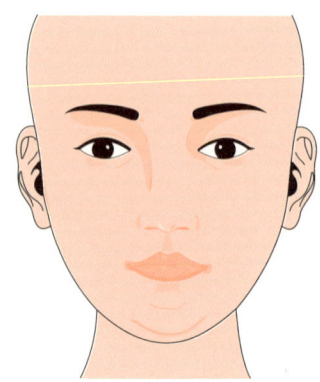

- 금전운도 좋고 복을 넉넉히 받을 상이다.
- 여성의 이중 턱은 성욕이 강하다.
- 이중 턱에 눈동자에 빛이 나서 푸른 기운이 돌면 부귀하거나 고승이 된다.

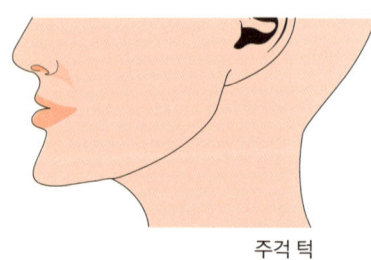

주걱 턱

주걱턱

- 정에 약하고 자신을 희생하는 봉사정신이 발달해 있다.
- 여성의 주걱턱은 이성에게 적극적인 편이다.
- 늙어서도 왕성하게 활동하며 장수한다.

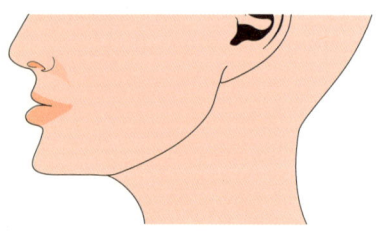

앞으로 내민 아랫입술과 앞으로 나온 턱

앞으로 내민 아랫입술과 앞으로 나온 턱

- 어렸을 때 어머니가 아닌 타인의 손에 자란 상.
- 과거에 한쪽 부모와 인연이 멀었을 수 있다.
- 시기심과 질투가 많다.

아감뼈(이골. 양악)가 발달한 턱

- 지배욕, 물욕, 정복욕, 식욕. 투쟁심 등 욕망과 욕심이 남달리 강하다.
- 집념과 집착력이 강해 타인과의 갈등이나 남녀 애정문제에서 폭력 등을 조심해야 한다.
- 자존심이 강하고 자기 주관이 뚜렷하다.
- 고집이 세고 타협심이 적다.
- 여성은 가정을 꾸며도 자기위주의 생활로 인한 잦은 충동을 주의해야 한다.

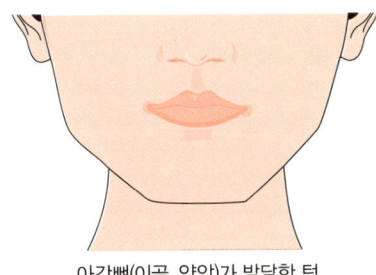

아감뼈(이골, 양악)가 발달한 턱

사각 턱

- 집념과 집착이 강하고 욕심이 많다.
- 감성이 무디고 자신의 희로애락을 잘 나타내지 않으며 일하는 데 많은 정신을 쏟는다.
- 남녀 간에 애정 표시나 기교가 단순하다.
- 여성으로서의 애교나 부드러운 감정이 무뎌서 무심하게 보일 수 있다.

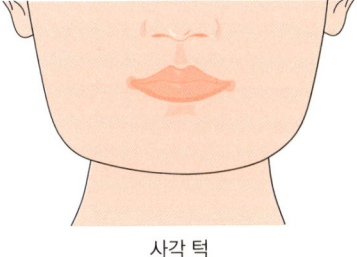

사각 턱

중앙에 홈이 파여진 턱

- 성적인 매력이 있는 정력가다.
- 징얼쩍이다.
- 새로운 것을 창조해내는 능력이 좋다.

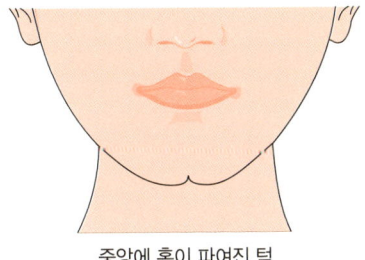

중앙에 홈이 파여진 턱

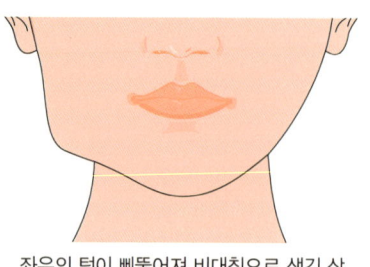

좌우의 턱이 삐뚤어져 비대칭으로 생긴 상

좌우의 턱이 삐뚤어져 비대칭으로 생긴 상

• 부모와의 인연이 먼 상.

• 성격이 고르지 못하다.

• 턱이 짧으면서 삐뚤어져 있으면 은혜를 원수로 갚는다.

• 뜻밖의 사고를 조심해야 한다.

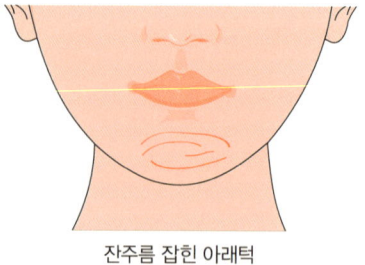

잔주름 잡힌 아래턱

잔주름 잡힌 아래턱

• 성실하고 부지런한 노력파다.

• 자기위주의 완벽함을 요구해서 주변 사람을 늘 긴장하게 만들므로 약간 느슨하고 여유 있는 마음 자세가 필요하다.

• 승장(턱의 중간 부분에서 아랫입술 사이)에 깊은 주름이 있으면 부하들이 떠난다.

• 턱에 주름이나 점이 있으면 부하들이 따르지 않는다.

성형수술을 하면 관상도 바뀌나요?

"성형수술을 하면 관상도 바뀝니까?"
"성형을 하면 태어날 때부터 가지고 있던 나쁜 운이 없어지나요?"
"제 얼굴 어디를 고치면 좋을까요?"

필자가 상담 중에 많이 받는 질문 중 하나가 성형 수술에 관한 것이다.

성형수술을 잘만 하면 얼굴도 분명 밝아지고 따라서 운도 좋아지리라 생각한다. 하지만, 태어날 때부터 가지고 나온 천성이나 그릇의 본바탕은 변하지 않는다고 본다.

그리고 성형을 했다고 해서 금세 나쁜 기운이 없어지는 것도 아니다. 점을 빼거나 문신을 하는 행위 역시 성형의 일종인데 꿈속에서라도 성형 후의 얼굴이 진정한 내 얼굴이라는 자각이 들 때쯤에야 조금씩 변하는 것이다.

성형수술을 하면 좋아지는 것 중 첫째가 여태 갖고 있던 얼굴에 대한 불만이 어느 정도 해소되면서 자신감이 든다는 점이다.

필자의 사무실에 상담하러 온 사람 중에 G라는 손님이 있었다.

대부분의 상담객들은 필자의 요구에 따라 서로 눈을 마주보게 하는데 이 사람은 고개를 바로 들지 못하고 자꾸 아래로 숙이려고만 하는 것이었다.

이상하게 생각해 몇 번 이야기했지만 그때뿐이었다. 그런 자세가 습관이 돼서인지 나이에 비해 어깨가 처져있었다.

그 원인은 심한 들창코 때문이었다. G는 자신의 코 생김 때문에 어린 시절 놀림 반 걱정 반의 소리를 줄곧 들으며 살았다고 한다. 학교에 들어가서는 친구들한테 손가락질의 대상이 되어서 '옥상 꼭대기에서 내려다봐도 콧구멍이 보이겠다.'는 둥 '비가 오면 빗물이 코로 들어가겠다.'는 둥 하며 놀려대기 일쑤였다.

동양사람 대부분은 어릴 때 약간 들창코로 있다가 성장하면서 개선되기 마련이지만 G는 워낙 정도가 심해 성인이 되어서도 그대로였다.

들창코는 미관상으로도 그렇지만 관상으로도 그리 좋다고 볼 수 없다. 개방적이고 낙천적인 성품의 소유자이긴 하지만 그런 성격 탓인지 금전이 들어오면 씀씀이의 조절에 능하지 못한 것이 큰 흠으로 꼽힌다.

필자는 그런 G에게 성형을 해서 코를 교정하는 것이 좋겠다고 충고를 해 주었다.

그리고 까마득히 잊고 있던 어느 날 그가 몰라볼 정도로 자신감 넘치는 밝은 표정으로 필자의 사무실에 들어섰다.

"코 성형수술을 하고 났더니 제 얼굴에 자신감도 생겼고 주변 사람들과의 관계도 좋아졌습니다."

그를 보면서 성형의 중요성을 새삼 확인할 수 있었다.

그렇지만 큰 하자가 없는 이상 멀쩡한 얼굴에 굳이 칼을 댈 필요는 없다.

성형수술을 하면 과연 관상까지 좋아질까? 답은 아니올시다.

이치를 설명하자면 이렇다. 얼굴을 전부 뜯어고쳐서 대한민국에서 재산가로 행세할 수 있는 관상으로 만들었다고 치자. 성형의 효과가 나타난다면 얼마나 좋겠느냐만 실제는 그렇지 않으니 문제다. 성형을 했다고 해서 타고난 운 자체가 변화하는 것이 아니라는 말이다.

G처럼 지나친 콤플렉스 부위를 교정하고 나서 정신적인 자신감이 생겼고 그것이 대인관계에서 위축되지 않고 적극적이고 긍정적인 자세가 되다 보니 하는 일이 잘 풀린 것이지 성형 자체로 좋아진 것은 아니라는 뜻이다.

다시 말해 성형 효과는 다른 데 있는 것이 아니라 자신감 회복이라는 심리 작용이다.

각자의 개성에 맞는 얼굴이 자연스러운데 성형으로 멀쩡한 얼굴을 뜯어고치면 오히려 해로운 결과가 올 수 있다는 것을 알아야 한다.

얼굴은 빈대떡 같이 넙적한데 코는 영화배우 누구처럼 오똑하게 고친다든지, 눈이 당사자의 얼굴과 잘 조화를 이루어 관상으로 봐서는 좋은 눈인데도 탤런트 누구의 눈처럼 성형하고 싶다고 떼를 쓰는 사람이 있는데 그것은 잘못된 생각이다. 눈을 성형한답시고 무턱대고 크게만 고친다면 자칫 타인에게 가벼운 인상으로 비춰질 수 있으니 유의해야 한다.

사람은 개인의 고유한 균형이 있고 분위기가 있는 법이다. 조화로운 얼굴에다 어느 부위를 잘못 고치면 '소 살에 말 살 붙이기'처럼 어색해져 오히려 관상적인 측면에서 균형이 무너진 결과를 초래한다.

그렇다고 예뻐지고 싶은 인간의 욕망을 마냥 탓만 하고 싶지는 않다. 그러나 앞의 G처럼 정신적인 면까지 영향을 끼칠 정도가 아니라면 굳이 성형수술을 할 필요가 없다고 본다. 그런 정성이라면 차라리 마음을 갈고 닦는 데 신경을 쓰든가 독서를 많이 한다면 훨씬 더 좋은 운기를 간직할 수 있을 것이다.

비눗방울이 일시적으로 화려하게 보일는지 모르지만 그것은 순간이다. 성형으로 제아무리 예뻐졌다고 하더라도 마음 씀씀이가 올바르지 못하다면 그것은 모래 위에 지은 집처럼 거품으로 보인다. 바람든 무 같이 겉모습은 그럴싸하지만 알차지 못하고 가벼워 보이는 얼굴은 자칫 인생이 겉돌기만 할 우려도 없지 않다.

그 좋은 예로 언젠가 찾아 온 P라는 여성을 들 수 있다. 20대 후반의 나이였는데, 겉보기에는 화려하면서도 예쁜 얼굴을 하고 있었다.

그러나 잠깐 주의를 기울여 보니 기가 안으로 오긋이 모인 게 아니라 이리저리 흩어져 썩 좋아 보이지 않았다. 성형수술로 코와 눈, 광대뼈를 크게 고친 얼굴이었다.

그런 문제보다 더 심각한 것은, P 스스로가 얼굴에 대한 지나친 자만심에 빠져 있다는 것이다. 자신이 영화배우 누구의 코에다 눈까지 닮아 있다는 우쭐한 마음이 확연히 느껴질 정도였다.

P의 속마음은 이렇게 완벽한 얼굴이니 관상도 당연히 좋지 않겠느냐는 시건방짐도 은연중에 보였다.

필자가 늘 강조하는 말 중에 하나가 얼굴이 제아무리 기생오라비 아니라 영화배우 같이 생겼어도 그것은 수박 겉핥기식 보통 사람의 시각일 뿐 관상까지 좋다는 법은 없다.

클레오파트라가 왔다가 울고 갈 미인 중에도 내실 있는 미인이 있는 반면 순전히 겉멋에만 정성을 쏟은 얼굴도 있다.

P는 자신의 얼굴 외모에 관심을 치중한 반면 내면을 살찌우는 노력을 게을리한 나머지 껍데기에 대한 자신감이 도를 넘어 자만심으로 바뀐 경우였다.

우리는 각 개인의 내면에 있는 정신을 밖으로 드러낸 것이 인상이며 그것은 평소의 마음가짐이 고착화된 결과물이기도 하다.

흔히 상대의 겉모습만 보고 인물이 좋다든지 나쁘다고 말하기 십상인데 그것은 잘못된 평가일 수 있다. '관상은 나쁜데 인물은 좋다.'는 말은 있을 수 없는 것이다.

관상으로 본 얼굴은 그 사람의 이력서이자 청사진이다. 관상에서는 외모보다 내면을 더욱 중시한다. 속마음이 당사자의 인생을 결정짓는 중요한 요인이라고 보기 때문이다.

머리와 이마의 생김에 대하여

이상적인 이마

- 이마가 넓고 살이 풍부하게 감싸서 그 모양이 마치 간을 엎어 놓은 듯한 둥그스름한 모양이면 제일 좋다. 이런 이마를 가진 사람은,
  - 사회성과 직관력이 뛰어나다.
  - 한꺼번에 많은 사람들을 상대하는 직업이 잘 어울린다.
  - 이런 이마에 인당(미간)까지 넓다면 지능과 기억력이 좋은 수재형 상이고 이름을 많이 얻으며 살아갈 상이다.

간 모양의 이마

- 간의 모양처럼 둥그스름하고 흠이 없는 이마가 좋다.

그리 좋지 않은 이마

머리 전체에서 머리카락이 난 부분의 비중이 커서 이마가 좁게 보이는 사람은 관상적으로 봤을 때, 변화에 대한 대처능력이나 순발력이 떨어지면서 성격은 고지식하고 보수적이다.

장점이라면, 성격 변화가 크지 않은 안정 성향을 가지고 있다.

머리칼은 세월이 흐르고 나이가 들면 점차 빠지게 되어있지만 지나치게 크게 차지한 머리라면 세월이 흘러도 개선되지 않는다. 미관상으로도 머리가 위에서 짓누르는 듯해서 답답하게 보인다. 또한 좁은 이마로 인해 자신 있게 이마를 드러내 놓지 못하고 늘 머리칼로 가리고 다니는 불편을 겪으면서 살아야 한다.

폭이 좁은 이마
- 사회성이 떨어진다.
- 많은 사람을 한꺼번에 상대하는 직업을 가지면 이유 없이 스트레스를 받고 적응을 못한다.

오른쪽과 왼쪽의 모양이 다른 이마
- 드물긴 하지만, 왼쪽과 오른쪽 이마의 높낮이가 다르거나 생김이 확연히 다른 모양을 볼 수 있다. 이것은 어린 시절 부모 중 한쪽과 인연이 멀었다는 표시다.

성인이 되어서도 이마에 솜털이 많이 난 경우
어릴 때는 이마에 솜털이 송송 나 있는 게 보통이고 성장하면서 자연스럽게 사라지게 된다. 하지만 성인이 되어서도 솜털이 이마를 많이 덮고 있다면 해롭다.

부모 중 한쪽과 인연이 멀었거나 어머니가 임신 중일 때 부부 사이나 가정에서 생긴 스트레스를 태아에게 영향을 끼쳤을 때 생기는 현상이다.

또한, 결혼 후 부부 사이에 갈등이 심할 수도 있다.

이마와 머리칼의 경계 부위에 불규칙하게 난 머리칼

발제(이마와 머리칼 난 부분의 경계)가 들쭉날쭉 난 모양이면 관상적으로 좋지 않다.

- 초혼이 그리 순탄치 못하고 배우자 운도 그리 좋지 못하다.
- 매사에 불평불만이 많은 부정적 사고의 소유자다.
- 도덕심이 떨어지면서도 달변이다.
- 윗사람에게 반항하는 심리가 강하고 대인관계에서 많은 문제가 발생한다.
- 머리숱을 면도기 등으로 밀면 다시 돋아나니까 뽑거나 제모 성형하는 방법이 좋다.

불규칙하게 난 머리칼 성형수술

초음파나 레이저로 모근을 태워 없애 털이 더 이상 자라지 못하게 하는 방법을 쓴다.

제비꼬리처럼 뾰족하게 난 이마의 머리칼

- 초혼이 그리 순탄치 못하고 배우자 운도 그리 좋지 못하다.
- 한쪽 부모와의 인연이 그리 좋지 않은 경우도 있다.
- 여성은 소심하고 섬세하며 가정적이다.

새 며느리가 들어오면
볼(뺨)의 생김을 먼저 봤었다

살찌고 축 늘어진 볼

- 심술이 많다.
- 남의 말을 잘 안 듣는 고집불통 상이다.
- 어릴 때부터 길들여진 고집불통은 나쁜 업을 쌓이게 만들고 그것이 나중엔 대인관계를 나쁘게 할 것이다.
- 중년 이후에 혈액순환 계통 건강에 좋지 않은 영향을 끼친다.
- 자신보다는 타인을 먼저 배려하며 살아야 대인관계도 좋아지고 재산도 모인다.
- 볼에 살이 많으면 복스럽다고 생각하는 사람들이 있다. 그러나 축 늘어진 볼은 둔한 느낌을 풍기면서 고집이 세고 심술이 많은 등 성격에 문제가 많을 수 있다.

살찌고 축 늘어진 볼

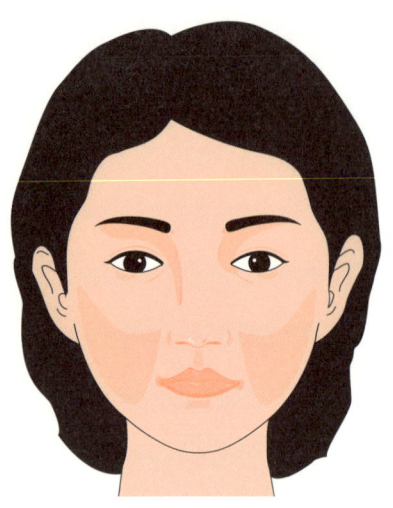
광대뼈보다 볼이 높은 경우

여자의 볼이 광대뼈보다 높은 경우
• 중년에 이르러 부부 이별한다.

호박 볼 여성
• 호박 볼이란 양쪽 볼의 살이 지나치게 늘어지지도 않고 마르지도 않으면서 보기 좋게 도톰히 올라 있는 볼의 형태를 말한다.
• 가정에 충실하고 내조를 잘한다.
• 호박 볼 여성은 현모양처 상이다.
• 의지력, 돌파력, 체력이 약간 약하다.

옛날에 며느리를 들일 때 볼과 귀의 생김을 먼저 봤다고 한다. 살이 늘어지지 않고 통통한 볼 살이 좋은데, 이런 볼을 두고 복 많게 생겼다고 했었다.

볼에 윤기가 흐르면서 밝은 빛
• 시험에 합격한다.

뺨의 혈색이 좋은 사람
• 운의 흐름도 좋다.

볼이 적당히 붉고 탱탱한 경우
• 건강하다.

홀쭉한 볼

• 부지런하고 꼼꼼한 일벌레다.
• 인덕은 그리 좋지 못하다.

이마가 넓고 볼이 홀쭉한 상

• 순발력이 뛰어나다.
• 자기 주관을 자주 바꾸는 변덕으로 인덕이 부족하다.
• 입 밖에 낸 약속은 반드시 지키며 살아야 한다.

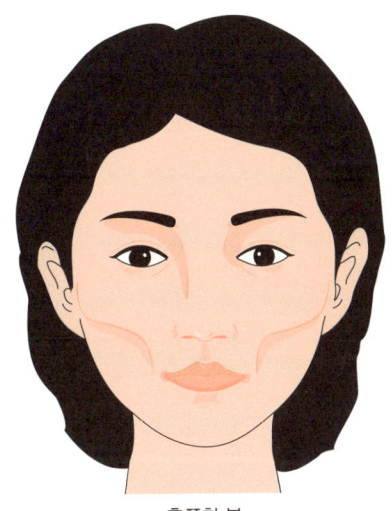

홀쭉한 볼

볼에 생기는 보조개

• 애교와 사교성이 좋다.
• 자유 분망한 나머지 가정에 머무르기보다는 바깥으로 나다니기를 좋아하는 성향을 갖고 있다.
• 볼에 있는 보조개에도 장점 단점은 있지만 일부러 만들 필요까지는 없다.

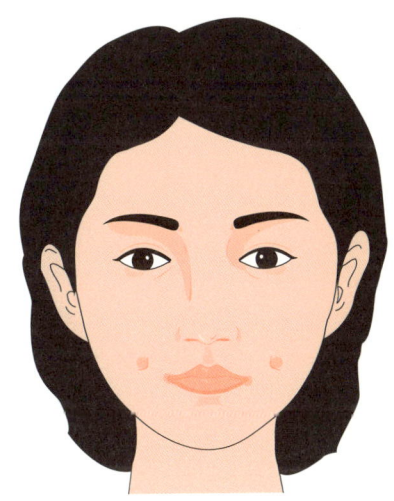

볼에 생기는 보조개

광대뼈가 나오면 팔자가 드세다고?

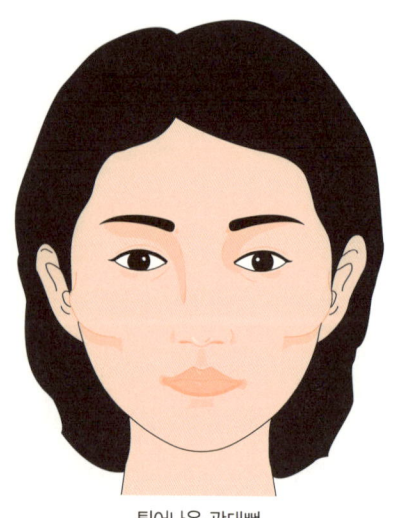

튀어나온 광대뼈

튀어나온 광대뼈

여자는 광대뼈가 나오면 팔자가 드세고 남편을 극하는 상이라 해서 좋지 않다고 했다. 그 이유는, 광대뼈의 발달은 활력과 행동성이 있다는 뜻인데 옛날의 여성들은 주로 부엌과 집 주변에서만 활동했었으니 자신의 본능을 제한 받았을 터였다. 따라서 스트레스를 많이 받았을 것이고, 그 쌓인 스트레스를 어딘 가에다 풀어야 할 텐데 그 대상으로 제일 가까운 가족인 남편이 됐음직하다. 그래서 부부갈등이 일어났을 것이고. 그러나 요즘엔 마음만 먹는다면 여성도 얼마든지 활동공간이 많으니 광대뼈가 어느 정도 나온 얼굴이 건강하고 관상적으로 좋다고 본다.

광대뼈를 살이 잘 감싸줘야 되는데 뼈가 불쑥 드러나면 강한 자기주장으로 주변 사람들과의 갈등을 일으키는 등 좋지 않다.

살이 감싼 광대뼈
• 적극성과 신념이 굳은 노력파이며 생활력이 강하다.

광대뼈가 솟아 있고 풍채가 당당하면
• 건강하고 이름을 떨치며 부귀하다.

광대뼈는 뼈가 드러나지 않아야 좋다.

광대뼈가 적당히 솟고 이마를 향하면
• 재물이 모인다.

여자 광대뼈가 콧마루보다 위에 솟은 광대뼈
• 시샘이 많아서 빈 방을 지키는 과부가 된다.

콧마루보다 위에 솟은 광대뼈

툭 튀어나온 광대뼈
• 이러한 광대뼈를 가진 여자가 남자 목소리가 나면 일곱 남자를 얻어도 사이가 순조롭지 않다.
• 남편과 이별한다.

여자의 볼이 광대뼈보다 높으면
• 중년에 이르러 부부 이별한다.

옆으로 불거진 광대뼈
• 광대뼈도 앞으로 불거진 형이 있고 옆으로 불거

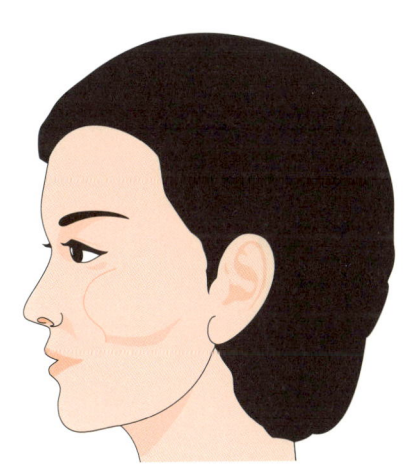

옆으로 불거진 광대뼈

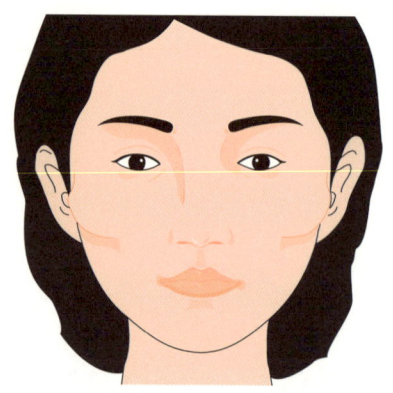

광대뼈가 높고 눈이 작은 상

진 형이 있다.
- 자신의 노력과는 다르게 힘든 일들이 많이 발생한다.
- 집을 떠나 먼 거리나 해외에 나가 사는 일이 생긴다.
- 여성은 남편과의 심각한 갈등을 일으키거나 헤어질 수도 있다.

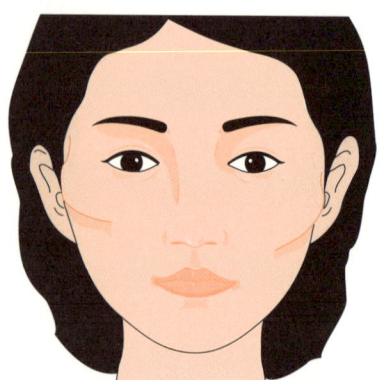

광대뼈의 좌우 높낮이가 다른 경우

광대뼈가 높고 눈이 작은 상
- 이기적이고 교활하며 매정하다.
- 자신의 능력 이상의 욕심을 부리면 실패가 잦으므로 과도한 욕심을 부리지 말아야 한다.

좌우 높낮이가 다른 광대뼈
- 한쪽 부모와의 인연이 멀다.

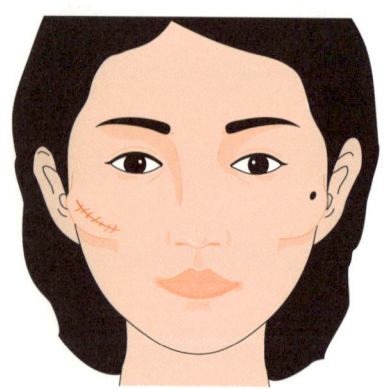

점이나 흉터가 있는 광대뼈

점이나 흉터가 있는 광대뼈
- 저항심과 반골기질이 있다. 그 때문에 주변 혹은 사회적으로 시끄러운 일을 벌인다.
- 이성과의 갈등을 일으킨다.

난 왜 부자가 안 될까요?

언젠가 텔레비전에서 이런 뉴스를 본 적이 있다. OO아파트 13층에 사는 A라는 주부. 슈퍼에 잠깐 다녀오려고 이제 갓 세 살이 된 아이를 방안에 두고 내려왔다. 부인은 물건을 사면서 이상하게 불길한 예감이 들어 황급히 밖으로 나와서 자신의 13층 아파트를 올려다봤다.

그런데 잠을 재워 놓았던 아이가 엄마를 부르며 베란다 위로 기어오르는 것이 아닌가. 아이는 엄마를 발견했는지 베란다 창살을 잡고 밖으로 넘어오고 있었다. 부인은 놀라 울부짖으며 아이가 떨어질 만한 곳으로 내달렸다. 그리곤 다시 13층을 올려다보았다.

하얀 치마를 입은 아이는 마치 꽃잎이 떨어지듯 거짓말같이 아래로 빙글빙글 돌며 떨어져 내리고 있었던 것이다. 엄마는 떨어지는 아이를 받으려 비명을 지르며 두 팔을 벌린 채 맴을 돌았다.

아이는 물론이고 엄마 역시 떨어지는 아이의 충격 때문에 매우 위험천만한 상황이었다. 그러나 그 상황에선 어느 부모든 마찬가지겠지만 엄마는 그런 것은 안중에도 없었다. 오로지 떨어지는 아이를 받아내서 살려야 한다는 일념뿐이었다.

절대 절명의 순간! 엄마는 가까스로 아이를 두 팔로 받아냈다. 그리고 그 엄청난 충격 때문에 엉덩방아를 크게 찧어야 했다. 그러나 엄마는 한쪽 팔이 빠지는 골절상만 입었을 뿐 아이도 엄마도 무사했다. 천우신조였다.

상상해 보라. 13층에서 떨어지는 작은 야구공을 맨손으로 받는다고 가정할 때의 그 충격을. 하물며 3살배기 아이를 받아내고서도 둘 다 안전했다는 것은 불가사의하지 않은가.

이런 경우도 있었다. 어느 가정집에 불이 났다. 갑자기 당한 화재라 부인은 미처 가재도구를 꺼낼 엄두도 못 내고 몸만 황급히 빠져나왔다. 그렇지만 곧바로 다시 불타는 방안으로 뛰어 들어갔다. 애써 모은 재산이 한순간에 잿더미로 변해 가는 모습을 보고 눈이 뒤집혔던 것이다. 그리곤 커다란 장롱을 불끈 들고 밖으로 나왔다.

밖에서 발만 동동 구르던 사람들은 그런 그녀의 모습을 보고 눈이 휘둥그레졌다. 평소엔 장정 두 명이 들어야 가능한 장롱을 부인 혼자서 거뜬히 들고 나오니 놀랄 수밖에 없었을 것이다.

그런 경우 말고도 우리는 살아가면서 종종 깜짝 놀랄 만큼의 기적 같은 일들을 보거나 겪으며 살아간다. 위의 두 가지 예를 든 것은 인간의 한계가 과연 어디까지 가능한가를 보여주기 위함이었다.

우리 인간들의 내부에는 자신들이 상상도 못할, 위에서 보여준 것보다 훨씬 더한 엄청난 에너지가 숨겨져 있다. 다만 그것을 꺼내서 쓰는 방법을 모르고 있을 뿐이다.

우리가 믿는 하나님이란 존재가 과연 전지전능한가. 하느님이나 부처님, 알라신을 믿어야만 은혜와 구원을 받고 서낭신, 바위신 등등에게 빌면 미신이고 기도의 응답 또한 없는가.

그에 대한 필자의 소견은 한 마디로 '아니다.'라고 단정해서 답하고 싶다. 기적은 어디에든 존재하기 때문이다. 따라서 하나님이 전지전능하다는 데 대해서도 필자는 동의하지 않는다. 전지전능한 존재가 지배하는 장소치고는 이 지구상에서 일어나는 일들이 도저히 이해 못할 혼돈의 연속이기에 그렇다.

그에 대해서 하느님을 믿는 분들이야 신이 독생자인 예수에게도 그랬듯이 우리 인간들에게 시련을 주는 것이라고 그럴싸한 명분을 대겠지만 그것만 갖고는 시원스럽게 의문을 풀지 못하는 데 문제가 있는 것이다.

하나님께 기도하면 응답을 받는 것 못지않게 다른 신앙의 형태에서도 기도하면 효과가 있긴 매 마찬가지다. 심지어 우리가 늘 미신이라고 경원시하고 있는 서낭신이나 바위 신에게도 영험은 존재한다.

옛날 우리의 조상들은 아들을 못 낳으면 조용하고 한적한 암자나 바위, 나무 밑에 가서 손이 닳도록 빌면서 기적을 바랬다. 절실하게 한곳으로 집중해서 하는 무아의 상태에서 기도하는 행위는 어떤 특정 종교나 신앙의 형태를 떠나 매우 신성하고 중요한 현상이라고 주장하고 싶다. 그렇게 간절히 간구하는 자세를 높이 평가하는 것은 그런 기도에는 응답이 따른다는 어떤 확신을 갖고 있기 때문이다.

이 글을 읽는 독자분들 중엔 부처님이나 하나님을 골수로 신봉하는 분들도 있으리라. 그분들이 보기에 따라서는 필자 같은 사람은 사이비고 미신도 좋다고 떠들어대는, 도저히 같이 이야기하고 싶지 않은 이상한 사람이며 죽어서 지옥으로 떨어질 사람으로 보일런지도 모르겠다. 그러나 욕을 먹고 내일 당장 지옥으로 떨어지는 한이 있더라도 필자가 그동안 하고 싶었던 얘기를 하지 않을 수 없다. 참고로, 필자는 지금 그 어떤 종교나 신앙을 갖고 있지 않다. 따라서 흔히 오해하거나 짐작하는, 나무나 돌에다가 절을 하거나 굿을 하는 따위의 행위는 필자와 전혀 무관하다.

불경은 말할 것도 없고 성경에도 조용하고 구석진 다락방에서 기도하라고 써있다.

그것은 왜일까. 시끌벅적한 장소보다는 그런 한적한 장소가 정신집중이 잘되고 따라서 기도의 효과가 크기 때문일 것이다.

기도란 하나님이나 부처님, 서낭신 등등 초월적인 대상이나 사물에게 갈구하는 바가 이루어지기를 비는 절실한 마음의 표현이다. 따라서 어떤 대상이든 그 효과는 비슷하리라 본다. 다만 각 개인의 성정이나 신앙에 따라 그 대상이 하나님이나 부처님 혹은 자신이 믿는 다른 신이 될 수도 있을 뿐이지 그 어떤 신앙을 갖든 그것은 당사자가 선택하기 나름이다. 즉, 당사자에게 잘 맞는 신이 따로 있을 수 있다는 얘기다.

그런데 유일신이라는 하나님 외에도 미신이라 일컫는 다른 존재들에게 기도해도 같은 응답이 있는 이유를 어디에서 찾아야 할까? 그것을 알기 위해선 당사자가 믿는 신앙이 제일이라는 편협함을 버려야한다.

우리는 기도를 하면 그 내용이 현실로 이뤄지는 것을 주변에서 종종 목격할 수 있다. 그것은 진정 신이 내린 결과일까? 그러나 그렇지 않다고 본다. 기도의 응답은 신이 내린 은총이 아니라 자기 자신의 마음속 깊은 곳에 숨어있는 신에 버금가는 능력과 기도하는 중에 파장이 맞닿아서 나타난 결과라고 필자는 생각하는 것이다.

인간에게는 지금은 퇴화해서 잘 드러나지 않는 신(神)적 기능이 마음속 깊숙이에 숨겨져 있다. 우리들은 단지 그것을 자각치 못하고 엉뚱하게도 외부의 초월적인 존재에만 눈을 돌리는 어리석음을 반복하고 있을 뿐이다.

하지만 인간 스스로의 신적 기능이 퇴화하거나 숨어버린 지금, 그것을 다시 되찾는 법을 모르는 상태이기에 초월적인 존재에 기대어 갈구하는 것도 하나의 좋은 방법이라고 본다. 그러나 그 결과물에 대해선 신이 실제로 위에서 지켜보다가 기도에 대한 은총을 베푸는 것이 아니라 자신의 내부 깊숙이에 숨겨진, 현재의 과학으로는 증명이 안 되고 있는 불가사의한 에너지와 연결되어져서 기적 같은 일이 일어나는 것이라고 필자는 주장하고 싶다.

따라서 그것을 되찾는 데는 어떤 특정 종교의 신만을 통해야 한다고 생각지 않는다. 그래서 그 어떤 신앙이나 종교를 믿든 상관없다고 한 것이다. 그리고 여기서 또 한 가지 첨언해 두고 싶은 점은, 종교를 갖는 이유가 복이나 빌고 하는 기복신앙이 전부가 아니라는 것을 독자분들께서 잘 알겠기에 여기서 굳이 언급을 하지 않는다.

성경의 창세기에 보면 신이 만물을 창조하고 마지막으로 인간을 만들었다고 나와 있다. 그 최초의 인간이 아담과 하와다. 아담과 하와를 만들 때 신은 이렇게 말한다.

'우리가 우리를 닮은 사람을 만들었다.'

그런데, '우리'라는 말은 복수(復數)다. 천지창조를 한 신은 분명한 분이기에 '우리'가 아니라 단수(單數)인 '나'로 해야 옳다. 그렇기에 '하나님'이라는 명칭을 붙이지 않는가. 그에 대해서 성경학자들은 다른 의견을 내는 것을 봤다.

아담과 하와는 에덴동산에서 생로병사를 잊은 채 인간 본연의 행복을 만끽하며 살아간다. 그런데, 좋은 일에는 마가 끼는 법인가. 신의 휘하에 있던 루시퍼(천사의 우두머리)가 나타나 그들을 유혹한다.

'너희들이 이 열매를 먹으면 신과 같은 능력이 생기게 된다.'

아담과 하와는 루시퍼의 권유에 금단의 열매를 먹고 정말 눈이 밝아졌다. 그러나 그것이 신의 노여움을 사는 결과가 되어 에덴동산에서 쫓겨나게 된다. 또한 그것 때문에 생로병사의 고통스런 원죄의 굴레를 쓰며 살아가야 했다. 그래서 요즘도 교회에서 '우리는 죄인', '원죄'라는 말을 자주 하는 것이다.

그 둘은 에덴동산에서 쫓겨나게 되었고 신은 금단의 열매에 인간들이 손을 못 대게 장치를 해 두었다. 여기서 위의 성경 내용을 필자 나름대로 재해석해 보았다.

루시퍼라는 천사장을 두고 신학자들은 천사를 통솔하는 고위직의 존재라고 해석하고 있다. 즉, 신의 바로 아래에서 천사들을 관리하고 지휘하는 위치라는 것이다.

그런 존재가 어떻게 전지전능한 신을 등지게 됐는지 이해할 수 없다. 물론 신이 인간을 시험하기 위해서였을 수도 있다. 그러나 그것이 자신의 손으로 창조한 인간들을 세세 생생토록 원죄라는 굴레를 씌우게 하는 결과를 초래하고 말았으니 시험치고는 너무 가혹하다는 생각을 지울 수 없게 한다.

그런데, 아담과 하와가 먹었다는 열매가 정말 과일 종류일까. 그에 대해서 필자는 나름대로 여러 추리를 해 보았다. 인간이 실제로 열매를 먹어서 눈이 밝아진 것이 아니라 전엔 알지 못했던, 신이란 존재에 대한 놀랄만한 비밀이나 능력(과학이라 해도 좋다)을 전수받았다는 의미가 아닐까? 또한 그것을 스스로가 배운 것이 아니라 신에게 반기를 든 루시퍼라는 천사장이 가르쳐 줬을 가능성이 있다.

그리고 루시퍼에게서 습득한 것은 신이 노여워할 정도로 엄청난 정보였기에 지금 우리가 알고 있는 현대과학으로도 상상을 초월하는 수준의 지식이었지 않았을까 추측해 본다. 그렇지 않다면 과일을 따 먹고 눈이 밝아졌다고 해서 신이 그토록 노여워하고 인간에게 영원한 고통의 굴레를 씌울 리 만무한 것이다.

아니, 자신이 만든 인간이 어느 날 눈이 밝아졌다면 오히려 반가

워하고 칭찬을 해 주든가 최소한 경고를 어긴 인간에게 용서를 해 줘야 함에도 불구하고 그렇지 않고 가혹한 죄를 씌운 것만 봐도 알 수 있다.

그러면 루시퍼는 왜 인간들에게 그런 엄청난 정보나 지식을 전수했을까? 그것은 인간들에게 하나님보다는 자신을 따르도록 만들려고 했을 가능성도 있다. 그래서 인간들을 자신의 손아래에 두고 자신만의 영역을 따로 만들어 보려했을지도 모른다.

신이 진노한 것도 그런 이유 때문이 아니었을까? 그 때문에 루시퍼에게도 악마라는 별칭이 붙게 되었다.

여기서 창세기에 나오는 내용 중 '노아의 방주'의 예를 들어보기로 하자.

인간들이 극도로 타락해졌다고 생각한 신은 지구상에서 전부 그들을 없애기로 결정했다. 그러나 신심이 두터운 노아만큼은 살려서 종족을 보존키로 했다. 그래서 노아에게 이른다.

'큰물로 이 땅의 모든 생물들을 멸하리라. 너는 어서 큰 배를 만들어 세상의 살아있는 생물들 각 한 쌍씩을 싣도록 하라.'

노아는 축구장 크기의 배를 만들어서 세상의 짐승들 한 쌍씩을 싣는다. 코끼리, 고래, 호랑이, 들소, 다람쥐, 하마…….

그런데 필자는 여기서도 노아가 만들었다는 배가 우리가 상상하는 나무로 만든 배가 아닐 것이라고 생각하고 있다. 그리고 성경에서 노아가 만들었다는 배의 크기로 볼 때 그 수많은 짐승들을 싣기에는 큰 무리가 있다는 것을 알 수 있다. 축구장 크기의 배 이, 삼층으로는 턱도 없는 것이다. 생각해 보라. 이 지구상에는 얼마나 많은 종류의 생물들이 있는지를.

당시 인간들은 하늘 끝까지 닿을 수 있는 바벨탑을 건설할 정도의 상상을 초월하는 과학을 보유하고 있었다. 따라서 노아의 방주는 배가 아니라 하늘 위를 나를 수 있는 우주선일 수도 있다.

그렇다면 우주선 안에 그 많은 짐승을 싣는다? 그것도 아니다. 그 정도의 과학이 있는데도 미련하게 살아 있는 짐승들을 싣는다면 먹이와 종대로의 분류문제 등등으로 엄청난 혼란이 올 수 있다.

우리들이 요즘에야 옛 기억을 되살려서 걸음마를 하고 있는 첨단 과학이 있다. 즉, 유전자 정보가 들어 있는 세포조직 하나만 있어도 복원이 가능한 복제 기술이다.

노아 역시 그런 게놈 프로젝트를 이용해서 지구상에 흩어져 있는 생물들의 유전자를 우주선에 저장한 뒤 물 위가 아닌 가까운 우주로 피신을 했으리라 상상해 보았다.

당시는 인간들의 수명이 1,000여 년에 가까울 정도로 길었다. 그런데 어쩐 일인지 지금은 인간의 수명이 극도로 오그라들었다. 만일 인류가 당시같이 장수할 수 있었다면 과학이나 정신이 비약적으로 발전해서 상상을 초월하는 능력을 보유할 수 있었을 것이다. 예를 들어 과학자가 자신의 연구를 지속적으로 오랜 세월을 두고 할 수 있기 때문에 발전이 안될 수 없기 때문이다.

생명이 짧아지게 된 원인이 어디에 있는지 현재로선 알지 못한다. 다만 인간에게 신적인 능력이 내재되 있던 기능들이 갑자기 아니면 서서히 사라졌다는 것이다. 필자는 그것이 아주 사라진 것이 아니라 인간 내부 깊숙이에 숨겨져 있다고 믿고 있다.

우리 인류가 그것을 꺼내는 방법을 여러 갈래에서 시도를 해왔었지만 그 성과는 미미했다. 실패하고 있는 원인은, 물론 그것이 쉽지 않았던 것도 있겠지만 방법이 잘못됐다고 밖에 할 수 없다.

우리는 종교를 갖고 있으면서도 정작 자신이 종교를 갖는 원천적인 이유를 모르는 사람들이 의외로 많다. 대부분의 사람들의 말을 들어보면, 마음의 안정을 찾으려고, 또는 복을 빌기 위해서나 죽어서 천국이나 극락을 가기 위해서, 인간의 힘으로 안되는 일이 많으니까 등등 다양하다.

물론 그런 저런 이유로 종교를 갖는 것은 좋다. 그러나 다른 각도에서 바라본다면 훨씬 더 종교생활에 도움이 될 것이다. 바로, 나 자신에게 숨겨져 있는 신에 필적할 만한 능력을 끄집어내기 위해서 신앙을 갖는다면 좀 더 새롭게 보이리라 본다.

아담과 하와 이후에도 인간들은 뛰어난 능력을 보유하고 있었다는 것을 성경의 여러 곳에서 확인할 수 있다.

그리고 창세기에 보면, 인간과 신과의 만남이 매우 빈번했었다는 것을 알 수 있다. 그것을 달리 표현하면 요즘 우리가 먼 나라에까지 전화로 통화하듯이 당시엔 신과 인간과의 교감이 매우 원활했을 수도 있다.

성경에는 꿈속에서뿐 아니라 실제 대면하는 장면도 종종 나온다. 그런 현상을 추리해 볼 때 당시는 인간들의 정신적 능력이 차원 높아서 신과의 주파수를 맞출 수 있는 수준이지 않았을까 하는 상상도 해 본다.

그런 뛰어난 수준이 어느 순간부터 서서히 사라져서 이제는 신과의 통로가 완전히 막혔다고 해도 과언이 아니다.

우리가 종교를 갖고 신앙생활을 하는 이유가 바로 구원이나 복을 빌려고 하는 목적보다는 창세기 시절에 존재하던 옛 능력을 되찾는 방법을 추구하는 것에 원래 목적이 있다고 보고 싶다. 그것은 바로 불교에서 추구하는 '참 나'를 찾자는 뜻과도 통한다. 그리고 기독교에서 말하는 예수님을 닮자는 것과도 같은 맥락이라고 본다.

'참 나'라는 말은 두 말할 것도 없이 그 옛날 인간이 갖고 있던 뛰어난 능력을 뜻하는 것이고 예수님을 닮자는 말 역시 그분의 능력을 배우면서 나를 찾자는 뜻으로 해석한다.

그래서 진정한 나를 되찾게 된다면 신과도 수시로 통할 수 있는 길이 트일 것이다.

지금도 신은 분명 존재하는데도 불구하고 우리가 신을 만나지 못하는 것은 바로 라디오를 켤 때 주파수가 맞지 않으면 소리가 안 들리듯이 서로 다른 주파수의 위치에 있기 때문이다.

우리가 인간 내부에 숨겨진 능력만 복원된다면 신을 만나고 싶을 때 수시로 만나서 인간의 힘으로 극복 못하는 문제들을 구원받을 수 있게 될 것이고 또한, 우리가 살고 있는 세계를 벗어나 5차원이나 6차원으로의 환상적인 꿈의 세계까지 넘나들 수 있을 것이다.

사무실에 찾아오는 상담 손님 중엔 종종 이런 질문을 하는 분들이 있다.

'저는 이제껏 살아오면서 남들의 눈 밖에 나는 해로운 짓을 안하고 착하게 살아왔는데 왜 이렇게 가난하고 힘들게 살아가야 합니까?'

그런 질문은 누구나 흔히 품을 수 있는 의문이다. 자신은 착하게 살아왔다고 자부하고 있는데도 불구하고 하늘은 복을 내리기는커녕 생활고에 시달리며 힘들게 살고 있으니 누구라 할 것도 없이 원망을 토해내고 싶을 것이다.

우리 동양 사람들의 사고방식에는 여러 가지 사상이 깊이 박혀있다. 그 중엔 착한 일을 하면 하늘이 복을 내리고 악한 짓을 하면 벌을 내린다는 '권선징악'의 사상도 있다. 그것은 어린 시절부터 끊임없이 반복 주입돼 왔기에 사람들의 뇌리에 깊이 새겨져있다.

위에서 질문한 사람 역시 그런 교육을 받고 자랐는데 정작 세상은 배운 대로 굴러가 주질 않고 어긋나게 되돌아오니 그의 말속엔 실망과 원망이 뒤섞여 있는 것을 알 수 있다.

우리는 여기서 그의 말속에 매우 중요한 의미가 함축되어 있다는 것을 결코 간과해선 안 된다. 필자가 앞에서 뜬금없이 민감한 종교

얘기를 꺼낸 이유도 위의 질문에 답할 수 있는 고리가 연결돼 있기에 그리했다.

기독교의 성경에는 이런 구절이 들어 있다.

'부자가 천국을 가기는 낙타가 바늘구멍을 통과하기보다 어렵다.'

위의 내용을 읽는 그대로 고지식하게 잘못 받아들인 사람들 중엔 물질적인 부를 가진 사람을 하나님이 싫어하기에 부자가 되면 안 되고 따라서 가난해야 천국을 가는 줄 착각하고 있는 분들이 의외로 많다. 그런 결과 부자를 이유 없이 미워하고 부자가 되는 것을 은연중에 거부하는 부류도 생기는 부작용이 있다. 그런 사람들은 소원대로 평생 가난을 면하기 어려울 것이다.

왜냐하면, 기도에서나 실생활에서 늘 부자를 경멸하고 자신은 가난하게 살면서 나중에 천국에 가려는 의식이 깊숙이에 도사리고 있으므로 다가오는 복도 거부하거나 보지 못하기에 부자가 될 일이 도대체가 없을 터이다.

반대로 어떤 사람들은 부자가 되려고 무진 애를 쓰지만 부자가 되지 못하는 사람들도 많다. 그것 역시 이치에 있어서 위의 예와 매우 흡사하다.

즉, 자신의 겉마음은 부자가 되려고 하지만 정작 중요한 마음 깊은 곳에 도사리고 있는 속셈은 부자를 경멸하고 미워하는 마음이 자리하고 있기에 제아무리 부자가 되려고 발버둥 쳐도 행운의 여신인 속마음은 그에 수긍치 않고 따라주지도 않는 것이다.

보통의 사람들이라면 누구나 부유해지길 원한다. 그러나 같은 생각이라도 진정 다른 이들의 성공에 부러워하고 축하하는 마음이 쌓이면 그것이 자신의 내부 깊은 곳에까지 전이현상이 생겨서 스스로도 모르는 사이에 그 씨앗이 심겨지게 되고 따라서 언젠가는 자신도 그 길을 가게 된다는 이치다.

'그런데 제가 잘 아는 K라는 사람은 살아가면서 온갖 나쁜 짓과 못된 생각만 하고 사는데도 벌을 받기는커녕 오히려 부자로 잘 먹고 잘 살고 있습니다. 선생님 말씀대로라면 그 사람은 가난하고 힘든 인생이어야 되는데 그렇지 않은 이유는 뭔가요?'

그것 또한 앞의 문제 못지않게 중요하다. K가 평소에 매우 인색하고 남들을 배려하는 마음이라곤 눈곱만치도 없어서 모두에게 손가락질을 받으며 살아간다. 그런데도 부를 축적해 떵떵거리고 사는 걸 보면 세상은 공평하지 않다는 생각이 들 것이다. 위에서 말하는 부(富)란 정신적이 아니라 물질적 부를 의미한다.

우리는 여기서 한 가지 중요한 사실을 알아야 한다. K가 비록 남을 괴롭힐지언정 마음속에는 부자가 되고자 하는 마음이 뿌리깊이 심겨져 있다는 것을 잊어선 안 된다.

비록 그가 남들에게는 야멸차고 몰인정하게 보일지언정 그것이 부자가 되는 데는 하등의 상관이 없는 일이기 때문이다.

따라서 물질적 부를 쌓는 것과 인간의 도덕적 가치와는 무관하다고 할 수 있다.

최소한 K는 부자를 자신의 경쟁상대로 볼지언정 부(富) 자체를 경시하는 게 아니라는 얘기다. 즉, 인간만 경멸할 뿐이지 부 자체를 무시하는 것이 아니라는 사실을 알아야 한다.

그러나 반대로 가난하게 살 수밖에 없는 사람들을 보면 겉으로는 좋은 생각과 남을 위하는 말들을 많이 생산하고 본인 스스로도 그런 자신을 선하고 착하게 살아간다고 생각한다.

우리는 수많은 다양한 사람들을 겪으며 살아간다. 그 중에서 가난하고 힘들게 살아가는 사람들을 유심히 관찰해 보면 한 가지 공통된 특징을 발견할 수 있을 것이다.

부자로 사는 사람들에 대한 거부반응과 냉소가 그것이다. 그것은 일종의 습관적으로 붙은 버릇이기에 본인 스스로는 결코 자각치 못한다. 그리고 그들의 언행에는 늘 정치, 사회와 주변에 대한 불평불만으로 덕지덕지 쌓여 있는 것을 볼 수 있다.
　그것을 문제에 대한 올바른 비평으로만 생각하지 그것이 자신에게 그대로 되돌아오는 부메랑이 된다는 사실을 까마득히 모르고 있는 것이다.
　그런 습성이 붙은 사람들은 비록 겉으로 선하고 착한 말을 하고 있을지라도 그것은 어디까지나 겉의 생각뿐이지 깊고 깊은 곳에 자리하고 있는 잠재의식에는 그것을 부정하는 힘이 도사리고 있지 않을까?
　'저 놈은 저렇게 악하게 언행을 하고 남들한테 손가락질을 받으며 사는 데 왜 저렇게 부자로 살지?'
하는 부자에 대한 부정적인 생각이 도사리고 있다는 사실을 스스로는 눈치채지 못하고 있다고 봐야 한다.
　부자란 심성이 악하고 선하고의 차이에서 결정되어지는 것이 아니라 진정 부자를 부러워하고 자신도 그렇게 되고자 하는 생각이 맘속 깊이 스며지느냐 아니냐의 차이에서 결정되어진다고 본다.
　그 마음속에 가장 확실하게 심어질 수 있는 방법이 여럿 있겠지만 그 중 자신이 좋아하는 종교를 믿으며 기도하는 가운데 나쁜 생각들이 때가 씻겨 나가고 또한 진정으로 자신이 원하는 것을 깊이 간구할 때 그것이 마음 깊은 곳에 전달되어진다는 이치이다.
　그런데 기도할 때는 그 효과가 가장 잘 받는 시간과 장소가 있다. 성경에는 다락방에서 하는 기도가 조용하고 외적인 소음으로부터 차단되는 효과 때문에 잡념이 스며들지 않아 좋다고 했다. 절에서 참선할 때 묵언과 고요를 강조하는 원인 역시 그런 것 때문일 것이다.
　기도하는 시간대 역시 매우 중요하다. 한낮의 활동이 왕성한 시간대보다는 밤 잠자리에 들어 편안히 누운 상태에서 눈을 감고 하는 기도가 좋다.

어떤 분들은 기도하다 졸려서 본인도 모르게 잠이 드는 것을 경계하는데 필자의 생각으로는 기도하다가 꿈나라로 가는 방법이 더욱 좋다고 본다.

그리고 아침 잠자리에서 눈을 뜨기 직전의 상태가 좋다. 그 시간이면 아직 근육들이 긴장되지 않은 시간이고 상념 자체도 일상의 걱정과 번민들이 비집고 들어올 틈이 없기에 기도하는 데는 최적이라고 본다. 다시 말해서 비몽사몽간에 하는 기도가 좋다는 것이다.

만일 기도 중에 잡념이 스며들어 부정적인 생각들이 생기면 기도는 역효과를 불러서 겉마음은 긍정적이 될지 모르지만 속마음은 부정적으로 변하기 쉬워서 과연 잘 될까 하는 의심이 스며들게 되고 따라서 잠재의식 속에 긍정보다는 부정적인 생각이 심어지게 된다.

그러면 기도는 역효과를 불러서 더욱 나쁜 쪽으로 유도되고 그것이 오히려 기도를 안하느니보다 못한 나쁜 결과가 올 위험을 안게 된다.

따라서 기도를 한다고 다 좋은 결과가 오는 것이 아니라는 이 무서운 이치를 자각해야 한다!!

왜 꼭 잠들기 직전이나 아침 눈뜨기 직전이 좋은가 하면 그때가 인체의 근육이 긴장되지 않은 상태고 머릿속의 생각도 느슨해서 집중력과 기도의 주입이 매우 용이한 때이기에 그렇다.

어린 아이들일수록 기도의 효과가 큰 것은 바로, 잡념과 다른 부정적인 생각이 비집고 들어가지 않고 인간 본연의 순수한 마음을 간직하고 있기 때문이다.

인간의 힘으로 안 되는 불가사의한 현상들이 많은 세상이니 인간의 힘으로 해결치 못하는 일들이 많다고 생각하는 사람들에겐 바로, 신과 같이 초월적인 존재에 기대는 것 즉, 신앙을 갖는 행위도 그 방법이라고 할 수 있다.

다시 풀어서 말한다면 기도란 초월적 존재에다 간구하는 행위라고 착각하지만 실상은 자기 스스로에게 자가 최면을 걸어서 그 뜻이 자신의 내부 깊숙이 숨겨져 있는 신(神)적 능력에 버금가는 에너지에 전달되어지는 과정이라고 보면 이해가 될는지 모르겠다.

그러나 모든 것에 노력을 다 한다 해도 목표 도달하는 데에는 한계가 있으니 그것은 바로 당사자의 타고난 운명이라는 것이 존재하기 때문이다. 자신의 타고난 운명은 부적이나 그 어떤 기도, 노력으로 변화시킬 수 없다. 만일, 운명을 변화시킬 수 있다면 운명 자체가 존재하지 않는다고 밖에 없을 것이다.

간혹 그 어떤 수단이나 노력만으로 자신의 운명을 바꿨다는 사람이 있다면 그것은 애초부터 부적이나 기도를 하지 않아도 목적을 달성할 수 있는 운이었기 때문이지 기도 등 어떤 수단을 사용해서 이루어진 것은 아니라는 것이다.

그래서 무엇보다 운명을 제대로 알고 난 후에 자기 자신에 대해서 진지하게 판단을 해야 한다.

그 운명을 가장 확실하고 정확히 볼 수 있는 수단이 바로 관상과 손금에 새겨져 있는 것을 읽는 법이다.

성공한 사람 중에
법령선 나쁜 사람은 없다

법령선에 얽힌 이야기

법령은 코의 양쪽 옆으로부터 좌우 입가로 내려가며 주름진 선을 말한다.

법령선의 관상적 의미는 직업운과 부모와의 관계, 건강, 심성의 가벼움과 무거움, 주관이 뚜렷한가, 아닌가, 타의에 이끌려 인생을 살 상인가 자기 인생을 살아갈 상인가 등을 알아보는 무시 못 할 장소다.

필자가 만난 상담 손님 중에는 이 법령선 때문에 나이가 들어 보인다고 보톡스 주사를 맞아 주름을 없애고 싶다는 사람을 심심찮게 봤다. 여성들도 그렇지만 나이든 남성들까지 그랬다. 그들 생각엔, 불필요한 주름 때문에 신경 쓰인다는 투였다.

관상을 모르는 사람들이니 마냥 탓할 수만 없어서 그들에게 법령의 관상적 의미를 설명해 주면 그제야 이해를 하며 수긍하는 걸 많이 봤다.

비단, 그들뿐 아니라 필자 자신도 관상에 관 자도 모르던 시절에 겪은 평생 잊지 못할 사연이 있다.

오래 전, 필자가 어느 산속을 홀로 여행하던 중 조선시대 때나 살

앉을 법한 상투 올린 노인 한 분을 만나게 되었다.

노인은 꾀죄죄한 한복차림의 작은 키에 빼빼 마르고 앞니도 두어 개 빠져 말이 술술 새는, 볼이 홀쭉 들어가고 볼품없는 모습을 하고 있었는데, 눈빛만큼은 맑고 형형했다.

요즘 같은 대명 천지에 아직도 상투를 올리고 살다니……. 신기하다는 생각과 함께 노인에 대한 강한 호기심이 들었다. 노인이 어디에 살고 있고 뭘 하는 분인지 궁금해져서 필자는 평소보다 이런저런 말을 많이 하며 노인의 정체를 알려고 애쓰고 있었다.

무슨 말 끝이던가, 노인은 필자를 한번 쓱 훑어보더니

"자네 아버지 지금 살아계시는가?"

고 물어오셨다. 필자는 의아해 하며

"네, 계십니다."

노인은 말없이 고개를 끄덕이더니

"아버지 돌아가실 연세 무렵에 먼 거리 여행은 삼가 하게. 그리고 머잖아 자네 직업에 큰 변화가 있을 상이야."

필자는 노인의 느닷없는 말에 무슨 뜻인지 몰라 어정쩡해 있었는데, 노인은 작은 가방에서 종이 뭉치를 건네주며 말했다.

"마음이 안정되거든 이것 한번 읽어 보게."

엉겁결에 그것을 받아든 필자는 그 자리서 종이에 적혀진 글씨를 몇 자 보았는데, 드문드문 한문이 보이기도 했지만 관상에 관한 내용이라는 걸 금세 눈치챘다.

"거기 적힌 내용을 다 습득했다면 누구한테도 보여주지 말고 태워 버리게 나한테 가르치려고도 하지 말고!"

노인은 그 말만 하고 오늘이 장날이라며 장보러 간다고 총총히 사라졌다.

필자는 당시 이런저런 사정 때문에 집도 절도 없이 떠돌던, 오갈

데 없는 거지였었다.

그 후 아무도 모르고 아무도 찾지 않는 산골짜기 화전민 외딴 오두막집에 틀어박힌 채 세상과 담을 쌓고 지내는 동안 아버지가 돌아가신 줄도 모른 천하의 불효를 저지르고 말았다.

아버지의 타계 소식을 나중에야 접하고는 더욱더 의식은 침잠해 들어갔고, 그 즈음 필자의 얼굴 생김에 대한 의문이 생기기 시작했는데, 노인이 건네 준 종이뭉치를 그제서야 꼼꼼히 살펴보기 시작했다.

노인이 기록한 관상법은 많은 실전경험이 축적된 내용으로 보였다. 필자는 그것을 주변 인물들과 하나하나 비교하며 관심을 가지기 시작했다.

그런 과정은 필자를 팔자에도 없는 관상이라는 분야 속으로 깊이 빠져들게 하기에 충분한 마력이 있었다.

노인이 전해준 관상 정보를 접하기 전까지 필자는 사주니 점이니 하는 따위에 대해 콧방귀를 뀌며 사기꾼들이라 경멸했고, 관상 역시 '쟁이'라는 말을 붙여 비하하길 서슴지 않았었다.

필자의 친형제 중엔 현직 교회 목사님이 두 분 계실 정도로 관상과의 인연은커녕 손톱만큼도 관심이 없었다.

그런 필자가 아이러니하게도 여행 중 만난 낯선 노인에게서 건네받은 문서로 혼자 공부해 관상가가 되었다.

당시 노인은 필자의 얼굴에서 아버지의 장례에도 참석치 못할 불효와 직업의 급격한 변화를 예언했었는데, 그것이 바로 이 법령선에 나타난 관상법에 있었던 것이다.

이상적인 법령선

법령선은 부근의 피부색이 윤택하고 턱을 향해 힘 있게 뻗은 모양이 좋다. 다만, 좌우의 선이 같아야 하고 너무 깊이 패어져 있지 않아야 된다.

이런 법령선은 직업운이 좋고 그 방면 직업에서 누구 못잖은 전문가상이다. 성공한 사람 중에 법령선 나쁜 사람은 없다.

이리저리 휘둘리지 않는 뚜렷한 자기주관과 남에게 의지하지 않는 인생관, 자립심, 책임감, 자신에게 엄격함도 돋보인다. 다만, 자기주장만 너무 내세우지 않는 것이 좋겠다. 여성의 뚜렷한 법령선 소유자는 직업을 갖는 게 좋다.

이상적인 법령선

중년의 나이에도 법령선이 뚜렷지 않은 사람

만족한 직업을 갖지 못했거나 직업을 자주 바꾸는 상으로 사회적인 위치도 확실치 않고 자기 주관도 뚜렷지 않다.

중년의 나이에도 법령선이 뚜렷지 않은 사람

젊은 사람의 뚜렷한 법령

가끔 20대의 젊은 사람이 뚜렷한 법령선이 그어져 있는 것을 볼 수 있다. 이런 사람은 이런저런 사정에 의해 소년시절부터 일찌감치 직업전선에 뛰어들었거나 자기 인생관이나 목표가 뚜렷한 사람이다. 어쨌든 직업운이 좋은 상이다.

법령선부근의 밝은 피부색

법령선 부근의 밝은 피부색

무슨 일이든 발전적이고 일도 잘 풀리고 있다는 증거다.

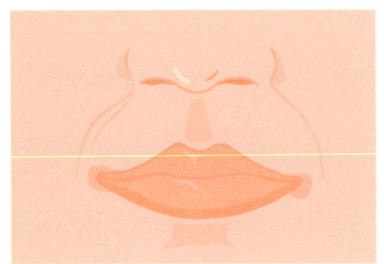

한쪽 법령선이 두 갈래로 갈라진 상

한쪽 법령선이 두 갈래로 갈라진 상

직업을 자주 바꾸었거나 두 가지 이상의 직업을 가지게 되며 사춘기 이전에 한쪽 부모와 인연이 멀었을 수도 있는 상이다. 여성은 재혼 가능성이 있다.

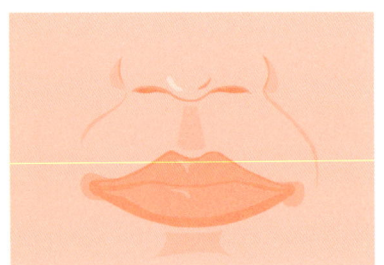

좌우의 길이가 같지 않은 법령선

좌우의 길이가 같지 않은 법령선

한쪽 부모와 인연이 멀었던 상으로 직업에 대한 애정부족이거나 자부심이 없다. 성격적으로 결함이 있을 수 있으며 육체적으로도(다리 관절) 이상이 생길 수 있다.

중간에 끊어진 법령선

중간에 끊어진 법령선

다리나 관절 등의 건강이 좋지 않거나 한쪽 부모와 인연이 멀어질 수 있다.

직업에 변화가 잦을 수도 있다.

법령선이 너무 깊게 패어져 있는 상

어린 나이에 일찍 직업전선에 뛰어들었던 상이며 타인에게 지나친 엄격함으로 대인관계에서 문제가 있을 수 있다.

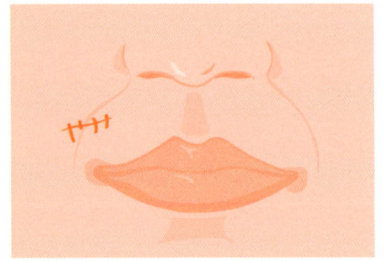

법령선을 가로지르는 주름이나 흉터

법령선을 가로지르는 주름이나 흉터

직업의 급격한 변화나 굴곡진 삶을 살 상이다. 술을 조심해야 한다.

이까짓 작은 점, 주름, 흉터가 인생까지 좌우한다고?

평평한 점이 있고 피부에서 볼록 솟은 점이 있다. 평평한 점은 돌출된 점에 비해서 영향이 그리 크지 않다. 다시 말해, 아주 작은 점 하나가 조금이라도 돌출되었다면 영향이 훨씬 크다는 말이다.

따라서 여기에 소개하는 점들은 확률이 그리 높지 않은 평평한 점보다는 약간이라도 피부에서 솟아오른 점만을 취급하겠다.

일각이나 월각에 찍힌 점이나 흉터

이곳에 점이 찍혀있다면 부모 중 어느 한쪽과 인연이 멀었던 상이다. 인연이 멀다는 뜻은, 사춘기 이전에 일찍 돌아가셨든가, 부모가 심각한 갈등이나 이혼 혹은 직업으로 인해 떨어져 사는 바람에 한쪽 부모의 정을 못 받고 자랐다는 의미다.

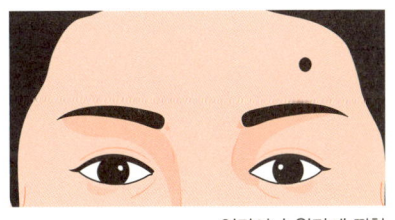

일각이나 월각에 찍힌
점이나 흉터

이곳에 점뿐 아니라 흉터가 있어도 마찬가지의 해석을 한다.

흉터는 어렸을 때 넘어져서 생겼든 옆집 아이와 장난치다가 긁힌 흉터든 간에 그것이 성인이 되도록 없어지지 않고 뚜렷이 남아 있으면 해당이 된다.

점과는 달리 흉터의 경우는 당사자의 에너지 파장에 따라 인생에 영향이 없는 사람도 종종 있다.

(어떤 분들은 이마에 솟은 점을 빼지 않고 버젓이 달고 다니는 사람이 있다. 왜 빼지 않느냐고 물으면 "부모님이 물려준 것이니까 빼고 싶지 않다."라고 말하든지, "신경 쓰지 않고 살았다."고 하든지 심지어는 "이마의 점은 복점"이라고 오해하는 사람도 있다. 이마의 점 빼야 한다.)

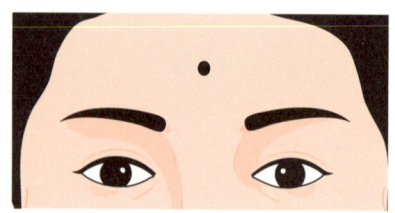

이마 중앙 부근에 찍힌 점

이마의 중앙 부근에 찍힌 점

부모 중 한쪽과 인연이 멀고 중년에 사업이나 경제적으로 타격을 입을 일이 생긴다. 흉터 역시 마찬가지다.

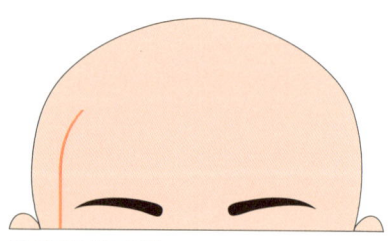

옆 이마의 세로주름

옆 이마의 세로주름

• 부부가 이별 혹은 사별한다.

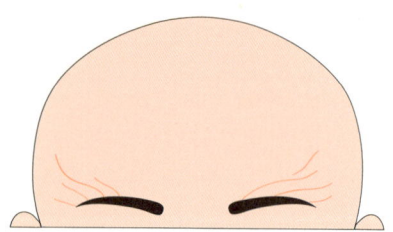

눈썹 위에서 이마의 가장자리로 비스듬히 있는 여러 가닥 주름

눈썹 위에서 이마의 가장자리로 비스듬히 있는 여러 가닥 주름

• 혈육과의 불화가 잦다.
• 부모덕이 없다.

끊어지지 않고 일자로 쭉 그어져 있는 이마의 가로주름

• 진지하고 성실한 노력가며 진취적이다.

• 윗 조상과 아랫사람들의 음덕을 많이 받아 명예나 재산을 모으는 데 큰 힘을 받는다.

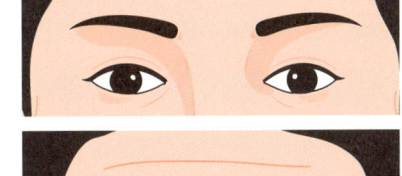

끊어지지 않고 일자로
쭉 그어져 있는 이마의
가로주름

갈매기가 나는 듯이 올라간 주름

• 물질보다는 정신적인 면을 중시하고 철학적이며 사색가다.

• 인간들의 아귀다툼이 적나라하게 벌어지는 도회지 같은 곳보다는 조용하고 정적인 장소에서 사는 게 더 잘 어울린다. 이런 탈속적 성향은 중년 이후에 강하게 나타난다.

• 장사꾼보다는 종교가, 예술, 사회사업 방면의 직업이 잘 어울린다.

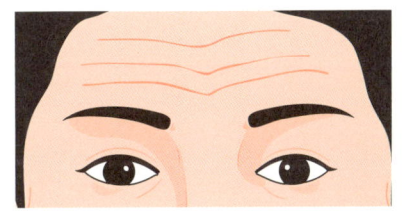

갈매기가 나는 듯이
올라간 주름

아래로 처진 가로주름

• 관찰력과 분석력이 뛰어나다.

• 진취적이고 희망적이다.

• 매사에 신중하고 진지하며 성실하다.

• 당사자도 노력가지만 주변 사람들의 인덕을 많이 받을 주름이다.

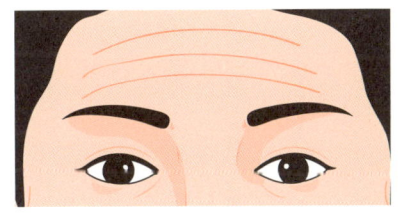

아래로 처진 가로주름

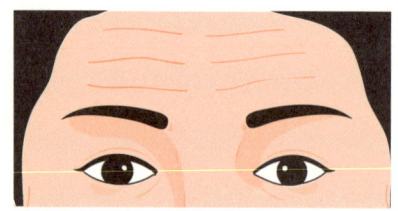
두세 가닥이 가운데를 중심으로
둘로 나누어진 주름

두세 가닥이 가운데를 중심으로 둘로 나누어진 주름

• 정신적인 면과 직감력이 뛰어나고 천재적인 행동을 한다.

• 남의 밑에 있기보다 예능 방면이나 창조적인 직업, 혹은 종교 지도자 타입이다.

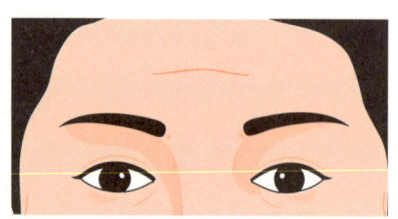
한 가닥의 주름이 극단적으로
짧은 경우

한 가닥의 주름이 극단적으로 짧은 경우

• 성욕이 강하고 잔정이 많아서 그 때문에 곤란을 겪는다.

• 부부 사이가 나빠질 수 있는 주름이다.

• 만일, 부부 사이가 좋다면 부인은 병약해질 가능성이 있다.

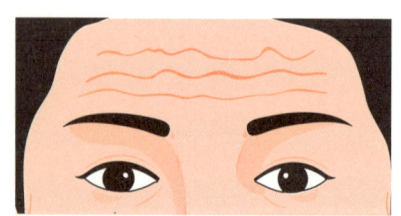
곧지 못한 물결모양의 주름

곧지 못한 물결모양의 주름

• 그만큼 삶에 굴곡이 많다.

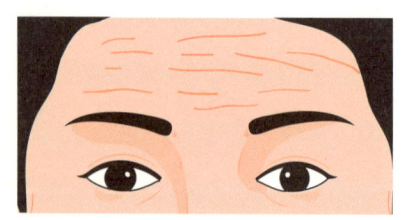
여러 가닥으로 어지럽게 끊어진 주름

여러 가닥으로 어지럽게 끊어진 주름

여러 가지 여건으로 인해 자신이 가진 능력을 마음껏 발휘 못해 불만스런 세월이 쌓인 상이다.

깊지 않은 잔주름이 여러 가닥 그어진 이마

남을 도와주든가 자질구레한 일까지 신경 써줘야 할 사람들이 주변에 많이 생기는 주름이다.

가로지르는 열십 자의 세로주름

• 거주하는 곳이나 직업에서 한 곳에 정착을 못하고 여기저기를 돌아다닐 상이다.

• 갑작스런 사고를 조심해야 한다.

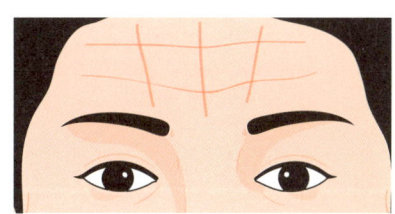

자로지르는 열십 자의 세로주름

인당 부위에 찍힌 점이나 흉터

• 부모 중 한쪽이나 양쪽과 인연이 멀었다는 걸 나타낸다.

• 고집이 세고 반항심리가 강하다.

• 아랫사람과의 관계는 괜찮은 편인데 윗사람에 대한 반발 심리가 강해서 잦은 갈등을 일으킨다. 윗사람이란, 부모도 될 수 있고 형제 중엔 손위 형제, 직장 같으면 상사를 말한다.

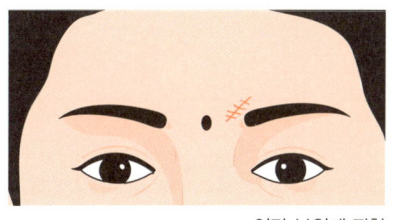

인당 부위에 찍힌 점이나 흉터

• 자주 접촉하는 친척과의 관계도 그리 좋지 못하다.

• 추진력이 좋고 경쟁심, 투쟁심, 승부사 기질이 발달해 있다.

• 직업으로는, 윗사람의 지시를 일일이 받는 직종은 피하는 게 좋다. 개인 일이나 사업을 하면 성공할 것이다. 다만, 인당이 좁으면서 눈썹 숱이 짙은 사람은 혼자서 추진하는 개인 사업은 피해야 한다.

불교를 신앙으로 가지고 있는 분들은 어떻게 해석하는지 모르지만, 석가모니 역시 이 부위에 돌출된 점이 있었다.

(인당에 찍힌 점을 빼지 않고 지내는 사람이 있는데 혹시 복점이

라고 생각하는 건 아닌지 모르겠다. 많은 단점을 가지고 있는 점이므로 되도록 뺐으면 한다.)

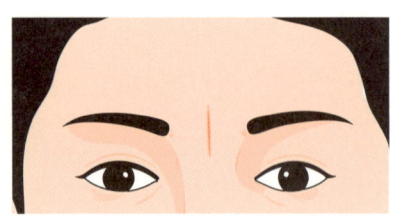

인당에 생긴 제로 주름

인당에 생긴 세로주름

• 부부 사이에 이혼이나 사별을 했을 때 현침문이 생긴다. 그래서 이것을 두고 생, 사별 주름이라고 해석한다.

• 부부간에 심각한 갈등이 오랜 세월에 걸쳐 진행되고 있을 때 나타나는 주름이다. 결혼 생활하면서 정신적으로 상처를 많이 받고 충격이 큰 쪽에서만 현침문이 나타나는 경우도 있다.

• 결혼 전에 오랫동안 사귄 애인이나 동거 등을 하다가 가슴 아픈 이별을 했을 때도 이런 주름이 생긴다. 결혼 후에 사귄 애인과의 아픈 이별도 해당된다. 현침문은 한번 생기면 수십 년의 세월이 흘러도 없어지지 않는다.

(이곳에 생긴 세로주름은 짧고 깊지 않기 때문에 주름이 있는지 모르고 있거나 하찮게 생각할는지 모르겠다. 그러나 그 의미는 좋은 뜻의 주름이 아니다. 이 세로주름은 현재나 미래에 생길 일들이 아니라 지나가 버린 과거의 발자취이다. 화장으로 감추던가, 성형으로 펴 주는 게 좋겠다.)

인당에 생기는 주름 중 현침문과는 달리 깊고 뚜렷하게 보이는 주름이 있다. 이 세로주름이 생기는 원인은,

• 자신의 배짱과는 다르게 일이 오랜 세월에 걸쳐 진행될 때 생긴다.

• 사고방식이 지나치게 고지식하고 완고한 사람한테 나타나기도 한다.

• 반성심도 있고 사려가 깊은 면도 있다.

인당에 생긴 한 가닥 혹은 두 가닥의 가로주름

• 큰 병치레를 한 과거가 있거나 가난으로 인해 매우 힘든 세월을 보낸 경험이 있다.

• 경험으로 인한 세상 이치에 밝다.

• 남의 부탁을 잘 거절하지 못하고 남의 일을 잘 돌보며 떠맡아 고생하기도 한다.

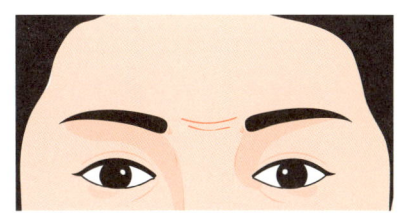

인당에 생긴 한 가닥 혹은 두 가닥의 가로주름

눈썹 속의 점 또는 흉터

• 부모 혹은 형제 등 혈육과의 정이 그리 깊지 못하다.

• 자존심이 강하다.

• 머리가 총명하다.

• 예능방면의 감각이 발달해 있다.

• 사람들로부터 인기를 많이 받는다.

눈썹 속의 점 또는 흉터

머리카락 속에 있는 점

• 좋은 점이다.

• 정수리에 가까울수록 귀하다.

머리카락 속에 있는 점

눈꼬리 부근의 점이나 흉터 혹은 세로주름

• 부부가 이혼하는 상이다.

• 눈꼬리 부근은 부부이나 연인 사이의 관계를 보는 곳이다. 이곳에 난 점은 빼는 게 좋겠고 흉터

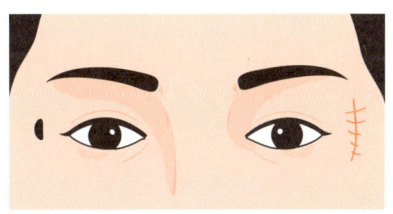

눈꼬리 부근의 점이나 흉터 혹은 세로주름

나 주름도 매우 좋지 않으니 성형으로 펴주든지 화장할 때 신경 써서 커버하는 게 좋겠다.

눈가에 X주름

- 배우자를 잃는다.

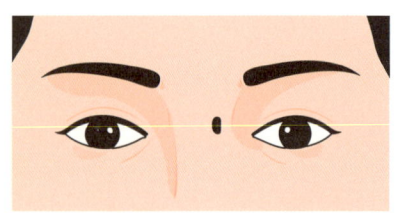

눈과 눈 사이의 점

눈과 눈 사이의 점

- 부부를 포함한 남녀 애정문제에 커다란 문제가 발생한다.
- 여성이 이 부위에 점이 있으면, 성욕이 강한 편이고 정조를 지키지 못하고 간통할 가능성도 있다.
- 결혼하지 않은 여성이라면 유부남과의 사랑에 빠질 수 있고 결혼한 상태라면 외간 남자와 불륜에 빠진다. 이 점이 눈머리에 가까울수록 연하의 남자를 사랑한다.
- 남성이 이 부위에 점이 있을 경우, 결혼하지 않은 남성이면 유부녀와의 사랑에 빠질 것이고 결혼한 남성이라면 외간 여자와 깊은 사랑을 한다.

(눈과 눈 사이는 코의 산근 부위이다. 이곳의 점은 좋은 의미보다는 단점이 더 강하다.)

아래 속눈썹의 점

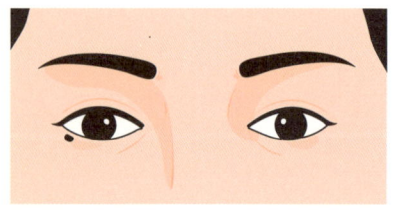

아래 속눈썹의 점

- 불륜에 빠질 가능성이 있다.

눈의 흰자 위에 검은 점

• 남자는 총명하고, 여성은 부정한 사랑을 한다.

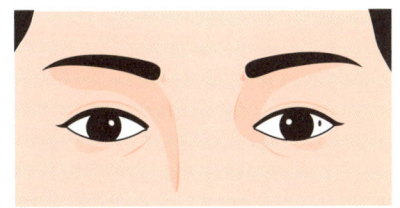

눈의 흰자 위에 검은 점

누당에 어지럽게 난 세로주름

• 자녀에 의한 고민이 있다.
• 불효하는 자녀가 있다.

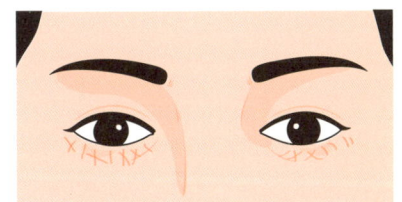

누당에 어지럽게 난 세로주름

산근에 생긴 가로주름

• 남의 위에 서서 아랫사람이나 주변 사람들을 돌봐주거나 도와줘야 하는 일이 자주 발생한다.
• 장남 혹은 자녀가 결혼 때문에 부모와 떨어져 생활할 주름이다.

(이곳의 주름은 나이 들면 누구나 있을 수 있는 주름이다. 주름이 마음에 걸린다면 화장으로 커버하든가 성형으로 교정해 준다.)

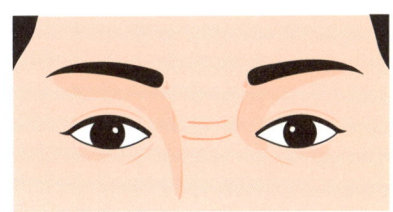

산근에 생긴 가로주름

연수에 찍힌 점

• 소화기 계통이 약하다.

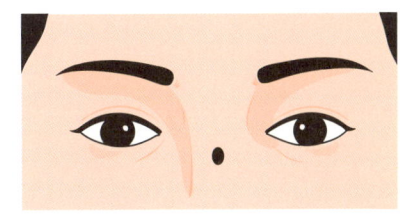

연수에 찍힌 점

콧대 중앙의 세로주름

• 부부가 이별한다.
• 노년이 고독하다.

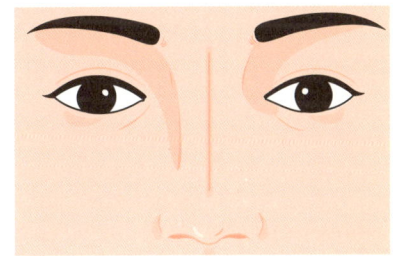

콧대 중앙의 세로주름

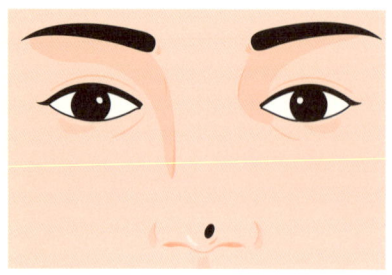

준두의 점

준두의 점

- 배우자 혹은 이성 관계에서 어려움이 생긴다.
- 준두의 점은 뿌리가 깊어서인지 아니면 피부가 두터워서인지 한 번에 잘 안 빠진다. 몇 차례에 걸쳐서 순차적으로 빼는 것이 흉터도 크게 안 남으리라 본다.

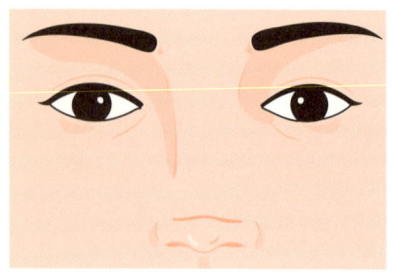

준두에 생긴 가로주름

준두에 생긴 가로주름

- 자식과의 인연이 멀다.
- 이성 때문에 재산상 손해를 본다.
- 하는 일에 어려움이 생기는 등 운수가 나쁘다.
- 남자는 법적인 문제가 발생해 큰 타격을 받을 가능성도 있다.

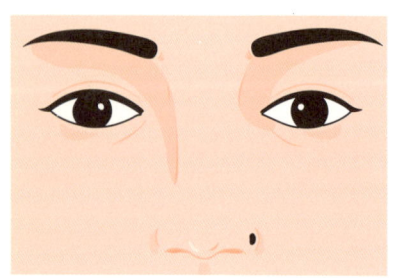

난대(콧방울)의 점

난대(콧방울)의 점

- 부모 중 한쪽과 인연이 멀다.
- 중년 무렵에 사귄 이성과의 불륜으로 법적인 문제가 발생하거나 재산상 큰 손해를 볼 가능성이 있다.
- 중년엔 방랑기질이 나타날 가능성이 있다.
- 남성에겐 치질이, 여성도 생리불순이나 치질이 있겠다.

인중의 점

• 이성 혹은 배우자 때문에 마음고생을 많이 하거나 부부 이별운이다.

• 성 기능 등 자궁에 장애가 생긴다.

• 다른 사람 아이를 입양하거나 양자를 둘 가능성이 있다.

인중의 점

식궁의 점

• 이성 때문에 어려움을 많이 겪고 결혼 운도 그다지 좋지 못하다.

• 여성은 초혼이 썩 좋지 못하고 난산을 할 가능성이 있다.

• 남을 돌보다 손해를 본다.

• 본인이나 배우자의 교통사고를 조심해야 한다.

(입 주변에 있는 점을 두고 먹을 복이 따르는 점이라 해서 빼지 않고 일부러 두는 사람들이 있다. 이곳의 점은 식복점이라는 의미보다는 단점들이 많다.)

식궁의 점

입술의 점

입술의 점

• 말에 의한 구설수를 조심해야 한다.

• 지나친 음주 조심.

• 여성의 아랫입술 점은 남자에 의한 고통이 있겠고 냉증과 냉감증을 조심해야 한다.

• 남성은 물에 의한 사고 조심. 소화기 계통 약

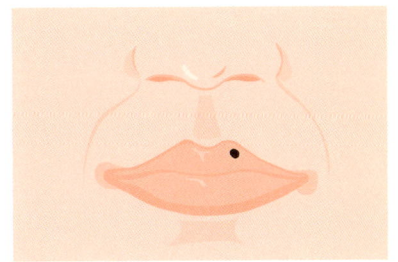

간 약함.
- 입술에 X주름이 있으면 구설수가 따른다.

구각의 점

- 초혼이 썩 좋지 못하다.
- 남자는 물에 의한 사고나 교통사고를 조심해야 한다.
- 자녀 중 유난히 속을 썩이는 아이가 있을 수 있다.

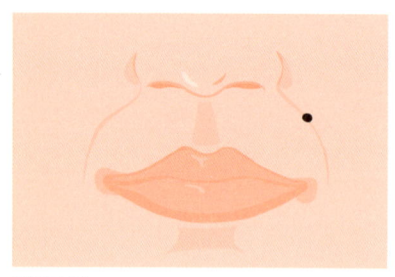
구각의 점

법령의 점

- 한쪽 부모와의 인연이 먼 상이다.
- 중년 이전까지는 고난이 있을 상이다.
- 급격한 직업의 변화가 있을 상이다.
- 치질 조심.
- 다리나 무릎 관절이 약간 약하다.

(필자도 과거 이곳에 점이 있었다. 미국 대통령 오바마도 현재 찍혀있고 유명 여배우 마릴린 먼로도 이 부위에 있었다. 피부과 같은데 가면 간단하게 빠지지만 점이 크다면 한 번에 빼는 것보다는 여러 번에 걸쳐 나눠서 빼는 게 흉터도 적게 남는다.)

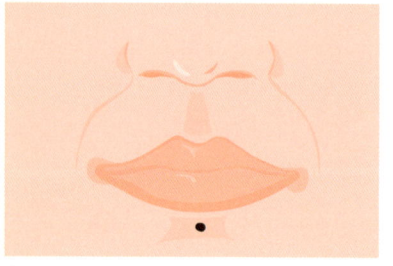
법령의 점

승장에 점

승장에 점

- 술, 음식에 의한 중독을 조심해야 한다.

턱에 생긴 X주름

• 주거가 불안정하다.

턱에 생긴 X주름

명문과 그 부근의 점

• 배우자의 갑작스런 사고 조심.

• 혈액순환 계통 건강 조심할 것.

• 소매치기나 도둑에 의한 재산상 손실 조심할 것이다.

• 남의 물건을 탐하지 말아야 한다.

• 자녀 중 유난히 속을 썩이는 아이가 있을 가능성이 있다.

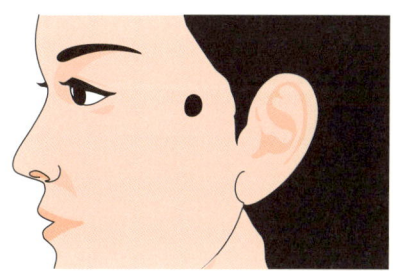

명문과 그 부근의 점

광대뼈의 점

• 반항심이 강하고 반골기질이 있다.

• 주변이나 사회적으로 파란을 일으키는 점이다.

• 본인이나 배우자의 혈액순환 계통이 약하다.

• 재산상 손실이 있다.

• 구설수와 관재가 따른다.

광대뼈의 점

옆 얼굴에 난 긴 세로주름

• 숨겨둔 자녀가 있다.

• 부부 사이에 불화가 잦다.

• 배우자와의 생, 사별한 주름.

• 두 번 결혼한다.

옆 얼굴에 난 긴 세로주름

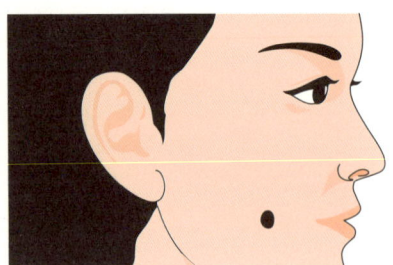
볼에 점과 보조개

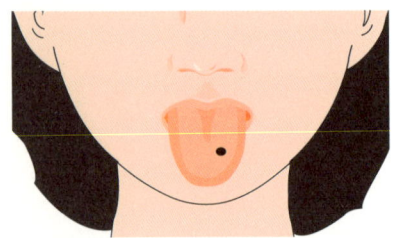
혀에 검은 점

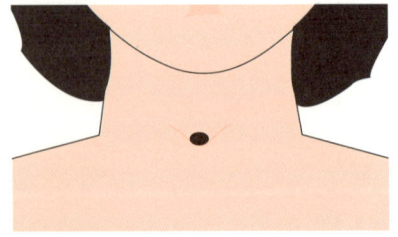
목의 정면에서 보이는 점

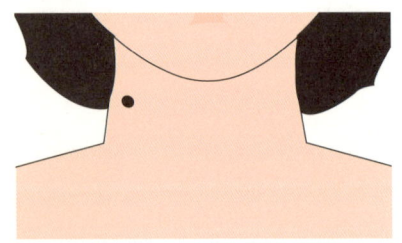
목 옆의 점

볼의 점과 보조개

• 여성은, 자유 분망한 나머지 가정 내에서 살림만 하기보다는 바깥으로 나돌아다니는 기질이 강하다.

• 남성은 중년 이후에 방랑 기질이 나타날 가능성이 있다.

(여성의 보조개는 귀여움과 발랄함의 뜻이 있기도 하다. 하지만 없는 보조개를 일부러 만들지는 말아야 한다. 남성이 보조개가 있으면 그리 좋은 의미는 아니다. 안정감과 남성다운 듬직함이 떨어진다.)

혀에 검은 점

• 거짓말을 많이 하는 실없는 사람이다.

목의 정면에서 보이는 점

• 부부 사이가 나빠 헤어지는 점이다.

• 남편에게 점이 있으면 부인을 힘들게 하고 부인에게 점이 있으면 남편을 괴롭힌다.

• 갑작스런 사고를 주의해야 한다.

• 대인관계는 원만하지만 부부 사이는 나쁘다.

목 옆의 점

• 정력적이고 색정이 깊다.

귀에 점

• 총명, 부귀, 효도의 뜻이 있는 좋은 의미의 점이다.

귀에 난 점

나이 먹어서 생기는 얼굴의 여드름

이마의 붉은 반점

• 법적인 다툼 조심.
• 소화기 계통의 일시적 질병 조심.

이마의 붉은 반점

준두의 붉은 반점

• 이성 때문에 고민스런 일이 생김.
• 금전적 손실이 있음.
• 하는 일의 운기가 막히는 시기.

젊은 시절에 생기는 여드름은 자연스러운 성장현상이다. 그러나 나이 먹어서 생기는 것은 뾰루지이고 나쁜 의미가 있다. 여드름이든 뾰루지이든 손톱으로 짜면 손톱독이 올라서 흉터가 생기니까 조심해야 한다. 특히 준두와 미간에 나는 여드름이나 빨간 뾰루지는 절대 손으로 짜는 것을 금해야 한다.

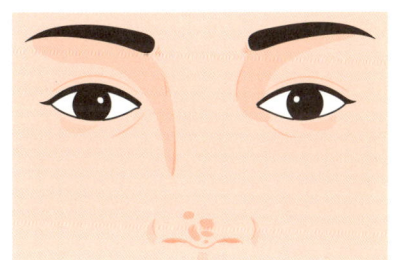

준두의 붉은 반점

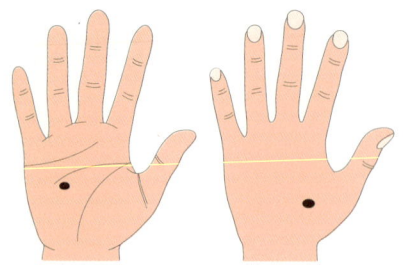

손바닥과 손 등의 점

손바닥과 손등의 점

• 손바닥의 점은 건강이나 남녀 애정 문제에 나쁜 영향을 끼치며 여자는 남자에 의해 정신적 고통을 당하든가 이성관계가 매끄럽지 않다.

• 손등의 점은 부지런하고 손재주가 있다.

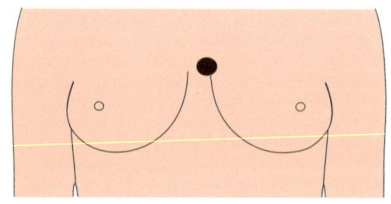

유방의 점

가슴에 점

• 귀한 자녀를 둔다.

• 유방에 점이 있으면 난산할 가능성이 있고 모유가 잘 안 나온다.

(유방의 점에 대해서 다른 해석(좋은 의미)도 있는데, 어느 것이 맞는지 필자도 잘 모르겠다.)

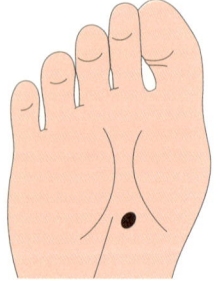

발바닥의 점

발바닥 점

• 사람들 위에 서는 좋은 점이다.

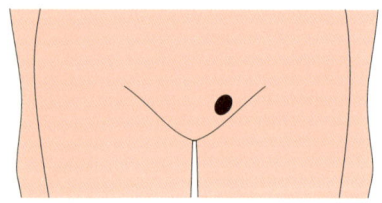

성기의 점

성기의 점

• 귀한 자식을 둔다.

• 장수할 상이다.

인중이 짧으면 일찍 죽는다?

인중은 코와 입술 사이에 있는데 도랑과 같은 홈이 파여져 있다. 인중의 이 작은 표시에서 심성, 남녀 관계, 자녀 사이를 알아볼 수 있다.

인중

인중

- 인중은 넓고 길이가 길며 가운데는 뚜렷해야 좋다.
- 삐뚤어지지 않고 곧아야 한다.
- 위로부터 아래로 내려가면서 점차 넓어져야 좋다.
- 인중의 위가 좁고 아래로 갈수록 넓어지면 자손이 많다.
- 위와 아래가 균등하게 깊고 곧으면 자손을 많이 둔다.
- 인중이 깊고 긴 사람은 장수한다.
- 인중이 위에서부터 아래가 바르고 골이 뚜렷하면 신의가 있고 미음도 바르다.
- 인중이 대나무를 쪼갠 듯이 홈이 또렷하면은 심성이 바르고 부유하다.
- 인중의 색깔이 밝고 탄력 있으면 하는 일이 잘되고 덕을 받는다.

홈이 길고 넓고 반듯하게 뻗은 인중

- 성격이 바르다.
- 마음이 느긋하고 참을성이 있다.
- 자녀도 탈 없이 생산한다.
- 아래로 갈수록 넓어지는 인중은 성 기능도 정상이고 장수한다.

대나무를 쪼갠 듯 뚜렷한 인중

- 사고의 품이 넓고 바르다.
- 생식 기능이 건강하다.

긴 인중

긴 인중

- 남자는 여자에 강하고 여자는 남자에 희생심이 강하다.
- 남의 의견을 존중할 줄 안다.

위와 아래는 좁은데 가운데만 넓은 인중

위와 아래는 좁은데 가운데만 넓으면

- 자녀가 질병이나 사고로 인해 제대로 성장하지 못한다.

인중이 바늘을 매단 것처럼 가늘면

- 자손이 끊기고 가난하다.

인중의 폭이 좁고 가늘면

• 입을 의복과 먹을 음식에서 애로를 많이 느낀다.

인중의 골이 없는 듯이 평평하거나 얕으면

• 자식을 낳지 못한다.

폭이 좁고 가는 인중

인중의 골이 얕고 짧은 사람

• 장수하지 못한다.

인중의 골이 뚜렷지 않으면서 넓기만 하면

• 지능이 낮고 끈기가 부족하며 자식이 없고 단명한다.

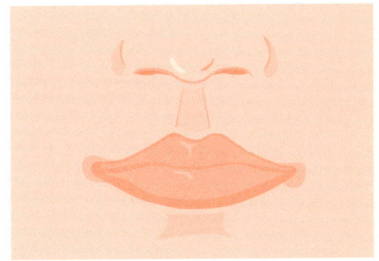

골이 뚜렷지 않고 넓기만 한 인중

선이 분명치 않은 인중의 여성

• 자궁의 산도가 약해서 자녀를 다산하기 어렵다.

가로주름이 지나는 인중

• 인중에 가로주름이나 가로로 난 흉터가 있으면 자식을 낳아도 질병이 있다. 자식에게 해롭다.

• 부부 사이가 나쁘고 자칫 이별할 수도 있다.

• 이성에 의한 정신적 상처를 크게 받는다.

가로주름이 지나는 인중

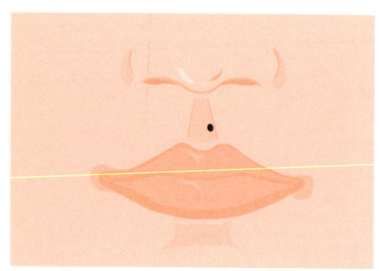

상처나 점이 있는 인중

상처나 점이 있는 인중

- 여성은 자궁의 산도가 약하다.
- 양자를 둘 가능성도 있다.
- 인중의 윗부분에 검은 점이 있으면 아들을 많이 둔다.
- 인중의 아랫부분에 검은 점이 있으면 딸을 많이 둔다.
- 초혼에 실패한다.

남성의 인중에 수염이 나는 경우

남성의 인중에 수염이 안 나는 사람

- 그릇이 적다.

남성의 인중에 수염이 나면

- 생활력이 왕성하다.

인중에 거무스레한 빛깔

- 갑작스럽게 병이 걸린다.
- 물 조심해야 한다.

인중에 거무스레한 빛깔

인중에 푸르스름한 색

- 재산이 흩어진다.

인중이 창백

- 부인의 출산에 어려움이 따른다.

짧은 인중

짧은 인중

인중에 대해서 옛사람들은 무엇보다 수명과 관계가 있다고 생각했던 것 같다. 인중이 짧으면 수명이 짧다는 이야기가 대표적이다. 과연 그럴까?

잘 알려진 영화배우 중 인중이 유난히 짧은 남자 배우가 있다. 그러나 그는 현재 매우 건강해서 일찍 죽을 낌새가 어디에도 보이지 않는다. 그 배우뿐 아니라 인중 짧은 많은 사람들 아무런 탈 없이 잘 먹고 잘 살아가는 걸 볼 때 필자는 수명의 길고 짧은 것과 인중과는 그리 큰 연관이 없다고 생각한다.

다만 그 생김에 따라 성 기능(생식기)의 건강과 밀접한 관계가 있다고 본다.

그리고 인중이 짧으면 주관이 뚜렷한 대신 고집이 세서 타협심이 적다는 단점이 있다.

짧으면서 얕은 인중

짧으면서 얕은 인중

- 성 기능 발달이 늦고 둔하며 여성은 불감증이 있거나 단산할 수 있다.
- 운이 약간 늦게 트인다.
- 지조가 없다.
- 인내심과 끈기가 약하다.
- 여성은 자궁의 산도가 약하다.
- 도덕심이 결여된 사람도 있다.

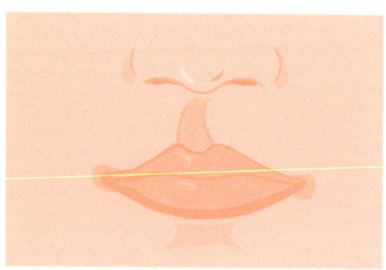

삐뚤어진 인중

삐뚤어진 인중

- 마음도 삐뚤어져 있다.
- 타인을 흉보거나 미워하는 등 부정적 생각이 강하다.
- 한쪽 부모와의 인연이 멀다.
- 부부 사이가 나쁘다.

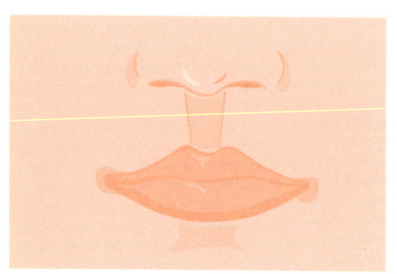

아래로 갈수록 좁아지는 인중

아래로 갈수록 좁아지는 인중

- 자녀 운이 그리 좋은 상이 아니다.
- 자녀의 수가 적고 늙어서 운이 나빠진다.
- 간사함이 있다.

가까운 장래의 운기는 *얼굴색*으로 안다

눈빛과 얼굴의 다른 부위의 색깔과 해당 부위와 함께 비교해서 판단해야 한다.

이마의 색

• 창백한 색 : 가까운 사람이 중한 병에 걸려 있거나 사고를 조심해야 한다.

• 맑지 못하고 거무스레한 탁한 색 : 금전운이 막혀 있다.

인당의 색

• 인당에 맑은 빛이 나고 피부가 윤택하면 좋은 운 상태고 희망적이다.

• 색이 어두운 느낌이거나 피부가 거칠면, 하는 일이 막히고 시험 운도 좋지 못하다.

창백한 색의 이마

맑지 못하고 거무스레한 탁한 색의 이마

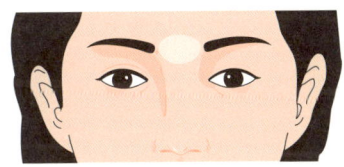

밝은 인당의 색

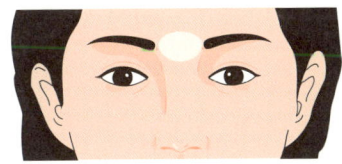

어두운 인당의 색

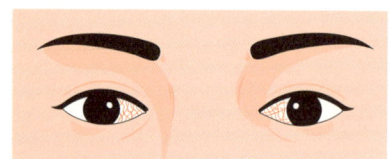

눈머리 앞쪽의 붉은 빛

눈머리의 안쪽에 붉은 빛

• 성교를 과도하게 했을 때 이런 색이 나타나기도 하고 가정불화가 있을 때도 나타난다.

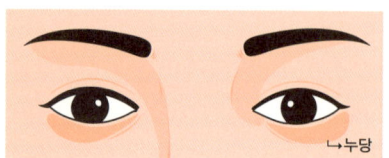

누당

누당(와잠)의 색깔

• 다갈색 : 지나친 성 생활로 체력이 소모되어 있는 상태.

• 흑색 : 심신이 몹시 피로한 상태.

• 붉은 점이나 사마귀 : 아이의 병이 생겼거나 걱정거리가 있고 뜻밖의 일로 재산상 손해를 본다.

누당이 흐려서 맑지 않으면

• 지나친 성생활의 표시
• 성 기능 장애나 질환 주의
• 당뇨병 조심
• 신장 기능주의

산근 부위에 자줏빛 색깔

• 운이 정체되어 있고 소화기 계통의 질환이 진행 중이다.

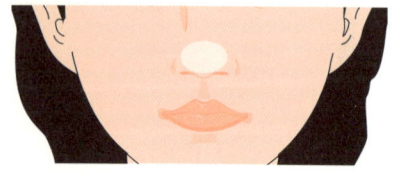

준두(코)의 색이 밝음

준두(코)의 색

• 붉은 빛 : 불필요하게 지출할 곳이 많고 금전적 여유가 없다.

- 자줏빛 : 운수가 나쁘고 매사에 발전이 없다.
- 분홍빛 : 물질적으로 발전적이고 희망이 있는 좋은 운수다.
- 살결이 거친 코 : 재산이 흩어진다.

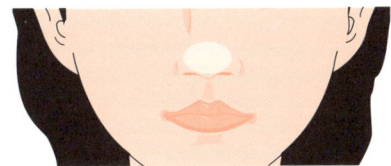
준두(코)의 색이 어두움

턱의 색깔

- 분홍빛 : 주택의 안정과 기쁨이 있다. 가정이 원만한 상태.
- 붉은 빛 : 주택이나 방에 이전할 일이 생긴다. 하는 일이 뜻대로 안된다.

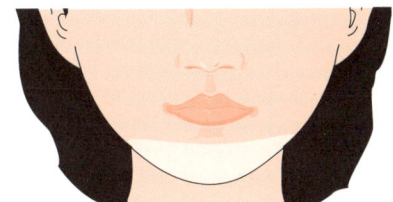
턱의 색이 밝음

- 자줏빛 : 이사 갈 곳이 없어 괴로워하거나 집안이 불결하다.
- 검은 빛 : 거주하는 곳의 주소가 없거나 살 집이 없는 상태이다.
- 갈색 : 간이나 장 등 복부의 질환이나 주거불만의 상이다.

턱의 색이 어두움

심성궁(명궁)의 색깔

- 자줏빛 : 도덕적이지 못하거나 나쁜 일을 저지른다.
- 검은 빛 : 일, 여행 등에 해로운 일이 일어나다.
- 흰빛 : 갑작스럽게 건강에 이상이 생길 상.
- 붉은 빛 : 화재 조심.

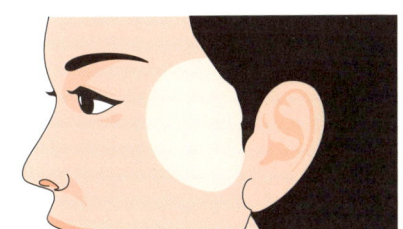
심성궁(명궁)의 색이 밝음

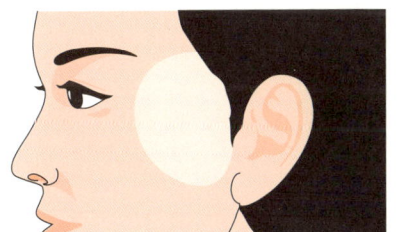
심성궁(명궁)의 색이 어두움

귀의 색

- 분홍빛 : 하는 일이 희망적이고 성 기능도 활력이 있다.
- 창백 : 운기가 막히고 하는 일이 어긋난다.
- 자줏빛 : 하는 일마다 제대로 되는 일이 없고 고민거리가 자꾸 쌓인다.

광대뼈 부근의 색

- 창백한 색 : 가까운 사람의 건강이 나빠지든지 큰 일이 생긴다.
- 붉은 빛 : 법적인 다툼이나 주변에 시끄러운 일을 벌인다.
- 자줏빛 : 직업을 잃든지 변화가 생긴다.
- 분홍빛 : 하는 일이 희망적이고 성 기능에 활력이 있다.

나이 먹어서 생기는 얼굴 반점

- 이마나 코, 턱 등에 생기는 반점은 가까운 장래에 금전적 손해나 다툼 등 나쁜 조짐이다.

노인의 관상은 얼굴 각 기관의 생김에 있는 것이 아니라 피부의 색깔과 눈빛의 밝음과 탁함을 봐야 한다. 눈빛이 살아 있고 색이 좋으면 관상이 나빠도 좋은 운수다.

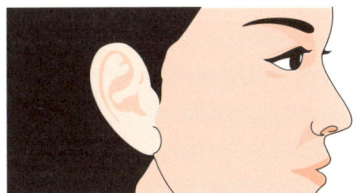
귀의 색이 밝음

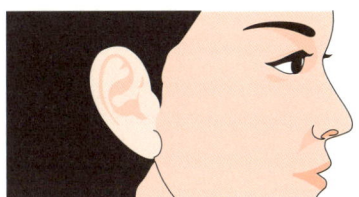
귀의 색이 어두움

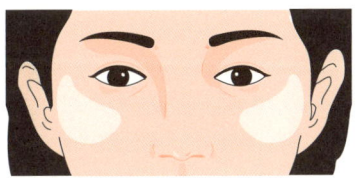
광대뼈의 색이 밝음

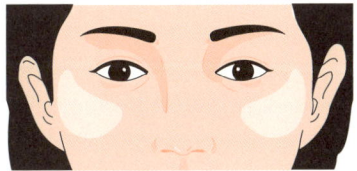
광대뼈의 색이 어두움

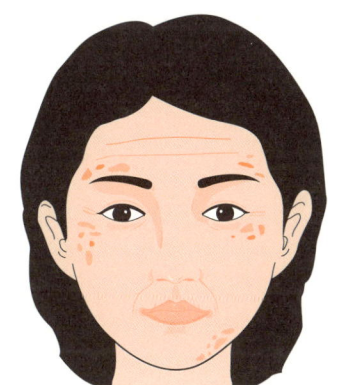
나이 먹어서 생기는 얼굴 반점

손금

얼굴 관상만 좋다고 장땡이 아니다!!

중년의 사내가 부인과 어린 아들을 동반하고 필자를 찾아왔다.
"이 근처에 볼일이 있어 왔다가 들어왔습니다. 여태껏 살면서 사주는 몇 번 봤지만 관상은 처음입니다."
필자는 먼저 사내의 얼굴 이곳저곳을 관한 뒤 손바닥을 보았다.
관상에서 나타난 얼굴 전체 평은 골격이 단단하고 여러 부위가 유기적으로 아주 잘 짜여져 있었으며, 지능과 응용력이 좋고, 불도저 같은 추진력도 보였고, 건강한 에너지가 넘치는 큰 그릇의 매우 좋은 상이었다.
거기에다 손금도 보기 드물 정도로 좋았는데, 천부적인 사업 운을 타고난 상임에 틀림없었다.
다만 단점이라면 넘치는 에너지의 파동과 성욕을 배우자 되는 사람이 어떻게 흡수하고 감당하느냐가 문제였다. 이것은 궁합을 따져본 뒤에 판단할 문제다.
필자의 말에 사내는 고개를 끄덕이며 말했다.
"제가 사업을 한답시고 ○○이라는 제조회사를 운영하고 있습니다. 관상이 좋다니 기분이 좋습니다."

○○이라면 일반 사람들도 그 이름을 익히 알 정도로 큰 회사다.

"앞으로 더욱 크게 발전할 것 같습니다. 그만한 그릇이 충분히 됩니다."

아무나 의욕만 앞세워 사업에 뛰어들고 판을 크게 벌여서는 안 된다. 자신의 그릇에 맞는 직종과 규모가 있는 것이다.

그것은 얼굴 관상과 손금이 서로 조화를 이루고 있느냐 아니냐를 보면 금세 판명이 난다.

수많은 사람들을 상담하면서 늘 느끼는 점은 얼굴 관상이 좋으면 손금이 나쁘고 손금이 좋으면 관상이 별로인 손님들을 보면 참으로 아쉽다.

손금에는 얼굴에 나타나지 않은 부분들을 적나라하게 나타내 주기도 하고, 손금에 나타나지 않은 부분은 얼굴이 그대로 드러내 준다.

그래서 얼굴 관상과 손금은 떼려야 뗄 수도 없는 관계인 것이다.

얼굴에 비해서 손은 한눈에 쏙 들어온다. 하지만 그 작은 손바닥 안에는 무수한 선이 그어져 있고 선 하나하나가 숨겨진 과거, 현재, 미래의 비밀을 말해 준다.

얼굴관상에서 부족한 면이나 단점을 손금이 뒷심으로 보태주는 역할을 하지 않나 필자는 생각하곤 한다.

얼굴의 관상을 볼 때 남성의 경우 왼편은 아버지 쪽을, 오른편은 어머니 쪽을 나타내듯 손금 역시 왼손은 선천적인 운을, 오른손은 후천 운을 나타낸다고 알려져 있다.

하지만 그런 해석이 사람에 따라서 틀리다는 것을 상담을 많이 해본 분들은 알 것이다.

사람에 따라 달리 해석되는 이유는, 태어날 때부터 기의 파장이 다르기 때문이다.

전문으로 상담을 하는 직업을 가진 분들은 에너지의 파동을 느끼고 이해할 수 있는 경지에 도달할 수 있어야 하는데 그것을 깨치는 것이 말이나 글로 쓰는 것 같이 그리 쉽지는 않다.

얼굴도 마찬가지지만 손금을 볼 때도 어느 한쪽을 선천 운, 후천 운으로 나누지 말고 양손을 종합해서 판단한다면 크게 어긋나지 않으리라 본다.

손금, 손가락에 의한 성격과 운명

악수를 하자고 손을 내밀며 엄지와 손가락을 활짝 벌리는 사람은

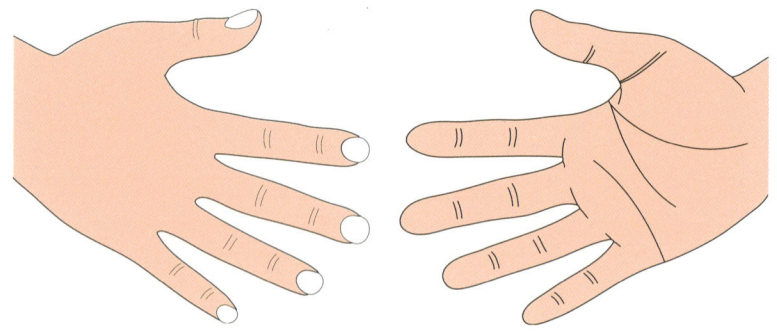

- 개방적이고 선심을 잘 쓰지만 일을 판단할 때 성급하다.
- 독립심이 강하고 대범하지만 일시적인 감정에 따라서 금전을 지출하는 등 쓸데없는 낭비에 조심해야 한다.
- 이와는 반대로 엄지를 붙이는 사람은 경제관념이 강하고 매사에 조심스럽고 신중하다.

체격에 비해 손이 크면
- 섬세하고 꼼꼼하다.

체격에 비해 손이 작은 경우

• 잔일에 맞지 않고 성격도 대범하다. 의욕은 넘치지만 자신의 능력에 맞게 살아야 한다.

엄지손가락이 유난히 짧은 경우

• 성격이 급해서 언행의 실수나 다른 사람과의 갈등을 조심해야 한다.

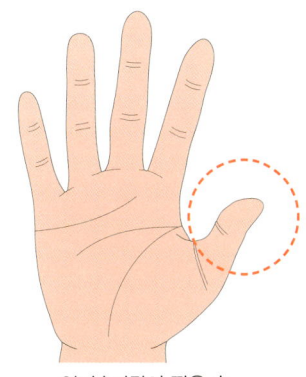

엄지손가락이 짧은 손

엄지가 뒤로 많이 재껴지는 손

• 불필요한 낭비가 심하다.

• 승부사 기질이 강해서 도박 같은 데 손을 대면 중독현상이 빨리 오니 조심해야 한다.

승부사 기질이라는 건 잘만 활용하면 삶에 도움이 된다. 그러나 그런 능력을 사행심으로 돌리면 꾼이 된다는 걸 기억해야 한다.

이런 손을 가진 사람이 점 백짜리 고스톱이라고 하찮게 생각하고 매일 정해진 장소, 정해진 시간대에 출근하다시피 하며 즐기다 보면 자신도 모르는 사이에 노름꾼으로 가는 길이다.

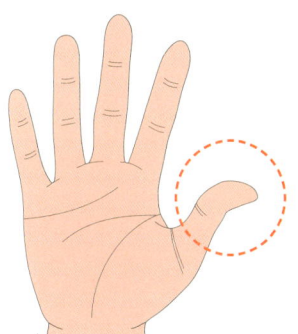

엄지가 뒤로 많이 재껴지는 손

좌우 손의 엄지손가락 모양이 다르거나 제켜지는 각도가 다르거나 흉터가 있는 사람

• 한쪽 부모와의 인연이 멀다.

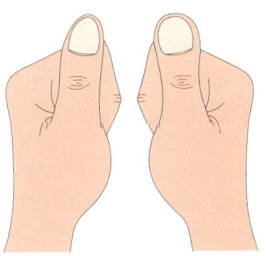

좌우 손의 엄지손 가락이 다른 손

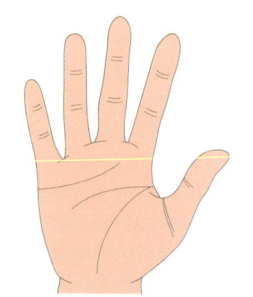

검지와 중지의 길이가 비슷한 손

검지와 중지의 길이가 비슷한 손
- 투기심과 사행심이 많다.
- 영적인 감각과 예술적 재능이 있다.

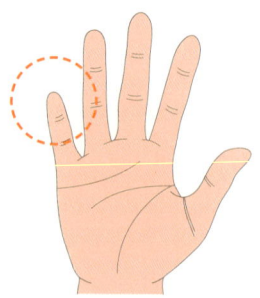

지나치게 짧은 새끼손가락

지나치게 짧은 새끼손가락
- 선천적으로 짧은 것도 그렇지만 다쳐서 구부러지거나 잘린 새끼손가락의 경우도 해당이 된다.
- 자녀가 직업이나 결혼 등으로 부모와 멀리 떨어져 사는 경우. 자식이 드물거나 늦게 둔다. 인연이 멀 수도 있다.

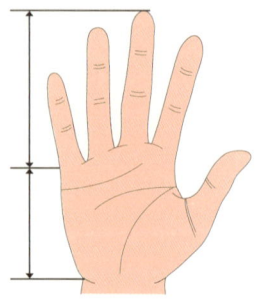

손바닥보다 손가락이 긴 손

몸의 덩치는 큰데 손이 유난히 작으면
- 삶에 굴곡이 많고 재산을 모으기가 생각처럼 쉽지 않다.
- 의욕만 앞세우지 말고 사소하고 작은 것부터 차근차근 실천에 옮겨야 한다.

손바닥보다 손가락이 길면
- 성품이 인자하고 정이 많으며 좋은 운이 돌아온다.

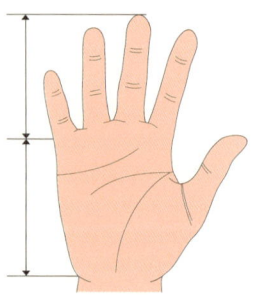

손가락보다 손바닥이 큰 손

손바닥은 큰데 손가락이 짧으면
- 자신도 모르는 사이 남에게 불필요한 미움을 받는다. 운이 그리 좋지 못하고 방황하는 일이 잦다.

손발에 식은땀이 많이 나는 사람
• 성실하고 부지런하지만 노력만큼 운이 쉽게 열리지 않는다.

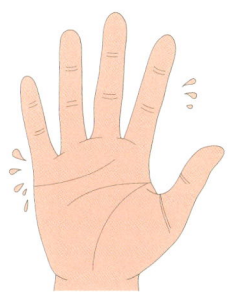

식은땀이 많이 나는 사람

거미줄처럼 잔선이 많은 손금
• 신경이 예민한 탓에 쓸데없는 일까지 사서 걱정하고 그리 대범하지 못하다.
• 사려심이 깊고 섬세하다.

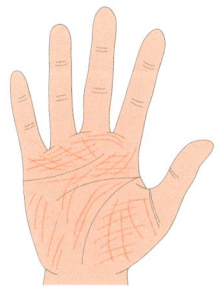

잔선이 많은 손금

잔선이 없는 간단한 손금
• 생각이 단순하고 식견도 그리 깊지 못하다.
• 복잡한 걸 천성적으로 싫어하는 성향을 타고났다.
• 사색과 사려심이 부족하다.
• 융통성과 응용력이 부족하다.
• 감수성이 부족하다.
• 완고하다.
• 무대뽀 기질이 있다.
• 복잡한 것을 단순화시키는 능력이 있다.
• 결단력과 행동력이 좋다.
• 올인 형이다.
• 성공과 실패의 부침이 잦다.
• 주변 사람들의 충고를 생활에 적용하고 활용하며 살아야 실수가 적다.

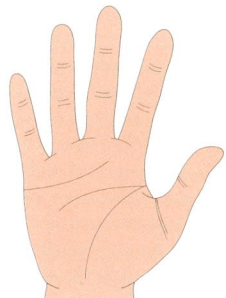

잔선이 없는 간단한 손금

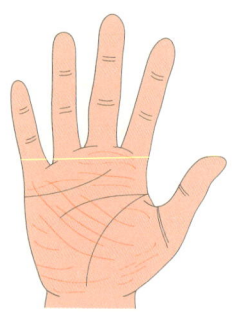

손금에 가로 선이 많은 경우

손금에 가로 선이 많으면
- 일의 중단이나 좌절하는 일이 많이 생긴다.

손금이 흐리고 얕으면
- 소심해서 쓸데없는 잔걱정을 달고산다.

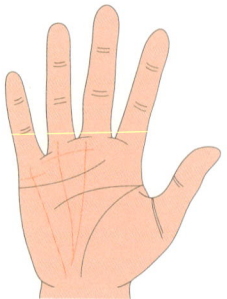

손금이 흐리고 얕은 경우

습관적으로 손톱을 자기도 모르는 사이에 이빨로 물어뜯는 사람
- 어렸을 때 부모의 정을 받지 못하고 자란 사람이다.

손가락 사이의 틈새가 벌어진 사람
- 급한 성격이어서 어떤 일을 결정할 때 기분에 좌우되든지 감정에 치우침을 조심해야 한다.

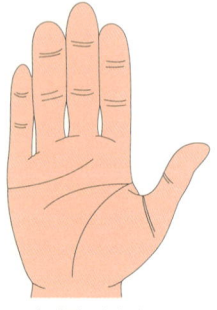

손가락 사이의 틈새가 벌어진 사람

손가락 사이의 틈새가 붙은 사람
- 감정에 치우치지 않은 신중함과 이성적인 판단을 한다.

손바닥이 딱딱한 손은 지혜가 모자란다.

손바닥이 누렇거나 창백한 색이면 가난하다.

손바닥에 윤기가 있고 분홍색이 점점이 퍼진 경우
- 좋은 운이 열린다.

손바닥이 검은 빛이면 총명하고 재운이 있다.

오른손과 왼손의 손금이 크게 다르면 삶의 굴곡이 매우 크다.

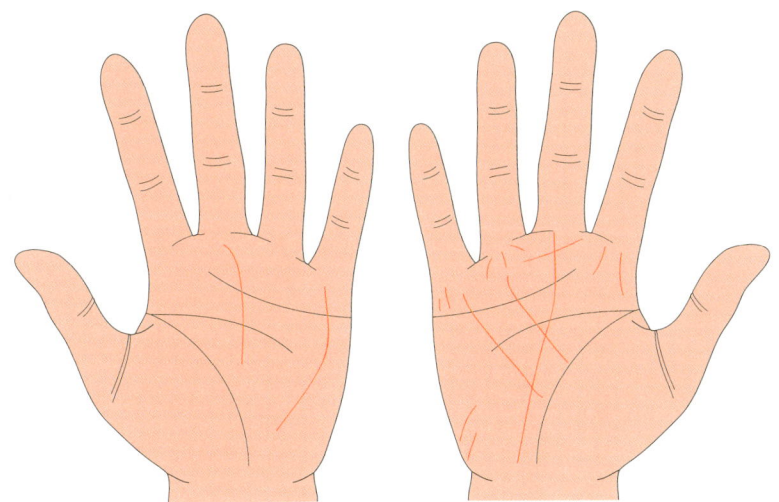

오른손과 왼손의 손금이
크게 다른 경우

손금의 기초가 되는 선, 기본 선을 알면 이해가 쉽다.

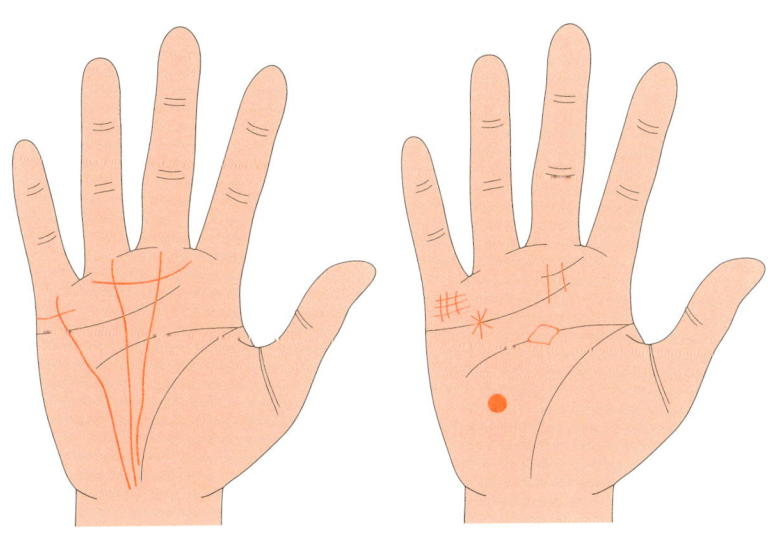

손금의 기초가 되는 선

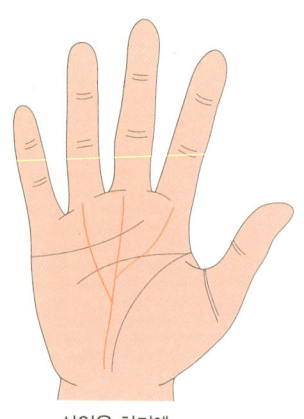

사업을 하기에
가장 좋은 손금

사업을 하기에 가장 좋은 손금

운명선과 태양선, 재운선이 끊어지거나 막힘없이 직선으로 쭉쭉 뻗어 올라갔는데, 이렇게 손가락을 향해 뚜렷한 세로주름이 많을수록 좋은 손금이다.

그런데 이 그림은 본선 외에도 실제는 주변에 잔금이 많이 있다.

이런 손금을 가진 사람은 흔치 않지만 가끔은 만날 수 있다.

사업을 하든 어떤 일을 하든지 대성공을 거둘 손금이다.

이런 손금을 가진 사람이 얼굴 관상에서 큰 하자가 없다면 천부적인 사업가로 재산을 모을 것이다.

하지만 꼭 이런 모양의 손금이지 않더라도 비슷하거나 두 가닥의 선이라도 끊어지지 않고 위로 뻗어 올라갔어도 매우 좋은 손금이다.

만일 여성이 이런 손금을 보유하고 있다면 가정 살림보다는 일찌감치 사회활동을 해야 타고난 운을 빨리 찾는 방법일 것이다.

그런데 실제로 이런 유형의 손금을 가진 여성이 여럿 있었다.

그 중 한 사람은 손금에 비해 얼굴은 신통찮았는데, 얼굴에서 가장 중요한 부위인 인당의 생김이 썩 좋지 않은데다 눈썹까지 너무 짙었다.

얼굴 하나만 봤을 때는 집안에 들어앉아서 살림만 해야 하는, 전형적인 가정주부 상이다.

"남편하고 이혼한 지 오래됐습니다."

이혼을 했든 부부가 사이가 좋든 간에 손금이 이렇게 좋다면 가정에만 머무르면 이유 없이 갑갑해 하며 스트레스를 받을 것이다. 하지만 바깥활동을 하더라도 얼굴상에서 한계가 있기 때문에 혼자서 어떤 일을 추진하기는 무리가 있는 관상이다.

"지금 어떤 일을 하고 있나요?"

"작은 가게를 갖고 있는데 더 크게 확장하려고 준비 중에 있습니다."

역시 자신의 몸뚱이를 집안에만 머무르도록 내버려 두는 손금이 아니었다.

그러나 가게가 작은 규모라면 괜찮겠지만 큰 규모로 일을 벌이기는 주의해야 하는 얼굴상이다.

"혼자서 하지 말고 혈육이나 주변의 가까운 사람과 합작하는 게 좋겠습니다."

"저는 혼자 하고 싶은데요. 혼자서 하면 안 되는 이유가 있나요?"

"사람은 자신의 그릇을 갖고 태어납니다. 지나치고 넘치면 탈이 생기는 법이지요. 지금 하고 있는 일이 잘되는 것 같은데, 당분간은 그대로 유지하다가 나중에 시도를 해 보십시오."

그릇이 그리 크지 않은 사람이 사업을 크게 벌이려면 한꺼번에 확장하면 안 된다. 큰일을 감당할 수 있는 내성이 생길 때까지 차츰차츰 단계적으로 키워나가야 한다는 말이다.

이 부인처럼 손금이나 얼굴 중 어느 한쪽이 밸런스가 안 맞으면 배우자 등 다른 사람이 보충을 해 주면 날개를 다는 격일 터인데, 그 부족한 면을 동업이나 합작을 해서 관상이나 손금에서 모자라는 부분을 보충하는 게 좋겠다.

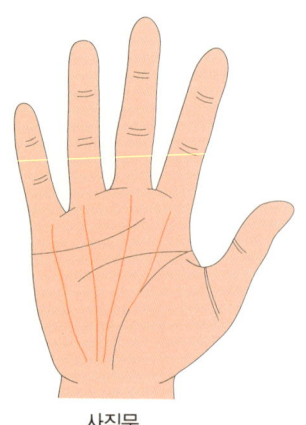

사직문

사직문

운명선, 태양선, 재운선, 노력선의 네 가닥이 깊고 뚜렷하게 위를 향해 세로로 뻗어 올라갔다.

무엇을 해도 대성공을 거두는 손금이다.

이런 선은 실제로는 보기 힘들지만 이와 비슷한 유형의 손금은 이따금 만날 수 있다.

손금에서 세로선은 모두 좋은 의미이다.

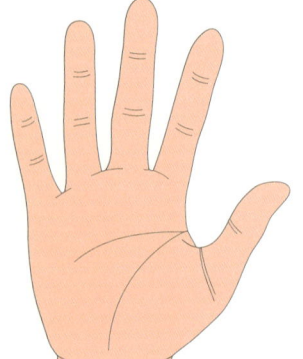

막 쥔 손금
- 남녀 모두 얼굴에만 큰 하자가 없다면 두뇌가 명석하고 배짱도 두둑해 지도자의 자질을 타고났다.
- 지나친 자신감과 완고함, 융통성 부족이 걸림돌이 될 수 있다.

막 쥔 손금

숫자 7과 같은 모습이다.

지능선과 감정선이 맞붙어 한 줄이 되어 손바닥을 일직선으로 가로지른 뒤 생명선과 만나는 손금이다.

이 손금의 특징은 성공과 실패의 격차가 심한 인생을 보낸다는 점이다. 왜 그런 일이 벌어지느냐하면 타고난 에너지가 매우 강하기 때문인데, 이 강력한 운기를 본인 스스로가 잘 조절하든지 배우자 혹은 주변 사람이 잘 흡수해 주든가 리드해 줄 수 있는 사람을 만난다면 엄청난 힘을 발휘하며 성공하지만, 그 넘치는 에너지를 잘 갈무리하지 못하면 강한 기운이 성공의 운을 억누르는 역할을 하기 때문에 실패를 해도 크게 하는 것이다.

여성이 이런 손금이면 일에 대한 추진력과 결단력, 행동력이 돋보여서 성공하지만 배우자 혹은 파트너 되는 사람이 어떤 식으로 이끌어 주느냐에 따라 성패가 달렸다고 본다.

가정주부보다는 직업을 가지고 활동해야 한다.

생명선

생명선의 끝 선이 뚜렷이 두 갈래로 갈라져 손목 안쪽으로 감싸는 경우

- 고향에서 멀리 떠나 다른 도에 살거나 외국에 나가서 산다.

바깥으로 뻗은 생명선 끝

- 방랑기질
- 직업상 잦은 출장이나 원거리 이동 운수
- 집이나 직장의 잦은 이동 상
- 여성은 불임 가능성이 있다.

생명선에서 셋째 손가락으로 뻗은 선이 있는 경우

- 부모 혹은 형제를 위한 책임을 지고 살아갈 운명이다.

생명선으로부터 가운데 손가락과 넷째손가락을 향한 선이 있는 경우

- 본인의 노력이나 주변의 도움으로 크게 성공한다.

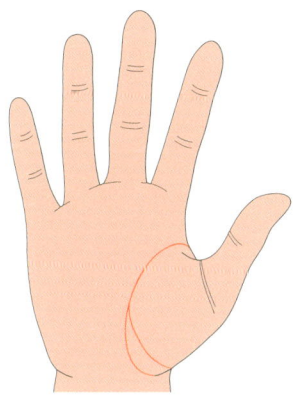

생명선의 끝 선이 뚜렷이 두 갈래로 갈라져 손목 안쪽으로 감싸는 경우

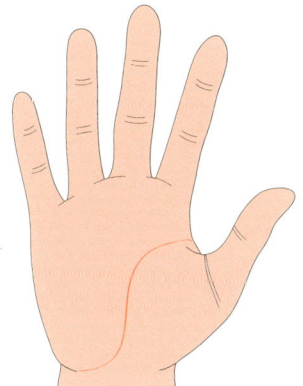

바깥으로 뻗은 생명선

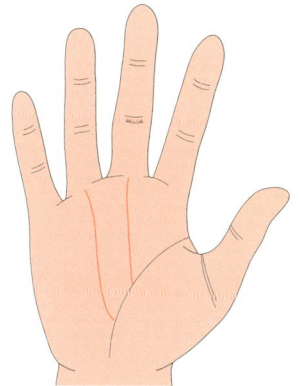

생명선으로부터 가운데 손가락과 넷째손가락을 향한 선

감정선

사슬 모양으로 된 감정선
- 감성이 풍부하고 애정이 깊다.

마디마디 끊어진 감정선
- 엄격하고 무덤덤한 감성의 소유자다.

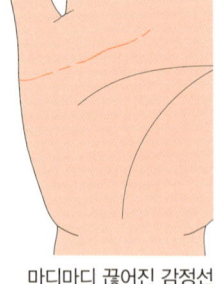

사슬 모양으로 된 감정선 마디마디 끊어진 감정선

이중 감정선
- 감성이 두 배로 발달했다.
- 활동적이고 사교성이 많다.
- 정력가.
- 다양한 취미.
- 일과 사랑에 적극적이고 정열적이다.
- 또래에 비해 성에 일찍 눈을 뜬다.

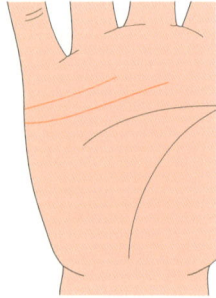 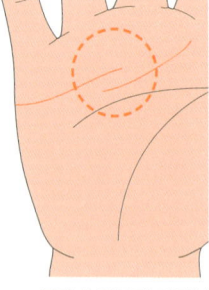

이중 감정선   중간에 끊어진 감정선

감정선이 중간에서 끊어진 경우
- 초혼이 불리하다.
그러나 늦게 결혼하면 피할 수도 있다.

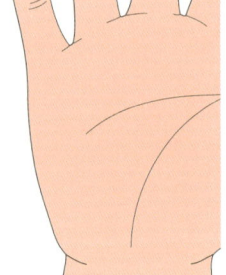

감정선이 없음

감정선이 없는 손금
- 감정이 메마르고 단순하며 완고한 성격.
- 사려심과 사색이 부족하다.

짧은 감정선

- 자기중심적이며 차가운 성격이다.
- 호색하다.

손가락 쪽으로 붙은 감정선

- 질투와 시기가 많은 성격이다.

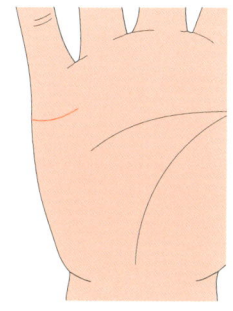
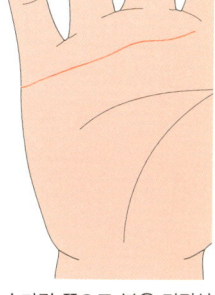

짧은 감정선　　손가락 쪽으로 붙은 감정선

금성대(특수 기능선)

끊어지지 않은 한 줄의 금성대

- 감성이 발달해 있다.
- 이성에 대한 관심이 높다.
- 일과 사랑에 적극적이다.
- 섹스에 관심이 깊고 정열적이다.

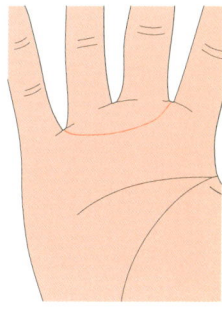

금성대

두뇌선(지능선)

지능선의 끝이 새끼손가락 방향으로 올라가 있으면

- 언어능력, 금전감각과 장사수완이 좋다.

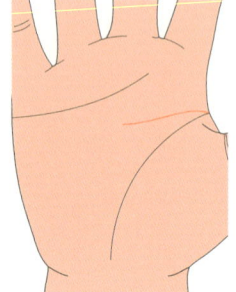

끝이 새끼손가락 방향으로 올라간 지능선

짧은 두뇌선

짧은 두뇌선

- 섬세하고 고지식하며 냉정한 성격.
- 집중력이 부족하다.

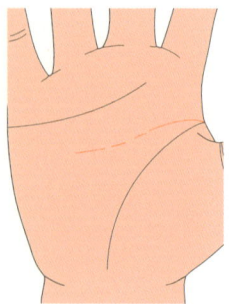
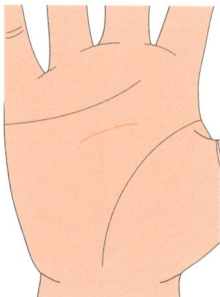

가늘고 희미한 두뇌선

짧은 두뇌선이 손바닥 중간에 위치하는 경우

가늘고 희미한 두뇌선

- 두뇌 회전이 느리고 이해력과 사고력이 약간 부족하다.
- 집중력과 끈기가 부족하다.

손바닥 중간에 머무르는 짧은 두뇌선

- 성격변화가 심하고 일이나 사는 곳도 일정치 않다.

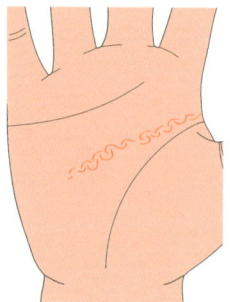

사슬 모양 두뇌선

사슬 모양의 두뇌선

- 주관이 뚜렷지 않고 의지가 약하다.
- 끊고 맺음을 잘 못한다.

- 이성교제에 능하다.

짧은 두뇌선이 손바닥 중간에 위치
- 성격변화가 심하고 일이나 사는 곳도 일정치 않다.

두 줄의 지능선
- 머리 회전이 빠르고 사교성이 좋으며 매력도 많다.
- 다재 다능형.

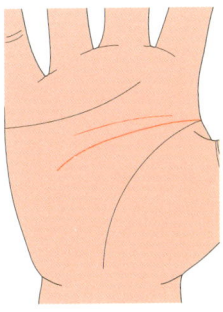

두 줄의 두뇌선

아래로 크게 휘어진 두뇌선
 어렸을 때 가족 등 가까운 사람으로부터 정신적 상처를 크게 받았을 때 생기기도 하는데, 부정적이고 비판적 성향이 강하고 약간 삐딱한 성격이다.
- 상상력이 풍부한 예술가 기질을 타고났다.
- 의료계통이나 상담직에 종사하는 사람들이 이런 손금을 가지고 있는 경우도 있다.

 위 세 가지 중에 어느 하나가 해당되는 손금이다.

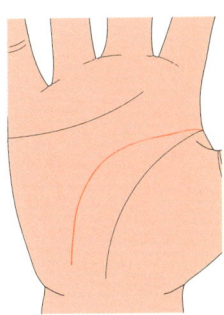

아래로 크게 휘어진 두뇌선

생명선에서 떨어진 두뇌선
- 말이나 논리보다는 행동적이다.
- 일에 열중하는 노력파다.

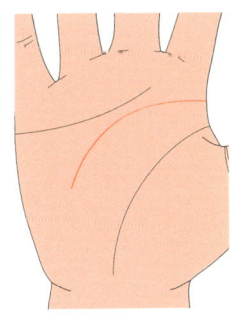

생명선에서 떨어진 두뇌선

태양선(명예선)

넷째 손가락으로 향한 태양선
- 명예와 부를 부르는 매우 좋은 손금이다.

곧게 올라간 태양선에 뚜렷한 운명선
- 재산, 명예에서 바라는 바를 이룬다.

태양선에서 갈라진 운명선
- 명예도 얻고 크게 성공 한다.

바깥에서 휘어져 들어간 태양선
- 성실한 노력가로 자수성가 능력을 갖추고 있으며 중년 이후 고생 끝에 낙이 온다.

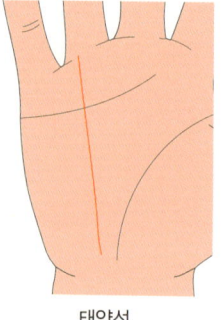

태양선

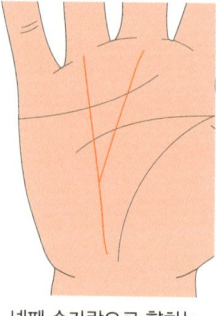

넷째 손가락으로 향하는 태양선

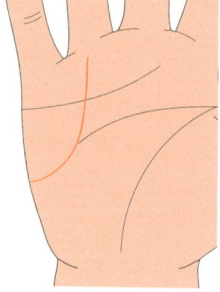

바깥에서 휘어져 들어간 태양선

월구에서 출발한 태양선
- 사람을 상대하는 직업이 어울리며 타인들로부터 인정을 받거나 이름을 얻는다.

월구의 여러 상승선
- 이것도 태양선이다.
- 사람들에게 인정을 받거나 인기를 얻게 된다.
- 많은 사람을 상대하는 직업이 잘 어울린다.

짧은 태양선
- 태양선이 짧다고 해서 꼭 나쁜 것은 아니다.
- 초년보다 중년 이후에 운이 좋아진다.

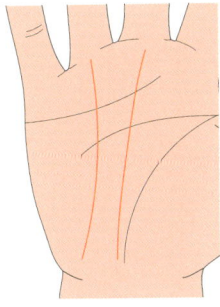
월구에서 출발한 태양선

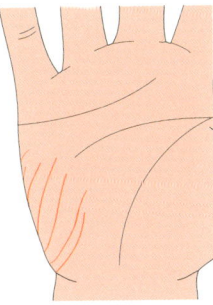
월구의 여러 상승선

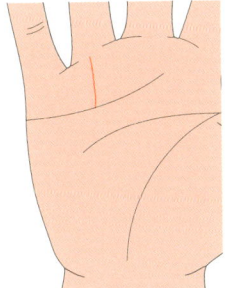
짧은 태양선

운명선

태양선과 운명선이 뚜렷한 손금

• 운명선만 잘생겼다고 좋은 건 아니다.
태양선(명예선)이 잘생겨야 크게 성공한다.

가운데 손가락 아래로 가느다란 운명선이 여러 개 있으면

• 목표를 여럿 정해서 사는 바람에 어느 한 가지도 뚜렷한 성과를 얻지 못한다. 목표를 단순화 시켜야 한다.

금성구에서 출발한 운명선

• 배우자나 주변 사람의 인덕으로 운이 열린다.
• 명예도 얻고 사람들에게 인정을 받는다.

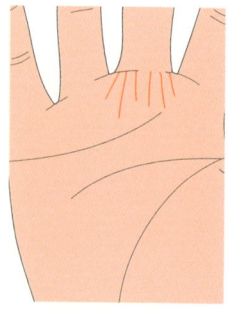

가운데 손가락 아래로
가느다란 운명선이
여러 개 있는 손금

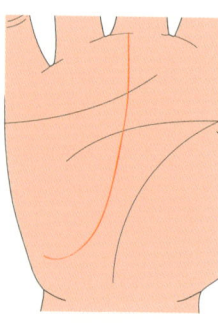

금성구에서 출발한 운명선

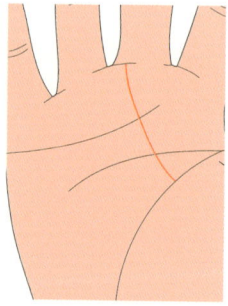

생명선 윗부분에서
올라간 운명선

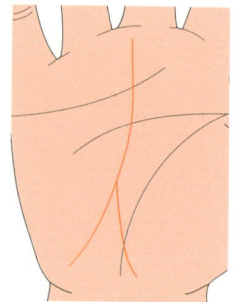

두 개의 지선이 합쳐
올라간 운명선

생명선 윗부분에서 올라간 운명선이 있으면
- 부모 혹은 혈육을 위한 책임감을 가지고 태어났다.

두 개의 지선이 합쳐 올라간 운명선은
- 가족, 친지와 배우자의 도움으로 성공한다.

위로 올라간 가지선이 많은 운명선
- 운명선의 힘을 배가시키는 힘이 작용한다.
- 많은 사람들 상대하는 직업이 잘 어울린다.

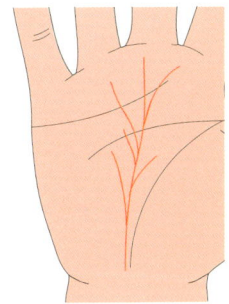

위로 올라간 가지선이 많은 운명선

손바닥 중간쯤에서 시작하는 운명선
- 초년에 불운했거나 부모님의 사이가 나빠 부모덕을 적게 받은 운이다.

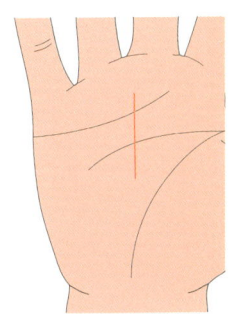

손바닥 중간쯤에서 시작하는 운명선

가운데 손가락 아래로 가느다란 운명선
- 여러 개 나있으면 목표를 여럿 정해서 사는 바람에 어느 한 가지도 뚜렷한 성과를 얻지 못한다. 목표를 단순화 시켜야 한다.

운명선에 나타난 섬 문양
- 해당 시기에 실패로 인한 좌절이나 건강에 이상이 생긴다는 의미.

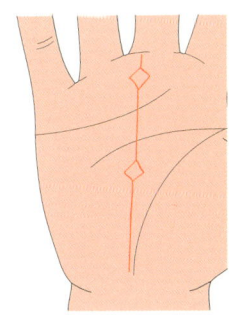

운명선에 나타난 섬 문양

사슬 모양의 운명선
- 건강에 이상이 오거나 하는 일이 막힌다.

끊어진 운명선
- 끊어진 시기(나이)에 인생에서 커다란 전환점이 생김을 뜻한다.
- 직업의 급격한 변화나 환경의 큰 변화, 혹은 건강 이상 아니면 부부나 이성관계에서의 큰 변화가 일어남을 의미한다.

결혼선

뚜렷한 결혼선이 나란히 두 개이면
- 두 번 결혼하거나 깊이 사귈 애인이 생긴다.

결혼선에서 아래로 갈라져 나온 긴 선이 생명선을 가로지르면
- 불륜 등의 원인으로 인하여 위기가 닥칠 수 있다.

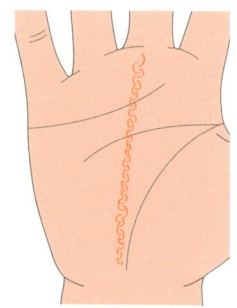
사슬 모양의 운명선

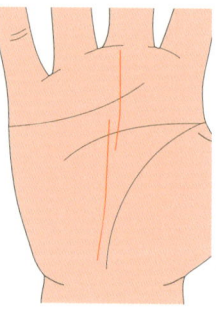
끊어진 운명선

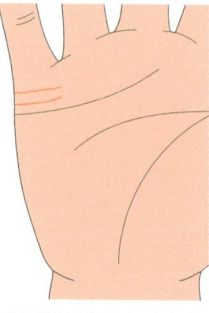
뚜렷한 결혼선이 나란히 두 개인 손금

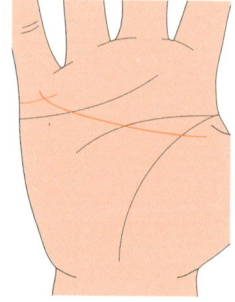
결혼선에서 아래로 갈려져 나온 긴 선이 생명선을 가로지르면

• 남녀 사이에 타인이 개입해 음해나 방해를 해서 사이가 나빠진다.

• 직업이나 하는 일에 타인이 개입해 음해와 방해를 하는 바람에 큰 타격을 받는다.

두 개의 결혼선이 새부리처럼 교차하면

• 기혼자는 부부 사이가 나빠 싸움이 잦고 불행한 결혼생활을 하는 손금이다.

• 미혼자라면 좀체 결혼할 기회가 생기지 않는다.

결혼선이 위를 향해 가지선을 뻗으면

• 결혼으로 풍족한 삶을 누린다.

결혼선에 사각형 공간이 있으면

• 부부 혹은 애인 사이에 성격이 맞지 않아 불만이 잔뜩 쌓인 상태다.

• 기혼자는 결혼한 것을 후회하고 헤어지는 것도 생각하고 있다.

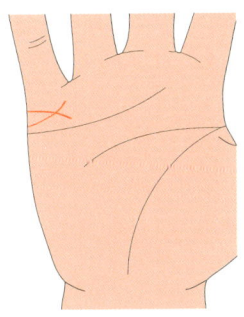

두 개의 결혼선이
새부리처럼 교차하는 손금

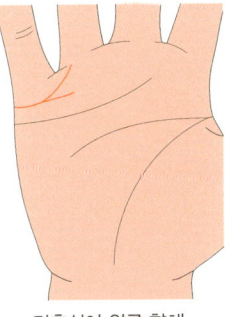

결혼선이 위를 향해
가지선을 뻗은 손금

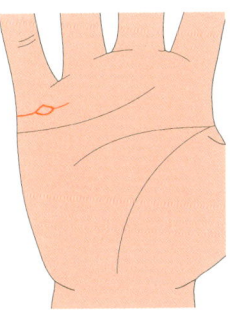

결혼선에 사각형 공간이
있는 경우

끝이 아래로 처져서 감정선에 붙은 결혼선
- 독신주의 성향이 잠재의식 깊숙이 새겨져 있는 상태다.
- 결혼한 사람이라면 애정이 식어서 별거 또는 이혼한다.
- 아무리 이상적인 상대를 만나 결혼을 하고 배우자가 잘 대해주더라도 이런 손금을 가지고 있는 사람은 가정생활에 대해 적응을 못하고 끊임없이 불만을 터트리고 갈등을 일으키는 등 불행한 결혼생활을 하는 손금이다.
- 미혼인 사람이 이런 손금을 가지고 있으면, 잠재의식 속에 독신성향이 강하게 자리 잡고 있어서 좀처럼 결혼을 못한다.

결혼선의 끝이 넷째손가락 아래까지 올라가면
- 유명인이나 재산가와 결혼하는 행운의 손금이다.

결혼선이 중간에 끊어지면
- 부부 사이에 심각한 문제가 발생해서 갑자기 갈라설 수도 있다.

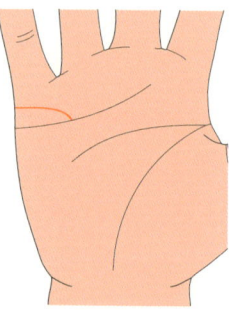

끝이 아래로 처져서
감정선에 붙은 결혼선

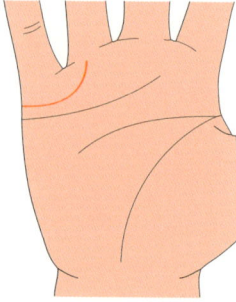

결혼선의 끝이 넷째손가락
아래까지 올라가는 손금

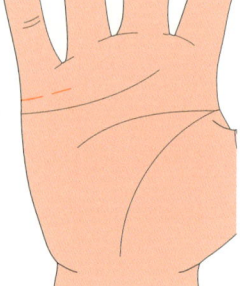

끊어진 결혼선

결혼선의 끝이 두 갈래 혹은 세 갈래로 갈라지면
- 함께 살고 있어도 이미 마음이 떠나버린 손금이다.
- 갈라진 가지가 크고 뚜렷할수록 별거 또는 이혼하게 된다.

결혼선의 시작 부분에 두 갈래로 갈라지면
- 부모의 반대 또는 다른 심각한 사정으로 오랫동안 결혼을 못하다가 극적인 연애 혹은 결혼을 한다.

끊어졌다 이어진 결혼선
- 애인이나 부부 사이에 만남과 헤어짐을 반복하는 손금이다.
- 그것은 직업 때문일 수도 있고 거리가 서로 멀리 떨어져 있는 바람에 이따금씩 밖에 못 만나는 사이일 수도 있다.
- 혹은, 두 남녀가 크게 싸운 뒤 헤어졌다가 다시 만나는 경우도 해당된다.

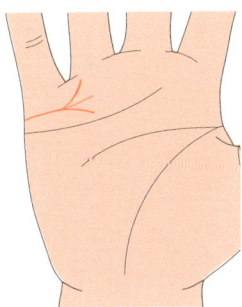
결혼선의 끝이 두 갈래 혹은
세 갈래로 갈라지는 손금

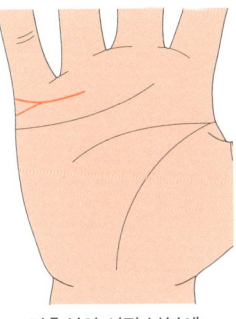
결혼선의 시작 부분에
두 갈래로 갈라진 손금

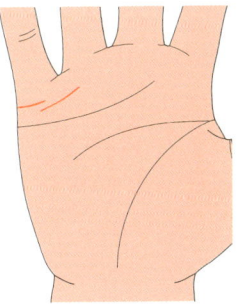
끊어졌다 이어진 결혼선

짧은 결혼선

• 결혼선은 보통 다른 선보다 길고 뚜렷하다. 그런데 이 경우는 길고 뚜렷한 선이 아니라 짧고도 여러 가닥이다. 결혼을 못하거나 결혼을 하지 않고 독신으로 오랫동안 살아가는 손금이다.

결혼선의 끝이 급격하게 새끼손가락을 향해 구부러지면

• 중성적인 성향으로 결혼에 대해 별로 관심이 없고 독신으로 살며 사랑보다 일을 선택하는 사람이 많다.

결혼선이 짧은 세로 선에 막히면

• 어떤 장애가 생겨서 결혼을 못하는 손금이다.

결혼선과 평행한 짧은 선이 있으면

• 불륜에 빠진다. 윗선은 결혼 후에 생긴 애인과, 아래 선은 결혼 전부터 사귀어 온 상대다.

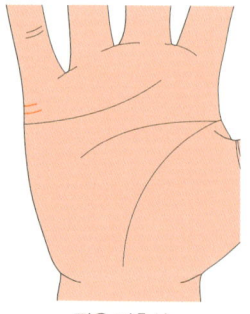

짧은 결혼선

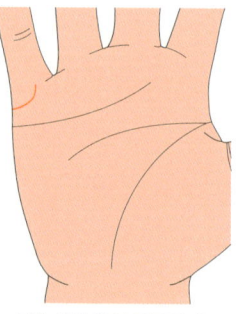

결혼선의 끝이 급격하게
새끼손가락을 향해
구부러진 손금

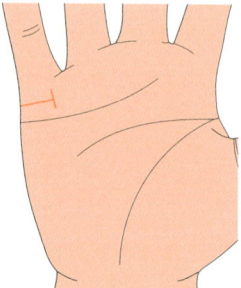

결혼선이 짧은 세로 선에
막힌 손금

사슬 모양의 결혼선
- 결혼을 해도 불행해지는 손금이다.

끝이 나뭇가지 모양으로 갈라져 있는 결혼선
- 직업 등의 이유로 떨어져 살 수도 있다.
- 부부나 연인 사이에 권태기에 빠지거나 건강이 나빠진다.

결혼선에 반점이 있으면
- 부부 사이에 갈등이 생긴다.

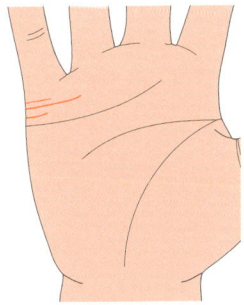

결혼선과 평행한 짧은 선이 있는 손금

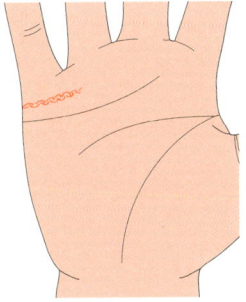

사슬모양의 결혼선

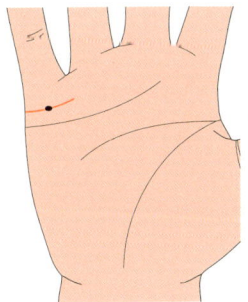

결혼선에 반점

엘로드

엘로드에 대하여

엘로드란 무엇인가

엘로드(L-road)란 영어의 L자형으로 된 쇠막대기를 말하는데, 수백 미터 땅속에 흐르는 물줄기를 탐지하기도 하고, 응용하기에 따라서는 다양한 것들을 찾을 때도 쓰인다.

옛날, 시골에서 우물을 팔 때 나뭇가지를 들고 휘어짐의 각도로 수맥을 측정했다고 하는데, 엘로드라는 쇠막대기가 처음 한국에 들어온 것은 100년 전에 서양의 천주교 신부가 선교차원으로 들여와 전파 되었다고 한다. 들어온 역사가 짧은 만큼 한국에서는 비교적 덜 알려졌지만 서양에서는 수천 년 동안 사용하면서 이미 검증을 거친 도구다. 심지어는 석유탐사를 할 때도 인공위성 등 첨단 과학기기를 제치고 사람이 엘로드를 들고 탐지하는 게 더 정확도가 높다고 한다.

인류 최초로 수맥 탐사를 한 기록은, 고대 이집트의 피라미드에 조각된 것으로 보아 그 역사는 수천 년 전으로 거슬러 올라가니 자못 장구한 세월동안 이어져 온 것이다.

엘로드에 의한 수맥 탐사는 어떤 이치인가

수백 미터 땅속에 흐르는 물줄기는 보이지도 않고 잡히지도 않으며 냄새 또한 없다.

그런데도 그것을 감지해낸다면 보이는 것만이 진실이라는 믿음을 가진 사람들 눈엔 무슨 속임수 같은 술수가 있는 게 아닐까 하며 갸웃해 할 것이다.

예전, 필자도 땅속에는 어디든지 물이 흐르기 마련이니까 깊이만 파면 물이 솟는 줄 알았었다. 온천수 역시 어디든 깊이만 판다면 뜨거운 물이 펑펑 솟아오르는 온천을 개발 할 수 있으리라 믿었던 사람이다. 그러나 그 같은 짐작은 짐작에 그칠 뿐 깊이만 판다고 해서 물이 솟지 않는다. 물이 흐르는 줄기와 장소가 따로 있는 것이다.

물질이든 비 물질이든 세상만물은 고유한 에너지의 집합체로 이루어져 있고 특정한 파동을 간직한 채 노출되어 있다. 땅속의 물질 역시 마찬가지이다. 물이 땅속에 숨어 있으니 땅이라는 거대하고 단단한 벽에 막혀 에너지의 파동이 밖으로 빠져 나오지 못하는 것 아닌가 하는 생각은 어리석다.

엘로드를 잡기 전에 갖춰야 할 요건들

엘로드를 잡기 전에 먼저 선결되어야 할 조건이 있다.

첫째, 정신수련을 일상화해서 마음가짐을 가다듬고 늘 경건한 상태를 유지해야 한다.

둘째, 어떤 경우라도 탐욕스럽지 않아야 한다.

셋째, 늘 깨끗한 마음과 올바른 정서를 유지해야 한다.

넷째, 개인감정을 앞세우지 말고 공정한 입장을 가져야 한다.

다섯째, 선입견을 버려라.

여섯째, 경솔치 말아야 한다.

위의 조건들이 갖춰져 있지 않다면 엘로드를 배울 생각을 접는 게 좋고 배워봐야 효과도 없다. 마음자세가 부정적이고 삐뚤어져 있는 사람이 의욕만 앞세워 배우려 대든다면, 자칫 신변에 나쁜 일들이 벌어질 것이다.

엘로드 사용법

엘로드를 사용하려면 먼저 몸의 근육을 이완시키고 호흡을 안정시킨 다음 엘로드를 가슴 높이로 나란히 쥐고 천천히 걸으며 땅속에 물이 흐르는가를 마음속으로 질문한다. 질문할 때 반말을 쓰지 말고 늘 경어체로 사용하는 게 좋다. 응답은 엘로드가 하지만 반응을 일으키게 하는 힘은 대 자연 속에 녹아 있는 신적인 존재가 하는 것인지도 모르기 때문이다.

걸음을 천천히 옮기다 보면 나란히 펼쳐졌던 엘로드가 수맥이 흐르는 지점에서 교차하며 겹치게 된다. 이곳이 바로 지하에 수맥이 흐르고 있다는 방증이다. 장소를 달리해서 틈나는 대로 탐사를 해 보면 손끝의 느낌이 달리 감지 될 것이다. 그러나 이런 느낌이 성공했다 해서 만족하면 안 된다.

수많은 실험을 해서 엘로드가 내 몸의 한 부분이 되도록 연습해야 한다. 그리고 손에 인위적인 힘을 가해서 의식적으로 엘로드를 움직이려 하면 안 된다.

익숙해지면 자신의 마음 속 상념에 의해 엘로드를 자유자재로 움직일 수 있어야 하고, 꿈속에서라도 엘로드를 들고 있는 꿈이 나타나도록 연습을 많이 한다.

상념 없이 엘로드를 자유자재로 움직이게 할 수 있다고 해서 완성된 단계는 아니다. 인생사를 측정하는 데는 수맥탐지와는 비교가 되지 않는 특수한 비법이 따로 있다. 역술업에 종사하는 사람들이 여태껏 엘로드를 사용하지 않았거나 행여 시도를 했더라도 결과가 신통치 않았던 근본원인은 기법도 모른 채 단순히 수맥 탐사 때의 방법만으로 측정한 탓에 실패했을 가능성이 크다.

모든 세상의 이치가 그렇듯, 아무리 이론에 정통했더라도 실전에서 무용지물이라면 쓸모가 없는 노릇 아닌가.

엘로드로 알아맞추기

물컵 다섯 개를 일렬로 뒤집어 놓고 그 중 하나에다 백 원짜리 동전을 제삼자에게 몰래 숨겨 놓게 한 뒤 동전이 들어있는 컵을 알아보라고 한다면 가능할까?

물론 가능하다. 이런 연습은 엘로드를 사용하는 초보자들이 자신의 감지능력을 키우기 위해 연습하는 과정이다. 필자에게 잃어버린 강아지의 생사여부를 전화로 알아보려던 여성에게, 찾는 날짜와 시간까지 알려준 것 역시 같은 이치이고, 상대방의 몸에 건강상 약한 부분이 있는가 여부를 알아내는 방법 역시 같다. 그 같은 방법을 잘만 응용하면 실종된 사람이나 잃어버린 물건이 어느 방향에 있고, 거리는 얼마나 떨어져 있으며, 현재의 상태는 어떤 모습을 하고 있다는 것까지 능히 추측할 수 있다.

또한 각 개인이 타고난 인생 에너지를 감지해내서 과거, 현재, 미래를 볼 수 있는 것 역시 가능한 일이다. 다만 상담 해 주는 자의 정신이 탐욕스럽지 않으면서 늘 깨끗하고 올바른 정신을 가져야 되고, 자신의 감정에 치우치지 않는 중도적인 상태를 늘 유지해야 하는 조건은 필수다.

또한, 질문자의 정신집중이 선결되어야 하는데, 그것은 오랜 임상을 거치게 되면 자신만의 기법을 개발할 수 있다.

상담 사례로 본 엘로드의 효능

엘로드를 사용해서 인생사를 전문으로 예측하는 시도는 아마도 필자가 최초이지 않을까 생각한다. 손님들에게 엘로드를 들어 보이면 생전 처음 보는 물건인지라 여러 가지로 궁금해 한다.

"혹시 무속인들이 쓰는 물건 아닌가요?"

"자석으로 돼 있나요?"

등의 질문을 하며 신기해한다.

엘로드는 무속인이 쓰는 물건도 아닐뿐더러 자석 역시 아니다. 철사로 된 옷걸이를 기역자로 구부려서 엘로드로 사용해도 지장 없을 정도로 평범한 쇠막대기에 지나지 않는다.

라디오로 따지자면 내 몸이 전파를 수신하고 주파수를 맞추는 역할을 하는 것이고 엘로드는 단지 스피커 역할에 한정되어 있을 뿐이다.

그러나 엘로드는 상담을 받는 손님들 마다 놀라운 적중률에 탄성을 보내곤 한다. 그것은, 확인이 가능치도 않은 몇 년 뒤의 일을 장황하게 떠벌리거나, 두리뭉실하게 뜬구름 잡기 식으로 말해 주는 게 아니라, 현재 앉은 자리에서 쉽게 확인 가능한 자신이나 가족의 건강과 신변, 그리고 지금 처한 고민스러운 일들에 대해 앞날을 예측해 주니 안 믿을 도리가 없을 터이다.

엘로드 상담사례

"어머나! 그걸 어떻게 아셨어요?"
(상담을 하다 보면 손님의 건강 이상이 감지되는 일이 흔하다.)

50대 중반 무렵의 어느 남자 손님은 관상에도 나타났듯 파란만장한 삶을 살아온 이력을 가진 사람인데 최근 새로 벌이고 있는 일에 대한 기대가 한껏 부풀어 있었다.

그에게 앞으로의 사업에 대한 전개 과정을 설명해 준 뒤 한두 달 뒤의 가까운 시일에 일어날 일을 엘로드로 측정해 보았다.

교통사고나 물과 불에 의한 피해유무, 물건 손실, 법적인 문제 등등을 확인하고 난 후 건강 상태를 체크해 본 결과 다른 부위는 이상 없는데 유독 성 기능에 뚜렷한 장애가 감지되고 있었다.

필자가 그런 이야길 하자 손님은 깜짝 놀란다.

"아!! 그런 것까지 알 수 있습니까? 놀랍네요."

"최근에 성기 부위에 이상이 있었거나 수술 받은 적 있나요?"

"네, 3년 전에 고환에 이상이 생겨 수술을 했습니다. 암 초기 현상이라고 하더군요."

(어느 중년 주부를 상담하는 과정에서는 본인의 건강은 이상이 없는데 정작 둘째 아들에게서 문제가 감지되었다.)

아들의 몸 기관 중 유독 폐에 이상이 나타났던 것이다.

"어머나! 당사자가 없는데도 어떻게 제 아들의 건강을 아세요? 맞아요! 둘째 아들이 어렸을 때부터 폐결핵을 앓아 왔고 지금도 정상적인 학교생활을 못하고 있습니다."

둘째 아들은 건강뿐 아니라 내년에 보는 대학 수능시험에서도 그리 좋은 결과가 나오지 않는다는 반응이 나타났다.

"저도 아들의 수능시험에 대한 큰 기대를 하지 않고 있습니다."

"하지만 재수를 하게 되면 원하는 학교에 거뜬히 합격 하겠네요."

부인은 필자의 말에 의외라는 표정을 지었다.

"지금 다니는 학교가 실업계인데 재수한다고 가능할까요?"

"그것은 오랜 세월 앓아온 아들의 건강이 내년부터 회복되면서 면학을 할 여건이 마련되기 때문으로 보입니다. 20세 무렵에는 또래 아이들만큼 건강해 질 겁니다."

부인은 크게 안도하면서 필자의 말에 믿음을 보내주었다.

그것은 당사자가 없는 상태에서도 가족의 얼굴만 보고도 건강 상태를 정확히 집어내는 데 대한 신뢰가 바탕이 된 탓이니라.

30대 후반의 남녀

30대 후반의 남녀가 궁합을 보러 필자 앞에 앉았다.

나이 등의 기초 질문을 하고 얼굴과 손금에 나타난 각자가 타고난 운명을 본 뒤 마지막으로 두 사람의 주파수를 비교해 보았다.

그러나 두 사람의 기대에 찬 표정과는 달리 주파수가 전혀 맞지 않은 매우 나쁜 궁합이었다.

필자가 그런 이야기를 하자 남자 쪽에서는 교제하는 중에 궁합이 안 맞는다는 걸 이미 느꼈는지 고개를 끄덕이며 수긍을 하는데 비해 여성 쪽에서는 내심 불만을 가진 듯했다.

"안 맞는 부분은 서로 양보하고 배려하면 되지 않나요?"

그러나 이 정도로 궁합이 맞지 않는다면 양쪽이나 어느 한쪽이 양보한다고 해서 해결될 문제가 아니다.

주파수라는 것은 각 개인이 가진 고유한 에너지의 파장을 말하는데 이것은 손가락의 지문과 마찬가지로 태어날 때 정해지면 평생 변하지 않는다.

주파수가 잘 맞는 짝이라면 상대방과 가까이 하면 할수록 편안한 느낌이 들고 애틋한 감정이 생긴다.

반대로, 주파수가 안 맞으면 이유 없이 불안해지고 신경이 날카로워지는 느낌으로 이어지는데, 이것은 두 사람이 뿜어내는 에너지 파장끼리 융합이 되지 않고 충돌하는 데서 일어나는 현상이다.

마치 쇳조각을 시멘트 바닥에 문질렀을 때 귀에 거슬리는 시끄러운 소음이 들려서 신경을 박박 긁어 놓는 것과 비슷한 현상이 일어난다고 보면 된다.

이것이 일시적인 일이라면 참고 견디겠지만 상대와 가까이 사는 동안 내내 일어난다. 그래서 애인이나 부부로 살 사람들이면 단순히 생년월일시나 띠 등만 비교한 뒤 궁합이 좋으네 나쁘네 한다면 커다란 오류가 생길 수 있다는 말이다.

궁합은 각자의 주파수 융합여부에서 좋고 나쁨이 판가름 난다.

그리고 엘로드에 의한 두 사람의 건강 측정 결과 여성 쪽의 자궁에 큰 문제가 발생했다는 반응이 나타났다.

필자의 의견에 여성은 풀이 죽은 목소리로 말했다.

"자궁에 혹 같은 게 생겨서 제거를 했는데 의사 선생님 말로는 아이를 못 가질 거라고 합니다."

위의 예시뿐만 아니라 근처 병원에서 근무하는 간호사들 중 필자에게 상담받지 않은 사람이 드물 정도였다.

그것은 병원 진찰에서 잡아내지 못한 부위를 정확히 예측해준다는 입소문 때문이었다.

잃어버린 강아지

밤이 늦은 시간에 전화벨이 요란스럽게 울렸다.

"경기도 안산시에 사는 사람인데요. 3일 전에 강아지를 잃어버렸어요. 찾을 수 없을까요?"

몹시 울먹이는 목소리로 하소연을 하고 있었다.

필자도 강아지를 한 가족처럼 애지중지 키우고 있는 중이라 그 심정이 십분 이해가 되었다.

그렇더라도 아닌 밤중에 홍두깨 격으로 잃어버린 강아지의 소재 여부를 묻는 데에는 난감해할 수밖에 없었다.

직접 대면을 하고 상담을 해도 시원한 답을 줄지 말지인데 이름도 성도 모르는 사람이 전화상으로 그런 질문을 하면 날더러 어쩌란 말인가.

"저는 3급 장애인으로 혈육도 없이 혼자서 어렵게 생활하고 있습니다. 강아지는 저에게 유일한 대화 상대이고 한 가족입니다. 죽었는지 살았는지 언제 찾을 수 있게 되는지 제발 알려 주세요."

울음 섞인 목소리로 계속 하소연을 하지만 내가 무슨 점쟁이도 아니고 허공에다 대고 강아지의 생사여부를 알아내야 하는 필자는 참 딱하게 됐다.

그래도 상대가 워낙 매달리며 사정을 해 오는 터라 얼렁뚱땅 피하기는 어려워 보였다.

잠시 기다리라 해놓고는 엘로드를 양손에 들고 정신을 집중했다.

그리고는 전화한 사람의 여러 얼굴 표정 이미지를 떠올려 상상하기 시작했다.

그 결과, 이틀 후 오후 3~4시경에 찾을 수 있다는 엘로드의 반응이 나타났다.

실종 된 지 벌써 며칠이 지난 강아지를 찾는다는 게 쉬운 일이 아닌데도 긍정적인 반응이 나타나는 게 미심쩍어 몇 번을 반복 측정을 해도 역시 같은 결과가 나왔다.

"그 강아지는 지금 살아있고 어떤 사람이 보호하고 있습니다. 내일 날이 밝는 대로 잃어버린 장소 근처에다 실종 전단지를 붙여 놓으십시오. 그리고 내일 모래 오후에 그 장소에 가서 기다려 보세요."

필자의 말에 그녀는 크게 안도하며 꼭 그렇게 하겠다고 했다.

"그런데요, 선생님. 제가 하도 답답한 마음에 서너 사람의 점쟁이한테 가서 점도 쳐보고 사주보는 곳에도 물어보았는데 하나같이 포기하라는 말만 들었습니다. 벌써 죽었다는 거였어요. 정말 선생님 말씀을 믿어도 되지요?"

돌멩이 같은 무생물이든 살아있는 동물이든 식물이든 세상의 모든 만물에는 그 고유한 에너지를 품고 있다.

그 기(에너지)가 물체 안에서만 머물러 있는 게 아니라 외부로 늘 뿜어져 나오는데 그 기의 파동을 필자가 정신집중을 하게 되면 몸으로 느끼게 되고 그것을 엘로드가 반응을 일으키게 되는 것이다.

사람이나 짐승이 실종이 됐든 아니면 어떤 궁금증이 생겼든 당사자가 직접 오지 못할 경우라면 사진 혹은 늘 쓰던 물품 한가지만이라도 필자 앞에 있다면 가부의 결과를 자신할 수 있는데, 쓰던 물건은커녕 전화 목소리만으로 생사여부를 감지한다는 것은 전례가 없어서 장담하기가 쉽지 않았다.

또한 그런 경우 측정과정에서 신경을 너무 곤두세우게 하고 에너지의 소모량이 엄청 많아져 필자를 매우 지치게 만든다.

이틀이 지난 늦은 오후에 그녀의 목소리가 전화로 들려왔다.

"선생님! 찾았어요!! 강아지를 조금 전에 찾았어요. 고맙습니다. 감사합니다."

그녀는 밝게 들뜬 목소리로 연신 고맙다는 말을 되 뇌었다.

"찾았다니 다행입니다. 이제 잃어버리지 말고 잘 보살피세요. 그런데 어떻게 찾았지요?"

"전화 드린 다음 날 잃어버린 장소 근처에다 전단지를 여러 장 붙였는데, 데리고 간 사람 친척이 그 내용을 보고 연락을 해 왔어요. 글쎄 서울까지 가 있지 뭐에요. 선생님, 대단하십니다. 정말 용하십니다."

제가 언제쯤 결혼할까요?

40대 중반의 남자 K가 상담을 받으러 왔다.

마흔이 훨씬 넘은 나이가 되도록 아직까지 결혼을 안 했다고 한다.

일반 사람들 눈으로 봤을 때 잘 생기지도 못생기지도 않은, 그저 그런 보통의 얼굴을 가진 사람이었지만 관상으로 봤을 땐 건강 상태도 양호하고 심성도 안정돼 있고 재물운도 매우 좋은 상이었다.

또한 여기저기 기웃거리다 때를 놓친 바람둥이 상도 아니면서 탈속 성향이 있는 K의 정황으로 봤을 때 결혼을 못한 것이 아니라 안 한 것으로 봐야 할 것 같다.

"이제는 결혼을 해야겠는데 제가 언제쯤이나 여자를 만날 수 있겠습니까?"

K의 인생 전반에 관한 설명이 끝나자마자 필자에게 던진 첫 질문이었다.

필자는 엘로드(수맥 탐사봉)를 양손에 들고 정신을 집중했다.

그렇게 두세 차례 반복해서 측정한 다음 천천히 말했다.

"다음달, 즉 4월 20일 전후해서 맘에 드는 여성이 나타나게 될 겁니다."

필자의 덤덤한 말투에 K는 고개를 옆으로 저었다.

"제 주변에 아는 여자라고 한 사람도 없고 최근 1년 동안 짝을 만나려고 갖은 노력을 했는데도 결과가 신통찮았습니다. 그런데 한 달 안에 여자가 나타난다구요?"

K는 씁쓸한 웃음으로 필자의 말을 부정하고 있었다.

"앞으로 얼마 안 남았으니 속는 셈치고 기다려 보시지요."

두어 번 더 측정한 엘로드의 반응에서 역시 4월 20일 경으로 나타나는 것으로 봤을 때, 긴가 민가 의심하며 갸우뚱하는 K를 설득할 수 있는 뾰족한 방법은 이 말을 반복 확인해 주는 수밖에 없었다.

"그럼 언제쯤에 제가 결혼을 할 수 있을 것 같습니까?"

현재 애인조차 없는데 결혼 시기를 묻는 손님이 우습긴 하지만 질문을 했으니 진지한 자세로 답변을 해야 할 의무가 있다.

필자는 손님의 에너지 체를 느낄 수 있도록 정신을 안정시킨 뒤 다시 엘로드가 미세하게 반응하는 것을 감지하기 시작했다.

"결혼이 의외로 빨라지겠네요. 올 가을에 하겠어요."

"네? 올 가을에요?"

K는 놀란 듯 눈을 크게 뜨고는 목소리를 높였다.

가까운 장래에 여자가 생길 가능성마저 희박한 자신에게 한 달

안에 애인이 나타난다고 날짜까지 찍어주는 것도 미덥지 않은데 한 술 더 떠 올해 결혼까지 한다니 황당했을 터였다.

"지나온 세월에 비교할 때 앞으로 한 달이면 그리 길지 않은 시간이니까 우선 그 일부터 맞는지 안 맞는지 기다려 보십시오."

필자의 말에 그는 상담이 끝나고 나가면서도 믿음이 가지 않는다는 듯한 표정으로 말했다.

"설마 저에게 그런 일이 일어나겠습니까. 그냥 재미로 관상을 본 거라고 생각하겠습니다."

필자는 손님이 상담을 끝내고 나가는 그 순간부터 손님의 얼굴모습을 싹 잊어버린다.

그것이 어느 정도인가 하면, 조금 전까지 얼굴 대고 대화를 나누던 손님이 나간 뒤에 불과 30분이 채 지나지 않아서 다시 돌아와 마주앉는다 해도 한번은 본 사람인 것 같은데 어디서 무슨 일로 만났던가를 기억해 내기 위해 생각을 이리저리 한 후에야 언젠가 한번 상담받았던 손님이라는 사실을 비로소 인지할 수 있을 정도다.

다른 직업도 아니고 관상으로 인생을 논하는 직업을 가진 사람이 이 모양이라면 이건 도를 넘은 중증 환자라 할 수 있다.

그런 망각 증세가 심하게 된 원인을 곰곰이 생각해 보니 각 사안마다 과도하게 정신을 집중하고 난 후 뇌신경의 피로를 해소하기 위해 내 몸이 스스로 알아서 작용하는 것으로 이해하곤 한다.

그런 중증 망각 환자인 필자 앞에 두 달이라는 시차를 두고 손님이 다시 나타난다면 기억을 못하는 것은 당연한 일이 된다.

그것도 혼자가 아니라 부인인 듯한 여성과 함께 왔으니 필자가 전혀 눈치를 못 챈 것도 무리가 아니다. 어디선가 한번은 본 것 같은데 오다가다 스친 사람이려니 생각하며 대수롭잖은 마음으로 상담에 임하기 시작했는데 손님의 첫마디부터 이상한쪽으로 흘러갔다.

"선생님. 저를 기억하시는지요."

"네? 무엇을요?"

"두 달 전쯤에 여기 와서 상담받았던 사람입니다."

손님이 그랬다면 맞을 터였다.

"아! 그러세요. 그런데 왜 또 오셨어요?"

"하하하. 선생님이 4월 20일 경에 여자를 만난다고 하셨는데 그 시기에 기적같이 이 사람을 만났습니다. 저는 상담 당시 관상이란 걸 거의 믿지 않고 있었는데 이렇게 정확히 예측하시니 정말 꿈만 같고 소름까지 끼쳤습니다."

필자는 그런 상담 내용을 까마득히 잊고 있었는데 흥분된 목소리의 K가 옆에 다소곳이 앉아 있는 여성을 소개하면서 정황을 되새겨 주자 그제야 어렴풋이 기억났다.

두 사람의 궁합을 비교해 보니 매우 좋은 짝이었다.

늦은 나이에 이 정도의 짝을 만난다는 것은 행운이다.

필자의 입에서 궁합이 좋다는 말이 떨어지자 두 사람에게선 안도와 찬탄이 흘러나왔다.

그리고 K는 상기된 표정으로 잠시 뭔가 머뭇거리더니 작은 목소리로 말했다.

"선생님, 저희가 교제한 지 한 달 정도 되는데 아직 잠자리를 같이 하지 못했습니다. 그동안 우리의 궁합에 대해서도 궁금했었고 합방하는 날짜도 중요하다는 생각이 들어서였습니다."

원 세상에. 살다 살다 별스런 질문도 다 받는다.

두 사람이 서로 느낌이 좋으면 잠자리 관계가 쉽게 맺어지는 것이 요즘 세태인데 아직도 조선시대 사고방식을 가진 사람이 남아있단 말인가 하는 생각이 들어서 자신도 모르게 웃음이 나왔다.

하지만 K가 워낙 신중하고 진지한 자세로 물어오기에 정신을 모아 엘로드의 반응을 주시했다.

"6월 초순경, 더 정확히 말하면 6월 5일이나 6일쯤이 좋겠네요."

필자의 말에 밝은 얼굴이 된 K와 쑥스러운 듯 고개를 숙인 여성을 보니 나 자신도 기분이 좋아졌다.

"전에 말씀하시길 올 가을에 결혼한다고 하셨는데 언제쯤이 좋을까요?"

기왕 온 김에 결혼날짜까지 잡으려는 모양이다.

"10월 3일이 좋겠습니다."

이것 역시 엘로드가 반응하는 대로 내린 답이다.

모든 존재와 현상들은 에너지의 파동으로 저장되어 있다

C라는 사람이 있다. 어느 날 승용차를 몰고 지방을 가는 도중에 반대편 차선에서 중앙 분리대를 뛰어 넘어 자신의 앞차를 향해 역주행 해 오는 트럭을 보고는 기겁을 해서 순간적으로 브레이크를 밟으며 방향을 틀었다. 하지만 그 차는 앞차의 옆구리를 들이받으며 자신의 차로 그대로 돌진해 오는 것이었다. 트럭이 거대한 산더미 파도가 되어 순식간에 밀려오는 0.1초의 그 절체절명의 순간, C씨는 자신이 기억하지도 못하는 어린 시절에 있었던 일이며 과거 자신이 살아온 과정 중 중요한 부분과 앞으로 닥칠 미래 활동사진이 되어 파노라마처럼 일시에 펼쳐지는 것을 보았다. 그것은 C씨가 의식적으로 보려고 보인 게 아니라 스쳐지나 듯 순식간에 뇌에 입력됐다고 표현될 수 있었다. C씨는 그 교통사고로 몇 달 동안 병원신세를 지며 당시에 찰나적으로 보았던 인생전반의 영상을 되새기고 또 되새겼다고 한다. 그리고 그 후 무엇인가 깨달은 도사처럼 생각이 깊어지고 일상에서 일어나는 자질구레한 일에 대해서 탈속한 사람처럼 크게 변했다.

그가 사고 직전의 그 짧은 순간에 본 것은 무엇이었고 그것이 어떤 의미였을까? 죽음 직전의 순간에 어떤 기분이 들었을까? 죽은 자는 말이 없으니 죽음의 고통이나 마음상태를 알 수 있는 방법은 없다. 하지만, 사고로 인해 죽은 거나 다름없는 상태에서 다시 살아난 사람들의 간접 체험을 통해 그들이 죽음의 문턱에서 무엇을 느끼고 경험했는지를 알아본다면 죽음에 대해서 어느 정도 유추는 해 볼 수 있을 것이다.

필자는 C씨와 비슷한 체험을 한 사례가 문서로 남아 있는 게 있는지 이리저리 찾아봤다. 그 중 등산가들이 경험한 이야기들이 많이 남아있었다. 산에 오르다 보면 뜻밖의 돌발상황에 부딪히게 되는데, 특히 에베레스트 같은 고산 등반이나 깎아지른 암벽을 오르는 중에 일어나는 사고는 목숨과 직결된다. 수백 미터 낭떠러지로 추락한 뒤에 살아 돌아온 그들의 일화를 더듬어 보면 흥미롭다. 죽음의 문턱까지 갔던 그들의 후일담 중 공통적인 것이 높은 암벽을 오르다가 줄이 끊어지거나 발을 헛디며 아래로 떨어지는 그 짧은 몇 초의 순간에 수많은 영상들을 보았다고 말한다. 자신이 살아온 전 생애가 꼬리에 꼬리를 물고 뇌리를 스치고 지나갔다는 것이다. 단란했던 어린 시절의 모습도 보였고 지난날의 중요했던 체험들이 갑자기 나타나는가 하면 어떤 경우는 전생과 미래에 일어날 일들을 보았다는 사람도 있다.

그런 영상은 과연 무엇을 뜻하는 것일까? 정신을 잃는 과정에서 허깨비라도 본 것일까? 그들이 본 일련의 영상들은 구사일생으로 살아 돌아온 사람들에게서 이구동성으로 들을 수 있는 공통점이 있는 것으로 봐서는 무엇인가 진실이 숨겨져 있다는 생각이 든다. 단, 몇 초 동안에 수십 년의 생애가 일거에 펼쳐져 보인 현상은 우리가 꿈을 꾸어 보면 이해가 된다. 짐승에게 기면서 낭떠러지에 떨어지고 이어서 강물에 휩쓸려 떠내려가다 나뭇가지를 붙잡고 간신히 살아나는 꿈을 꾼 뒤 깨어나 보면 그 많은 시간이 실제로는 몇 초에 불과했다는 사실을 우리는 종종 겪곤 한다. 모든 현상들은 에너지의 파동으로 저장되어 있기 때문에 가능한 것이다.

엘로드 배우기

자연을 바라보라. 거기에는 신이 녹아있다.

작은 씨앗 하나가 싹을 틔우고 무성한 나무로 성장하는 이 평범하고도 근본적인 진리에 대한 비밀조차 인간은 풀지 못하면서 눈에 가식적인 실적에만 골몰하고 만족하고 있다.

자연에서 명상을 하라고 권하는 이유는, 작은 씨앗이 움터서 잎사귀와 꽃을 피우는 식물의 생장과정을 관찰해 봐도 그렇고, 일정기간이 지나면 껍질을 벗고 알에서 깨어나 먹이부터 찾아먹는 병아리의 모습과, 성장할 때까지 어미가 보살피는 짐승들의 모성애를 유심히 관찰해 보면 경이롭기 그지없다.

태어나서 성장하고 병들고 죽는다는 순환기적 일정이 자연발생적이거나 반복학습에 의한 진화론이라는 학설로는 뭔가 부족하다. 다시 말해, 각 물체에는 그 어떤 첨단 컴퓨터와는 비교가 되지 않을 정도의 매우 정교하게 설계된 칩이 내장돼 있지 않고는 불가능 하다고 보는 것이다. 그 각각의 설계도면들은 눈으로 보거나 피부에 닿아서 알 수 있는 에너지 체로 구성되어 있지 않다. 따라서 인간들은 마치 그것이 없는 것이라고 착각할 뿐이다.

그렇지 않고서는 앞서 예를 든 죽음직전, 단 몇 초의 시간에 자신의 전 생애가 눈앞에 펼쳐지는 광경을 어떻게 이론적으로 설명할 수 있겠는가.

우주가 생기기 이전에는 에너지만 존재했었다

말이 생기기 이전에는 에너지가 먼저 있었듯이, 우주를 이야기하고 인생의 의미를 알려면 말이나 글로 표현하기 이전에 느낌이 먼저 존재해야 옳다. 이신전심, 예감, 직감이 바로 언어 표현보다 우선인 것이다.

그러나 인간은 태초에 간직했던 뛰어난 이심전심 능력이 퇴화를 거듭해 현재의 인류는 귀로 듣고 눈으로 보고 손으로 만져 보면서도 진실을 잘 구분 못하고 의심부터 하는 수준으로 전락하고 말았다.

퇴화 과정을 살펴보면 여러 요인이 작용한 것으로 추측된다.

첫째, 언어의 발달 때문이다. 갓 태어난 동물들을 살펴보면, 말을 배우기 전에 어미나 주변의 물체로부터 뿜어져 나오는 에너지의 파동 형태만을 느끼면서 상황을 짐작하고 외부로부터의 위험이 있으면 직감으로 몸을 움츠리는 행동을 한다. 그러나 귀가 열리고 소리를 내기 시작하면서 귀로 듣고 눈으로 보아야만 비로소 그제야 상황을 인식하는 수준으로 떨어지기 시작한다.

둘째, 경쟁상대가 없었다. 다른 생물과는 다르게 도구를 개발하고 사용할 줄 아는 지능을 가진 인간들이 먹고, 잠자는 행위를 하는 동안 생존을 위한 치열한 싸움 상대가 없었던 요인도 한몫했다. 따라서 인류가 세상에 출현한 이래 수많은 세월이 흐르는 동안 만물을 지배하면서 생긴 우월감 때문에 애초에 가지고 있던 신에 버금가는 능력을 개발은커녕 쓰지 않고 방치하는 바람에 스스로 퇴화시켰다.

셋째, 성경에 보면 아담과 하와가 신의 경지에 도전했을 정도로 뛰어난 능력을 갖고 있었다. 당시의 일류는 수시로 신과 소통하며 지냈는데, 그것은 언어 이전에 존재하던 에너지의 파동으로 의사전달이 가능한 때문이었으리라 본다. 당시 인간의 능력이 얼마나 뛰어났으면 바벨탑이라는 건축물을 하늘 끝까지 올렸고, 이것을 본 신이 위협을 느낀 나머지 통제를 가할 정도였다. 현 시점의 인간들은 잃어버린 과거의 뛰어난 영적 능력을 하루 빨리 회복하는 게 가장 큰 숙제다.

직감과 예감을 다시 회복할 수 있을까?

'눈으로 보지 않고도 에너지 체를 느끼고 미래를 예측할 수 있는 방법은 없을까?' 이 문제를 풀기위해 인류는 과거 수천 년 동안 연구하며 고심해 왔다. 그것을 찾기 위해 여러 방법들이 시도되었는데, 신을 믿고 의지해서 그 능력을 전수 받으려 하는 것이나, 나무나 돌에 비는 행위 역시 그 수단이 됐고, 점성술과 주역점 역시 그런 모색의 일환이었다.

모든 물체는 에너지 체의 집합이다. 이 에너지가 물체 안에서만 머무는 게 아니라 가 물체가 가지고 있는 독특히고 고유힌 파징을 밖으로 분출해 내고 있다. 물질뿐 아니라 인간의 삶 역시 '아카샤 레코드'라는 에너지 형태로 각자에게 저장되어 있는데, 문제는 바로 이 에너지를 감지해내는 일이다.

생물이든 무생물이든 그것만의 고유한 파동이 있다

식물은 식물대로, 동물은 동물대로, 돌멩이 같은 무생물은 무생물대로 세상 모든 만물은 고유한 에너지 파동을 갖고 있고 자신의 존재를 알리는 에너지 파를 분출해낸다.

같은 식물이라도 사과나무와 느티나무의 고유한 에너지체가 다르듯, 동물 역시 코끼리의 에너지 체와 인간의 에너지 체 역시 달리해 태어난다. 인간끼리도 개인의 고유한 에너지 파동을 갖고 태어나는데, 그것이 바로 각자의 삶을 다르게 살아가는 요인인 것이다.

코끼리가 한 마리 있다고 치자. 사람들을 모아 놓고 저것이 어떤 동물이냐고 물었을 때, 열이면 열 명 모두가 한 결 같이 코끼리라고 대답할 것이다.

그것이 어떤 물질이든 사람이 공통적으로 느끼고 활인할 수 있게 되는 것은 그 물체만이 내뿜는 독특한 에너지 파장이 있으며 그것이 지 되도록 색깔, 소리, 냄새 등으로 파동이 변환되기 때문이다.

마치, 공중에 무수히 떠도는 전자파를 라디오라는 기계로 걸러낸 뒤 소리로 변환 시켜서 들을 수 있는 이치와 같다. 어떤 물체는 냄새로 확인할 수 있을 것이고, 어떤 물체는 소리나 색깔로 스스로의 존재를 드러내기도 한다.

인간의 몸은 뛰어난 수신 기능을 갖고 있다

우리는 거리상으로 멀리 떨어져 있는 해외 사람들과도 서로 이야기를 주고받으며 살아간다. 눈에 보이지도 잡히지도 않는 상대방과 어떻게 의사소통이 가능할까. 몇백 년 전의 옛날 같으면 공상소설에서나 있을 법한 일들이 현재는 생활의 중요한 부분이 되었다.

라디오라는 손바닥만한 기계만 있으면 세상의 다양한 소식들을 접할 수 있는 것이다. 공기의 중요성에 대해 무심해 하듯이 우리는 전파의 이치에 대해서도 깊이 생각해 보지 않고 무심히 사용하는 게 더 놀랍다.

쏘아보낸 전자의 파동을 라디오라는 수신기가 감지한 뒤 같은 주파수로 맞추면 소리로 변형되어 귀에 들리게 된다. 다시 말해, 공기 중에는 눈에 보이지 않는 무수한 에너지의 파동이 존재한다는 말이 된다.

인간의 몸은 인간의 손으로 만들어진 라디오라는 기계와 비교되지 않을 정도의 뛰어난 수신능력을 갖추고 있다. 다만, 그 기능을 사용하지 않고 방치하여 퇴화되었거나 사용방법을 잃어버렸을 것이다. 그것을 다시 개발하는 방법은 없을까?

파동을 느낄 수 있는 방법은 없을까?

수백 킬로미터 떨어져 있는 상대방의 이야기 내용을 실시간에 들을 수 있는 기계까지 발명한 인간이 정작 자신의 몸으로는 그것을 감지하지 못할 리가 없다. 기계의 힘을 빌리지 않더라도 자신의 몸을 수신기로 사용해서 멀리 떨어진 거리에 있는 물체의 정보를 얻어낼 수 있는 방법이 분명 있을 것이나.

그것은 땅속 수백, 수천 미터 아래에 존재하는 물줄기를 찾아내는 이치를 그대로 적용하면 해결 되지 않을까? 또한 앞서 예를 들었듯이 절벽에서 떨어지는 등반가들이 그 짧은 몇 초의 시간 속에서 자신의 전 생애를 보았다는 경험을 감안할 때 에너지 체를 느끼는 방법을 적용한다면 충분히 측정 가능한 것이 아니겠는가.

신의 비밀장부 엿보기

눈을 뜨자마자 우리는 우리의 눈으로 수많은 사물들을 본다.

먼저 천정이 보이고 방안의 벽면과 놓인 가구들이 눈에 들어온다. 밖으로 나가면 다양한 건물들과 자동차, 가로수, 어디론가 오가는 사람들이 눈에 띈다.

저렇게 눈에 보이고 만질 수도 있는 모든 현상들이 가짜라고 주장한다면 필자를 미친 사람이라고 손가락질 할 것이다.

뻔히 보이고 만질 수까지 있는 것들을 두고 실상이 아닌 허상이라고 외친다면 옳은 정신을 가진 사람으로 보겠는가 말이다.

눈에 보이는 모든 현상들이나 손으로 만져봐서 딱딱하다거나 부드러운 물건 등 오감으로 직접 확인할 수 있는 어떤 물체일지라도 쪼개고 쪼개다 보면 분자, 원자, 소립자로 이루어져 있다는 것은 누구나 안다.

공기는 눈에 보이거나 만질 수는 없다. 마찬가지로 분자 같은 작은 알갱이도 손으로 만져 지거나 눈에 보이지 않는다.

그런 텅 비어 있는 공간에 비슷한 성질의 조밀한 집합체인 분자, 원자, 미세 소립자들의 덩어리들을 우리는 보고 있는 것이다.

눈으로 보고 손으로 만져서 식별할 수 있는 행위나 설탕의 단맛과 소금의 짠맛, 어떤 냄새나 소리로 확인하는 것 역시 물질세계인 현 세상에 태어나면서부터 입력되어진 정교한 회로에 의한 행동과 인식일 따름이다. 만일 물질세계에 이 컴퓨터의 프로그램 칩보다 훨씬 정교한 회로가 입력되지 않았다면 우리 눈에 보이는 모든 물질이나 현상들이 분자, 원자, 미세 소립자 같은 기(에너지)로만 인지되는 텅 빈 공간만 남아 있을 것이다.

우리 눈에 보이는 형체나 색깔, 냄새, 소리들은 실제 존재하지도 않는 착시 현상일 뿐이다. 다시 말해서, 그 물질들을 느끼게 해주는 감각들이 모든 생물들에 저장돼 있어서 그 입력된 정보의 한도 내에서만 인지할 따름이라는 말이다. 내 눈에 어떤 색깔을 보고 빨간색이라고 인식되는 것은 물체가 뿜어내는 빨간색 에너지의 파동을 받아들이는 프로그램 회로에 따른 것이다. 그것은 마치 공간에 떠도는 수많은 파동 중 필요한 주파수만을 받아들이는 라디오라는 기계를 예로 들 수 있다.

라디오는 인간의 손에 의해 설계되어졌고 정해진 기능만을 수행하도록 프로그램이 입력된 기계다. 라디오가 에너지의 파동을 받아들이고 소리로 바꾸게 하는 역할밖에 못하는 것은 인간이 그렇게 만들었기 때문이다.

마찬가지로, 인간 역시 텅 빈 공간에 떠도는 에너지를 취합해 물질을 인식하게 되는 프로그램 기능을 내장한 채 태어났다고 할 수 있다. 다만, 인간은 라디오와는 달리 스스로 조금씩 진화하고 필요에 따라 새로운 것을 창조도 할 수 있는 기능이 추가되었다.

만일, 인간이 가지고 있지 못했거나 퇴화되어 사라져 버린 능력 중, 산이나 건물에 가로막혀 보이지 않는 저쪽 세계에 대한 투시력이 남아 있다면 전화기나 활동사진 같은 기계에 의존치 않고도 먼 곳에까지 의사 전달이 가능했을 터이다.

그리고 인간에게 프로그램화 된 회로 중 무한한 창조성이 추가로 내장되어 있었다면 신에 준하는 능력을 발휘하며 생물, 무생물들을 무수히 만들어 낼 수 있을 것이다.

하지만 인간을 포함한 모든 물체들이 현재의 물질 세상에 머무는 한 이렇게 진화되기는 불가능하다.

왜냐하면, 라디오가 가지고 있는 능력이 한정되어 있듯이 신에 도전하기는 설계된 회로에 한계가 있기 때문이다.

다만, 간접적인 방법으로나마 인간의 과거와 현재, 미래를 예측할 수 있는 신의 비밀을 흉내 낼 수는 있다고 본다.

인간들은 그 신의 비밀 장부를 훔쳐보려고 수천 년 동안 끊임없이 노력을 해왔는데, 민간 신앙을 포함한 종교에 의한 의지도 그 한 갈래가 되었고 수많은 각종 점괘 역시 그 노력의 일환이었다.

그 다양한 신의 장부책 훔쳐보기에서 인간들의 욕심이 빚어낸 사욕으로 말미암아 다양한 분파를 만들어냈고 온갖 사술들만 판치면서 본래의 뜻은 사라져 버렸다.

관상에 대한 오해와 해결책

필자는 관상가다. 일반사람들 인식이 관상이나 손금으로는 앞날을 예측하는데 한계가 있다고 보는 것 같다. 즉,

"애인이 언제 생길까요?"
"주식투자를 어느 종목으로 해야 대박 날까요?"
"관상으로 결혼 날짜도 잡을 수 있습니까?
"이사를 하려고 하는데 언제 하는 게 좋겠습니까?"
"언제 취직 될까요?"
"이번 시험에 합격할까요?"

등의 질문들이 상담의 주 내용을 이루고 있는데, 물론 관상 중에 찰색법으로도 답을 줄 수는 있다. 그러나 상담전례로 볼 때, 정확한 날짜까지 예측해 주는 일이 쉽지만은 않아서 답답했었다. 특히, 여성 손님 중 경우 짙은 화장을 하고 오면 찰색을 제대로 볼 수 없는 일이 종종 벌어지곤 했다. 그렇다고 손님의 질문에 얼렁뚱땅, 두리뭉실, 어렴풋이, 대충 대답해 줄 수는 없는 노릇이었다.

주역점이나 육임점, 타로카드, 쌀점, 솔잎점, 동전점 등으로 측정하는 방법이 있긴 하지만 눈치로 적당히 때려 맞추는 것 같고, 소 뒷다리로 참새 잡는 방식 같은, 그런 형편없는 확률을 사용한다는 것은 필자의 양심상 도저히 할 수 없었다.

그래서 좀 더 합리적이고도 정확하고, 과학적인 예측방법이 없을까 고심을 많이 했다. 그 문제로 몇 달째 이런저런 궁리와 고민을 거듭하던 어느 날, 점심을 먹고 두어 시간이 지난 뒤였는데, 갑자기 잠이 쏟아지기 시작했다. 너무 졸린 나머지 눈을 감자마자 세상모르게 잠 속으로 골아 떨어졌다.

꿈을 꿨다. 먼지와 땀으로 범벅이 된 허름한 옷을 입은 날카로운 자갈돌이 깔린 벌판을 절뚝이며 홀로 걷고 있었다. 이따금 가시덤불이 나타날 뿐 인적이라곤 찾을 수도 없고, 먼 산도 보이지 않는 황량한 사막 같은 벌판이었다. 거기에다 신발조차 신지 않은 맨발이어서 유리조각 같은 돌들이 무수히 발바닥을 찔러와 무척이나 고통스러웠다. 그런 와중에 스치는 생각이 '예수님도 이런 고행을 하셨겠지. 나도 그분의 뒤를 따라 이렇게 하는 것이다.'라며 중얼거렸다. 걸음을 옮길 적마다 발바닥은 불에 대인 것처럼 쓰라렸고 상처가 짓물러 터졌다.

그렇게 얼마나 걸었을까. 키 작은 가시덤불이 군데군데 나타나는 저편에서 기다란 도포자락 같은 흰옷을 입은 키 큰 사람이 천천히 다가왔다. 수염을 기른 모습을 보자 '저분은 예수님'이라는 느낌이 왔다. 그는 기역자로 굽은 짧은 막대기를 손에 들고는 천천히 오가고 있었는데, 무언가를 찾는 것처럼 보였다.

그리고 꿈은 바뀌어, 어느 옛날 부엌에 들어가 묵은 때를 깨끗이 청소하고는 울퉁불퉁한 바닥을 삽으로 잘 다듬고 나서 노르스름한 색의 벽돌로 둥그렇게 차곡차곡 쌓은 뒤 가마솥을 걸어놓고는 흡족해 하는 장면에서 잠을 깼다.

쌓인 피로가 풀리듯 몸과 정신이 맑고 상쾌한 기분이 들었다. 꿈의 장면이 서너 번은 바뀐 것 같은데, 기억나는 것은 위의 내용뿐이다. 발바닥이 무척 아픈데도 고행을 하듯 걸었던 벌판이 잠에서 깬 뒤에도 실제 같은 여운으로 남았다.

그리고 며칠이 지난 뒤, 신문에서 '수맥 탐사봉(엘로드)'이라는 그림을 우연히 보고는 그것이 꿈에서 흰옷을 입은 사람이 들고 있던 것과 너무 흡사하게 닮아서 가슴이 두근거렸다. 수맥을 찾는 방법으로 어느 천주교 신부가 버드나무가지나 추를 사용하여 탐지한다는 이야기 어렴풋이 알고 있었을 뿐 구체적으로 어떻게 하는 것인지 알지 못하던 필자는 부랴부랴 관련 책과 수맥봉을 샀고 그것을 미친놈처럼 손에 들고 다니며 사용법을 익히게 되었다.

'아카샤 레코드'로 운명을 읽는다

아카샤 레코드(akashic record)

인도에서 가장 오래된 '베다' 경전은 수천 년 전에 만들어졌다. 그 경전에는 '아카샤 레코드'(akashic record) 혹은 '아카식 레코드'라는 말이 나온다.

'아카샤 레코드'란 우주의 모든 생물, 무생물들엔 각기 정해진 생장과 소멸의 운명이 정해져 있는데 그것이 우주 도서관에 저장돼 있다고 한다. '우주 도서관'은 우리가 알고 있는 도서관에 책들로 잔뜩 이루어진 게 아니라 기(氣) 속에 내재되어 있다는 것이다. 다시 말해 인간 각자의 기(에너지) 속에는 본인이 태어나고 늙고 병들고 죽는 과정이 잠재되고 예정돼 있다는 말이다.

온 세상에 존재하는 기(氣)

우주공간에는 수많은 종류의 에너지로 충만되어 있다. 지구 역시 기로 가득 채워져 있다. 크게는 우주 전체에서의 지구는 한 덩어리의 기(氣)에 해당되고 한 알의 계란일 수도 있다.

기(氣)는 눈에 보이거나 잡을 수 없기에 마치 아무것도 없는 텅 빈 공간으로 착각할 수 있다. 그것은 우리가 늘 숨 쉬고 있는 공기의 존재를 잘 알지 못하고 망각하는 것과 같다.

기(氣)가 사방에 널리 퍼져있다는 것을 느낄 수 있는 것은 휴대전화다. 전선도 없는 전화로 멀리 떨어져 있는 상대와 대화를 나눌 수 있는 이치를 생각해 보면 그렇다.

라디오 역시 전파를 이용해 바다 한가운데서도 들을 수 있음을 상기해 보면 그것이 기(氣)의 한 종류를 활용한 것임을 알 수 있다.

전파는 특정한 기를 모아서 이용한 것이지만 알려지지 않은 수많은 기가 세상을 가득 채우고 있는 것이다.

세상을 빈틈없이 채운 기(氣) 속에는 특정물질의 기도 포함돼 있는 것은 당연하다. 그 중 A라는 사람만의 기도 끄집어낼 수 있는데 그의 기 속에는 그의 운명체도 들어있는 것이다.

A의 운명체를 읽어보면 그에 관한 원하는 정보를 모두 알 수 있다. 이것이 바로 아카샤 레코드를 읽는다는 말이다.

땅속 수십, 수백 미터 아래에 물이 있다는 것을 간단한 방법으로 알 수 있는 것은, 물이 가진 고유한 파동이 땅속에만 머무르는 것이 아니라 지표 밖으로도 분출되고 있기에 가능한 것이다.

물뿐 아니라 이 세상에 존재하는 생물과 무생물들 모두에게는 자신의 존재를 알리는 파동을 쏘아보내고 있다. 인간이라고 예외일 수 없다. 파동은 멀리 떨어진 미국이나 유럽에까지 확인 가능하다.

기(氣)는 공간은 물론이고 시간까지 초월한다. 지구의 기지에서 쏘아보낸 전파로 화성의 무인 탐사선을 조종하는 것도 기(전파)를 이용한 것이다. 그것을 보면 지구뿐 아니라 우주에까지 기(氣)가 충만해 있다는 것을 알 수 있다.

지구상의 눈에 보는 존재들 중 식물, 동물, 무생물에게도 그들만의 기가 있다. 휴대전화 전파와 라디오 전파가 다르듯이 바위의 기와 나무가 내뿜는 기는 다르다. 그리고 같은 식물 중에서도 소나무의 기와 포도나무의 기가 다르고, 나 자신의 기와 내 형제가 가진 기에서도 차이가 난다.

기(氣)는 어느 특정한 장소에만 머무르는 것이 아니고 사방으로 퍼져 나간다. 즉, 느티나무가 가지고 있는 기는 그 나무의 내부나 주변에만 머무는 게 아니라 멀리 외부로 늘 발산된다. 느티나무가 뿜어내는 기를 느낀 인간은 그것이 느티나무라는 것을 감지할 터이고 눈으로 보거나 손으로 만지지 않더라도 색깔과 크기를 알 수 있다. 만일, 느티나무가 기를 외부로 분출하지 않고 내부에만 머무른다면 동물들과 다른 식물들은 그 존재를 보거나 느낄 수 없을 것이다.

흙 속에 묻혀있는 차돌바위 역시 땅 밖으로 기를 발산하며 자신을 알린다.

땅 속의 물도 마찬가지로 자신의 존재를 알리며 밖으로 기를 배출한다. 우물을 파서 땅 속의 물을 끌어올려 식수로 사용하는 것은 인류가 오래 전부터 해왔다.

우물을 파려면 먼저 물이 많이 들어있는 땅속 상태를 알아야 한다. 그것을 알아내는 방법으로 나무 가지가 휘어지는 각도를 보고 예상할 수도 있고 '엘로드'와 같은 철사로 만든 도구를 사용하기도 한다.

이처럼 세상의 어떤 존재든 스스로를 나타내는 기를 발산하는데 그것을 읽는 것이 아카샤 레코드이다.

상담 손님들의 궁금증들

상담을 하다 보면 손님들이 제일 궁금해 하는 것들이 있는데 그 질문들을 모아 보면,

"내가 올 가을에 중요한 시험이 있는데 합격할까요?"
"집을 팔려고 내 놨는데 언제 쯤 나갈까요?"
"결혼을 아직 못했습니다. 현재 사귀는 사람도 없습니다. 언제 쯤 사귀게 되고 언제 결혼하게 될까요?"
"임신 5개월째입니다. 이 아이가 아들일까요, 딸일까요?"
"내가 해외 나갈 운이 있는지, 언제, 어느 나라로 나가게 될까요?"
"취직을 못했습니다. 언제 하게 될까요?"
"내 건강이 언제나 회복될까요?"
"올해 조심해야 할 일이나 사건 사고는 없을까요?"

이렇게 가까운 장래에 일어날 일들에 대한 궁금증이 가장 많다.

얼굴과 손금 등 몸에 나타난 것은 자기 자신의 일생 중 어느 시기에 일어날 일들이 새겨진 것이고 가까운 장래에 일어날 일들은 얼굴이나 손금에 나타나 있지 않는다.

가까운 미래에 일어날 일들을 알려면 위에서 말한 당사자에게 저장돼 있는 '아카샤 레코드'를 읽어 보면 알 수 있다.

그런데 이런 경지 가지 도달하려면 자기 자신에 대한 지속적인 훈련이 필요하다.

첫째, 자기 자신에게 늘 진실해야만 한다. 자기 자신마저 속이는 자는 그 어떤 것도 이룰 수 없게 된다.

둘째, 자기 자신에게 늘 겸손해야 한다. 본인 스스로에게는 늘 불평불만이 쌓인 사람이 타인에게만 겸손하다면 그는 거짓으로 겸손

한 척 상대를 대하는 것이다.

셋째, 공정해야 한다. 자신의 정치적 색깔이나 편향된 시각을 가지면 세상 만물을 바라보는 시각 역시 한쪽으로 치우칠 수밖에 없다.

위의 내용에서 말한 본인의 자세가 돼 있지 않다면 사물이나 현상이 바로 보이지 않으므로 타인을 상담해 주면 안 된다고 본다.

에필로그

사람은 자기가 갖고 태어난 운명대로 살아간다는 걸 늘 느끼며 살고 있다. 그 믿음은 세월이 흐를수록 더욱 확고하게 굳어진다.

세계적인 사업가나 유명인사라 해서 이 운명의 틀 안에서 그 누구도 자유롭지 못하다.

그 운명을 눈으로 보고 쉽게 확인할 수 있는 방법이 관상과 손금이다.

필자는 사주니 타로카드니 육임 같은 것에 전혀 문외한이다.

수십 년의 세월을 오직 관상과 손금만 공부하고 연구해 왔다.

어떤 사안에 대해 대충대충 공부하거나 겉껍데기만 알면서 잘난 척 나대기도 싫었다.

필자가 가장 싫어하는 것 중 하나가 이것저것 수박겉핥기 식으로 알거나 배웠으면서 기고만장 하는 것이다.

인간이 가지고 태어난 운명 중 바로 코앞에 닥친 일들에 궁금증이 많다.

"아파트를 팔려고 내놨는데 언제 쯤 팔릴까요?"

"현재 내 몸 건강에서 어디가 어떻게 이상이 있을까요?"

"내가 언제쯤 결혼할까요?"

"동업을 하려고 하는데 괜찮을까요?"

"아이가 외국에 나가 있는데 늘 노심초사하고 있습니다. 지금 그 아이가 잘 지내고 있습니까?"

"뱃속의 아기가 아들일까요, 딸일까요?"

"내 얼굴 어디를 어떻게 성형 수술하면 좋을까요?"

"언제쯤 좋은 직장이 생길까요?"

"우리 애가 어떤 학문 쪽으로 공부해야 적성이 맞을까요?"

상담하다 보면 위와 같은 질문을 많이 받게 된다.

며칠, 한두 달 같은 가까운 장래에 일어나는 일들은 얼굴과 손금에 잘 나타나지 않는다.

눈에 드러나지 않는 운명을 아는 방법엔 필자만의 1급 비급인 '아카샤 레코드' 읽는 법이 있다.

지난 세월 동안 무언가에 대해 좀 더 구체적으로 깊어지기 위해 지리산으로 들어갔는데, 얼마나 많은 날들을 산속에서 헤맸는지 모른다.

작은 풀잎 하나에도 우주와 인간의 삶을 읽는다.

2012년 가을
산 속에서 저자

이남희 李南熙

관상전문가

30년 넘게 지리산 등 전국의 깊은 산속을 돌아다녔고,
오직 관상, 손금 분야만 공부하고 연구하며 살았다.
방송, 신문, 잡지에 출연하고, 각종 단체들을 순회하며 관상학 강의를 해왔다.
저서로는 『인생상담 이야기』, 『관상과 수상』, 『실전 관상』, 『실전 수상』,
『마의 관상법』, 『좋은 인상, 좋은 관상』이 있다.

궁합·관상·손금

2012년 12월 21일 초판 1쇄
2014년 12월 15일 2쇄

지은이 이남희
펴낸이 김흥국
펴낸곳 도서출판 보고사

책임편집 이유나
표지디자인 오동준

등 록 1990년 12월 13일 제6-0429호
주 소 서울특별시 성북구 보문동7가 11번지 2층
전 화 929-5120~1(편집), 922-2246(영업)
팩 스 922-6990
메 일 kanapub3@chol.com
http://www.bogosabooks.co.kr
ISBN 978-89-8433-483-0 03180

정 가 16,000원

ⓒ 이남희, 2012

* 이 책의 판권은 지은이에게 있습니다.
  지은이의 서면 동의가 없는 무단 전재 및 복제를 금합니다.
* 잘못된 책은 바꾸어 드립니다.